中国科协高端科技创新智库丛书

2049年
中国科技与社会愿景
汽车技术与未来出行

中国汽车工程学会 编著

中国科学技术出版社

·北 京·

图书在版编目（CIP）数据

汽车技术与未来出行/中国汽车工程学会编著．—北京：
中国科学技术出版社，2020.10
（2049年中国科技与社会愿景）
ISBN 978-7-5046-8655-8

Ⅰ.①汽… Ⅱ.①中… Ⅲ.①汽车工程 Ⅳ.①U46

中国版本图书馆CIP数据核字（2020）第145221号

策划编辑	王晓义	
责任编辑	罗德春	
装帧设计	中文天地	
责任校对	张晓莉	
责任印制	徐　飞	

出　　版	中国科学技术出版社
发　　行	中国科学技术出版社有限公司发行部
地　　址	北京市海淀区中关村南大街16号
邮　　编	100081
发行电话	010-62173865
传　　真	010-62179148
网　　址	http://www.cspbooks.com.cn

开　　本	710mm×1000mm　1/16
字　　数	310千字
印　　张	18.25
版　　次	2020年10月第1版
印　　次	2020年10月第1次印刷
印　　刷	北京瑞禾彩色印刷有限公司
书　　号	ISBN 978-7-5046-8655-8/U·97
定　　价	98.00元

2049 年中国科技与社会愿景

———————— 策 划 组 ————————

策　划	罗　晖　　任福君　　苏小军　　陈　光
执　行	周大亚　　赵立新　　朱忠军　　孙新平　　齐志红
	马晓琨　　薛　静　　徐　琳　　张海波　　侯米兰
	马骁骁　　赵　宇

2049年中国科技与社会愿景
汽车技术与未来出行

主　　编　冯锦山

执行主编　王　宁　纪雪洪　叶建红

编　　委（按姓氏笔画排序）

　　　　　王　宁　王晓燕　王鹏飞　叶建红　冯锦山

　　　　　纪雪洪　吴胜男　吴敬敬　陈雨虹　姜建娜

总 序

科技改变生活，科技创造未来。科技进步的根本特征就在于不断打破经济社会发展的既有均衡，给生产开拓无尽的空间，给生活带来无限便捷，并在这个基础上创造新的均衡。当今世界，新一轮科技革命和产业革命正在兴起，从后工业时代到智能时代的转变已经成为浩浩荡荡的世界潮流。以现代科技发展为基础的重大科学发现、技术发明及广泛应用，推动着世界范围内生产力、生产方式、生活方式和经济社会发生前所未有的变化。科学技术越来越深刻地给这个急剧变革的时代打上自己的烙印。

作为世界最大的发展中国家和世界第二大经济体，中国受科技革命的影响似乎更深刻、更广泛一些。科技创新的步伐越来越快，新技术的广泛应用不断创造新的奇迹，智能制造、互联网＋、新材料、3D 打印、大数据、云计算、物联网等新的科技产业形态令人目不暇接，让生产更有效率，让人们的生活更加便捷。

按照邓小平同志确定的我国经济社会发展三步走的战略目标，2049年中华人民共和国成立 100 周年时我国将进入世界中等发达国家行列，建成社会主义现代化强国。这将是我们全面建成小康社会之后在民族复兴之路上攀上的又一个新的高峰，也是习近平总书记提出的实现中华民族伟大复兴中国梦的关键节点。为了实现这一宏伟目标，党中央始终坚持科学技术是第一生产力的科学论断，把科技创新作为国家发展的根本动力，全面实施创新驱动发展战略。特别是在中共十八届五中全会上，以习近平同志为总书记的党中央提出了创新、协调、绿色、开放、共享五大发展理念，强调创新是引领发展的第一动力，人才是支撑发展的第一资源，要把创新摆在国家发展全局的核心位置，以此引领中国跨越"中等收入陷阱"，进入发展新境界。

那么，科学技术将如何支撑和引领未来经济社会发展的方向？又会以何种方式改变中国人的生产生活图景？我们未来的生产生活将会呈现出怎样的面貌？为回答这样一些问题，中国科协调研宣传部于2011年启动"2049年的中国：科技与社会愿景展望"系列研究，旨在充分发挥学会、协会、研究会的组织优势、人才优势和专业优势，依靠专家智慧，科学、严谨地描绘出科技创造未来的生产生活全景，展望科技给未来生产生活带来的巨大变化，展现科技给未来中国带来的发展前景。

"2049年的中国：科技与社会愿景展望"项目是由中国科学技术协会学会服务中心负责组织实施的，得到全国学会、协会、研究会的积极响应。中国机械工程学会、中国可再生能源学会、中国人工智能学会、中国药学会、中国城市科学研究会、中国可持续发展研究会率先参与，动员260余名专家，多次集中讨论，对报告反复修改，经过将近3年的艰苦努力，终于完成了《制造技术与未来工厂》《生物技术与未来农业》《可再生能源与低碳社会》《生物医药与人类健康》《城市科学与未来城市》5部报告。这5部报告科学描绘了绿色制造、现代农业、新能源、生物医药、智慧城市以及智慧生活等领域科学技术发展的最新趋势，深刻分析了这些领域最具代表性、可能给人类生产生活带来根本性变化的重大科学技术突破，展望了这样一些科技新突破可能给人类经济社会生活带来的重大影响，并在此基础上提出了推动相关技术发展的政策建议。尽管这样一些预见未必准确，所描绘的图景也未必能够全部实现，我们还是希望通过专家们的理智分析和美好展望鼓励科技界不断奋发前行，为政府提供决策参考，引导培育理性中道的社会心态，让公众了解科技进展、理解科技活动、支持科技发展。

研究与预测未来科学技术的发展及其对人类生活的影响是一项兼具挑战性与争议性的工作，难度很大。在这个过程中，专家们既要从总体上前瞻本领域科技未来发展的基本脉络、主要特点和展示形式，又要对未来社会中科技应用的各种情景做出深入解读与对策分析，并尽可能运用情景分析法把科技发展可能带给人们的美好生活具象地显示出来，其复杂与艰难程度可想而知。尽管如此，站在过去与未来的历史交汇点，我们还是有责任对未来的科技发展及其社会经济影响做出前瞻性思考，并以此为基础科学回答经济建设和科技发展提出的新问题、新挑战。基于这种考虑，"2049年的中国：科技与社会愿景展望"项目还将继续做下去，还将不断拓展预见研究的学科领域，陆续推出新的研究成果，以此进一步凝聚社会各界对科技、对未来生活的美好共识，促进社会对科技活动的理解和支持，把创新驱动发展战略更加深入具体地贯彻落实下去。

最后，衷心感谢各相关全国学会、协会、研究会对这项工作的高度重视和热烈响应，感谢参与课题的各位专家认真负责而又倾心的投入，感谢各有关方面工作人员的协同努力。由于这样那样的原因，这项工作不可避免地会存在诸多不足和瑕疵，真诚欢迎读者批评指正。

中国科协书记处书记　王春法

出版者注：鉴于一些熟知的原因，本研究暂未包括中国香港、澳门、台湾的内容，请读者谅解。

前言

自 1886 年世界上第一辆汽车诞生起，汽车推动了人类社会经济的快速发展，深刻改变了人类社会的运作方式，汽车产业已经成为各国发展国民经济的重要支柱、建设制造强国的重要支撑与未来科技变革的前沿阵地。与此同时，伴随着汽车产业的快速发展，能源短缺、环境污染、交通堵塞和交通事故等社会问题也相继出现，为人类社会经济的可持续发展带来诸多治理难题，这些新的挑战正倒逼汽车产业向低碳化、信息化、智能化的发展方向变革。

当前，以万物互联、大数据、虚拟现实、云计算、增材制造和人工智能为代表的新一轮科技变革方兴未艾，引领全球制造业的全面转型升级，并引发产业格局和生态的重构。在新一代技术革命和商业模式变革的推动下，汽车产品全生命周期应用、全产业链环节及其生态圈的全面革新与转型升级，汽车产业正在加快与新能源、新材料、电子信息等融合发展，低碳化、信息化、智能化技术发展趋势愈加明晰，共享出行的商业模式成为共享经济领域的先行者，汽车革命将与能源、交通、城市变革协同并举发展。展望 2050 年，汽车技术和未来出行将产生显著突破与重大颠覆，节能汽车、新能源汽车和智能网联汽车将成为未来汽车产品的主流方向和集成载体，私家车车主购车前、中、后的服务流程将全部实现数字化升级，以网约车、分时租赁、聚合出行、自动驾驶出租车为代表的新型商业模式将为用户构建更加便捷、安全、高效的共享出行服务体系，私人出行、共享出行、公共出行将重构中国移动交通出行体系，电动汽车、智能电网、车辆连接电网技术将共同构建分布式能源体系，仓储分配、干线物流、末端配送将联合构建一站式移动物流体系，无人出行、无人物流将全面革新当前的出行服务与移动物流格局，汽车也将由"单一的交通工具"向"第三空间""移动零售""自动驾驶出租车""自动驾驶卡车""机器人送货""移动医疗座舱""移动酒店"等概念转变，汽车的动力形式、外观造型、内饰结构、人机交互、功能需求等均将发生天翻地覆的变化。

在此背景下，本书将从汽车技术与未来出行主题切入，分别从不同的角度研究未来中国汽车领域的科技与社会愿景。第一章回顾全球汽车发展史，总结汽车对人类社会的积极影响，提出当前汽车产业发展给人类社会带来的全新挑战。第二章展望经济、能源、城市、交通、建筑、材料、信息、制造等领域发展趋势，预判未来人类经济社会对汽车产业发展带来的长远影响。第三章从社会愿景和产业愿景两个维度出发，分析面向2049年的中国汽车技术发展主要方向。第四章针对汽车行业能源动力、智能网联、汽车制造、汽车材料四大重点技术领域，基于德尔菲法展开专家调查，系统梳理影响未来汽车发展的十大关键技术。第五章展望以全新汽车产品为载体的未来移动出行体系，剖析未来出行场景对人类生产生活带来的积极影响。最终在第六章提出实现未来汽车社会愿景的策略与具体实施措施。

目　　录

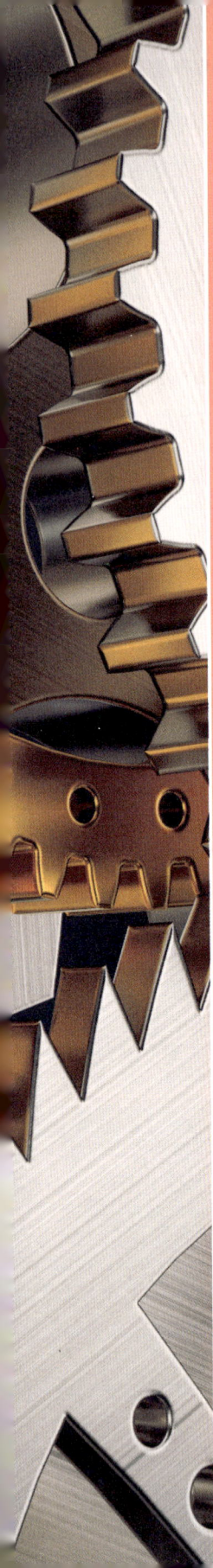

第一章
汽车与人类社会

　　汽车是人类历史上伟大的发明之一。人类经历了漫长的靠双脚跋涉的时代，蒸汽机和内燃机的出现为汽车的诞生奠定了基础。自 1886 年世界上第一辆三轮汽车诞生后，在短短的 100 多年时间里，汽车对人类社会产生了巨大的影响。汽车的诞生有力地推动了人类社会经济的快速发展，给人类的生产生活带来了极大的便利。与此同时，汽车的出现也带来了能源短缺、环境污染、交通堵塞和交通事故等社会问题，从而给人类带来巨大挑战。这种挑战也正在倒逼汽车技术向低碳化、信息化、智能化的发展方向变革。

>>>

↘ 第一节
汽车发展史回顾

　　人类在进入汽车社会之前,经历了漫长的马车时代。早期的木轮由圆木运输演变而来。远古时代,人类为了搬运物体,开始学习制作和使用工具。那时,人类将重物置于圆木上,然后拖着走。重物的移动诞生了早期的木轮运输,这也是人类建立的最早的陆地运输系统。后来,木轮直径不断加大,逐渐演变成带轴的轮子,为车辆的诞生奠定了基础。

　　马车是最早的运输、代步、打仗的工具。最初的车辆都是人力车。随着生产力的发展,人类开始驯服马、牛、骆驼等动物为人类服务,由此出现了马车等畜力交通工具。相对于人力车辆,

畜力车辆的载运能力更强，速度更快，行程更远。在畜力车辆中，马车是人类道路运输、代步、打仗最主要的工具。中国是早期使用车辆的国家之一。公元前 2250 年，夏朝初的大禹时代，车正（专司车旅交通、车辆制造的官）奚仲制造了世界上第一辆有车架、车轴、车厢等，采用两个轮子的车子。

马车技术在欧洲快速发展，出现了有轨马车，从而大大提高了运输效率。15 世纪，进入文艺复兴前夜的欧洲，马车制造业风起云涌，式样和种类繁多。马车制造技术的提高，不仅出现了活动的车门和封闭式结构及转向盘，而且出现了制动系统、悬架系统、充气轮胎等，使乘坐舒适感大大提高，时速也可达 30 千米以上。1662 年，法国人埃米尔·卢巴首次将轨道嵌入巴黎街头的地面，出现了轨道马车。由于车轮在轨道上滚动阻力大大减小，从而极大地提高了运输效率。因此，有轨马车不仅运用于客运，而且在 18 世纪被英国广泛应用于煤矿运输。1832 年，美国纽

约出现了有轨公共马车，仅用两匹马就可拉动 40 名乘客。1847 年，英国伦敦出现了最早的双层公共马车。由于没有可替代的工具，马车时代延续了三四千年。直到 1904 年，蒸汽汽车的诞生才终结了马车的黄金时代。

一、蒸汽汽车是古代与近代交通工具发展的分水岭

蒸汽机的诞生引发第一次工业革命，由此人类的生产方式从手工业转向机器大工业，人类从农业文明转向工业文明。18 世纪 60 年代，苏格兰铁匠汤玛斯·纽克门（Thomas Newcoman）发明制造了第一台蒸汽机，人们称其为"纽克门蒸汽机"。1763 年，英国发明家詹姆斯·瓦特（James Watt）针对纽克门蒸汽机效率极差的缺点研究了新的蒸汽机。瓦特发明的蒸汽机具有划时代意义，直接导致了第一次工业革命的兴起，极大地推动了社会生产力的发展，推动世界工业进入"蒸汽时代"。19 世纪 30 年代，蒸汽机已广泛运用于煤矿、冶金、纺织、交通等部门。

蒸汽汽车的出现是古代交通运输与近代交通运输的分水岭。1769年，法国陆军军官尼可拉斯·居纽将一台蒸汽机安装在一辆木质三轮车上，制造了世界上第一辆蒸汽驱动的三轮大炮牵引车（被命名为"卡布奥雷"），时速可达4千米。这项发明虽然失败了，但却是古代交通运输（以人、畜或风为动力）转向近代交通运输（动力机械驱动）的标志，具有划时代的意义。19世纪中叶，蒸汽汽车最高车速可达每小时55千米，进入全盛时期。蒸汽汽车被用于货运和客运，成为当时的主流。随着世界最早的公共汽车运输公司——苏格兰蒸汽汽车运输公司于1834年成立，伦敦街头也出现了蒸汽驱动的公共汽车。作为汽车的动力，蒸汽机存在笨重、安全性差等不足，不符合汽车灵活机动的这一基本要求，因而人们开始为汽车寻找功率体积比、功率质量比高的轻便动力装置。直到内燃机的出现，推动了内燃机汽车的发展，蒸汽汽车才退出历史舞台。

二、内燃机汽车为现代汽车发展奠定基础

内燃机工作原理理论的建立推动了小型内燃机实用化。内燃机工作原理的形成经历了几个阶段。1824年，萨迪·卡诺（Sadi Camot）发表了热力机的基本理论——卡诺原理。1859年，法国的勒努瓦（Lenoir）制成二冲程煤气内燃机，但因没有压缩冲程，热效率仅为4%。1862年，法国的德·罗夏提出了进气、压缩、作功、排气等容燃烧的四冲程内燃机工作循环方式，并取得专利。1864年，德国人尼古拉斯·奥托（Nikolaus August Outo）与郎根（Eugen Langen）合作提出了内燃机的工作原理，即"奥托循环"，并建立了世界上第一个内燃机制造厂（N.A.Otto & Cie）。奥托于1867年造出一台结构紧凑和简化的卧式四冲程煤气内燃机，由此推动了小型内燃机的实用化。奥托建立的内燃机工作原理理论一直沿用至今。但是，由于以煤气为燃料，体积大，质量约为1吨，还不适用于汽车。

"汽车之父"——德国人卡尔·本茨（Karl Friedrich Benz）于1879年12月31

日制造出了第一台煤气发动机。经过多年努力，1886年1月29日，本茨发明了世界上第一辆不用马拉的三轮车——奔驰1号，并向德国专利局申请汽车发明的专利。专利申请于同年11月2日获得批准。由此，1886年1月29日被公认为世界汽车的诞生日，本茨也被后人尊称为"汽车之父"。

德国人哥特里布·戴姆勒（A.G. Daimler）发明了汽油机和第一辆四轮汽车。1883年8月15日，戴姆勒和威廉·迈巴赫（Wilhelm Maybach）发明了卧式汽油内燃机，并于同年获得专利，后又改为立式发动机。立式发动机体积小、效率高、转速快，特别适合用作交通工具。1885年年末，戴姆勒将1.1千瓦的立式发动机装在一辆四轮马车上，并增加了转向、传动装置等，使车速达到每小时14.4千米。世界上第一辆四轮汽车由此诞生，为现代汽车奠定了基础。

德国人鲁道夫·狄塞尔（Rudolf Diesel）发明的柴油机是动力工程方面又一项伟大的发明。本茨和戴姆勒发明的都是汽油机，人们在用汽油作为燃料的同时，也尝试用其他燃油燃料。1897年，狄塞尔成功地试制出了第一台柴油机，为柴油找到了用武之地。与汽油机相比，柴油机具有省油、动力大、污染小的特点。柴油机的发明改变了整个世界，因此，为了纪念狄塞尔，人们把柴油机称作"狄塞尔柴油机"。

第二节
汽车深刻改变人类社会

一、汽车已成为国民经济的支柱性产业

汽车是高附加值产品。汽车工业是资金、技术密集的批量生产产业，产业关联度大。这些特点决定了汽车产业能创造巨大产值。多年来，世界多个发达国家和许多发展中国家高度重视汽车工业，以此带动国民经济的发展。

(一)汽车工业是国民经济的重要引擎

20 世纪 20 年代美国经济的兴起，20 世纪 50 年代联邦德国、意大利、法国经济的起飞，20 世纪 60 年代日本经济的发展，都是以汽车工业高速发展为先导的。据有关数据，在日本经济高速发展的 15 年间，汽车工业产值增长了 57 倍，国民经济增长了 36 倍；1980—1997 年，美国汽车工业增加值占国内生产总值的比例由 0.97% 提高到 1.42%，为国内生产总值的增长作出了较大的贡献。另外，在美国、日本、德国、法国等发达国家，汽车工业产值占本国国民经济总产值的比例均在 10% 以上。

汽车产业是世界制造业中出口创汇高的产业之一。比如，日本 2007 年年出口总额（FOB 价）为 839300 亿日元，其中汽车出口额 185300 亿日元，占总量的 22.1%；2009 年，英国汽车产品出口超过 300 亿英镑，占英国全年出口总额的 11%，其中零部件出口 60 亿英镑，占英国汽车工业出口的 23%；法国汽车工业年

产值达 920 亿欧元，占国民经济总产值的 15%，出口额占汽车产值的 70%。

　　汽车税收是国家税收的主要来源。比如，1994—1997 年，德国工业的税收保持较高的水平，其中因生产和使用汽车而征收的税收收入约为 2000 亿马克，而同期德国国家总税收不到 8000 亿马克，占国家全部税收收入的 23.4%；1996 年，日本汽车税收收入约为 8 万亿日元，占国家全部税收收入的 9.3%。对于中国而言，汽车相关产业税收占全国税收比、从业人员占全国城镇就业人数比、汽车销售额占全国商品零售额比均连续多年超过 10%。

（二）汽车工业关联度高、覆盖面广

　　汽车产业是国民经济重要的支柱产业，产业链长、关联度高、就业面广、消费拉动大，在国民经济和社会发展中发挥着重要作用。汽车产业链是以汽车制造企业为龙头，吸引配套的上、下游企业，相关的服务业、管理机构等形成动态联盟，共同完成产品的采购、生产、销售、服务等全生命周期的管理。汽车产业上游产业包括原材料工业、设备制造业、配套产品业、能源工业，下游产业包括交通运输业、销售业、服务业、路桥建设业等。汽车产业对国民经济带动作用之大，波及行业和产业面之宽，其他产业难以望其项背。汽车产业不仅可以对上游产业产生巨大需求，而且有力地推动下游产业的发展。联合国工业发展组织的相关报告显示，上游产业与汽车工业及下游产业的拉动比例大约为 7：1：10。

　　以美国为例，据有关统计，汽车工业可以消耗掉国内天然橡胶产量的 78%、人造橡胶产量的 49%、机械设备及工具的 40%、铁产量的 25%、玻璃产量的 23%、锌产量的 23%、铝产量的 14%、钢材产量的 11%、铜产量的 10%。在能源方面，汽车用油是石油需求的重要推动力量。在汽车时代之前，汽油只是炼油厂的副产品，仅用作溶剂。汽车时代开始后，汽油价格不断上升，1910 年销售量超过煤油后，逐步成为石油工业的主导产品。目前，不包括汽车生产中所消耗的能源，全世界石油产量至少 1/3 供汽车使用。世界汽车产业对石油能源的巨大需求极大地推动了石油工业的发展。此外，汽车对下游产业也有很大的推动作用，而且随着汽车保有量的不断增大，对下游的推动作用逐步大于上游产业。在欧美发达国家，购买一辆汽车的价格中，大概有 40% 要支付给金融、保险、法律咨询、产业服务、科研设计、广告公司等各种服务业。在汽车发达国家中，据有关资料显示，汽车产业的投入可以带动相关服务业增加 30% ~ 80% 的投入（图 1-1）。

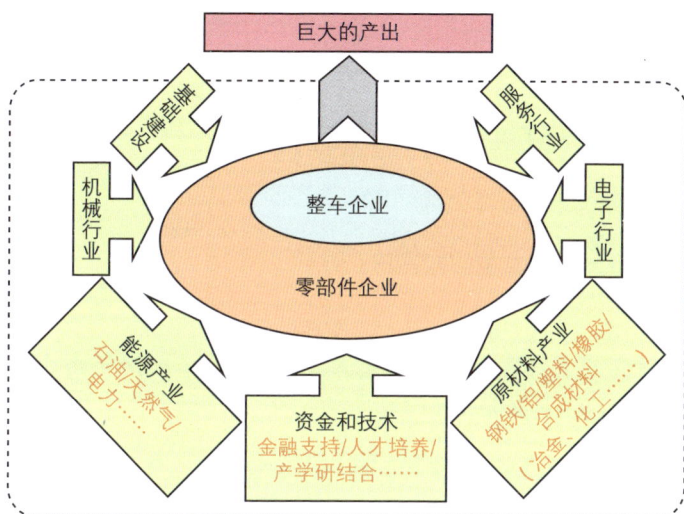

图 1-1　汽车产业与上下游相关产业关联

（三）汽车工业拉动就业效应明显

汽车产业不仅具有资金密集、技术密集及劳动密集的特征，并且关联多个上下游相关产业，对人员的技能也有不同层次的需求。因此，汽车产业对就业人口的吸纳不仅总量大，而且层次多样。统计数字表明，汽车工业每提供 1 个就业岗位，上下游产业的就业人数是 10 ~ 15 个。在几个主要汽车生产国和消费国中，汽车及相关产业提供的就业机会占全国总就业机会的 10% ~ 20%，尤其是汽车服务业的就业比例明显提高。以日本为例，1960—1984 年，汽车产业是制造业就业比例最高的行业，也是增长速度最快的行业。其间，汽车行业从业人员在制造业中所占比重从3.3%上升到6.6%。以1982年为例，日本汽车工业的从业人员约为69.6万人，汽车相关行业从业人员为57万人，汽车销售和售后服务从业人员为130.7万人，汽车服务性部门从业人员为45万人，汽车使用部门从业人员为167.5万人，汽车产业及相关产业部门的人员总数共计469.8万人，约占当时日本全部就业人口的10%。汽车产业直接就业人数与相关产业就业人数比为1:5.7。

二、汽车与现代交通息息相关

（一）优化现代交通工具结构

汽车是现代交通工具中最灵活的交通工具，优化了现代交通工具结构。首先，火车、轮船、飞机等是线性移动的交通工具，汽车则属于平面交通工具。火车、轮船、飞机只能沿着固定线路行驶，并且需要火车站、码头、飞机场等固定地点来装运乘客或货物。而汽车则不同，只要有道路（甚至无道路）都可行驶，既可以通往城市，也可以通往广大农村，可实现门对门运输。其次，汽车实现了公共交通工具和家

庭及个人交通工具的相互结合，其他交通工具则只适合作为公共交通工具。再次，汽车实现了大批量客货运输与小批量客货运输相结合，既可单独运输，也可以作为其他运输工具的补充等。而其他工具则要求与之相适应的客货运输量。最后，汽车可实现短中距离的运输，而飞机则只适合长距离运输。

汽车促进了公路运输，并成为现代交通工具中运输量最大的交通工具。过去，人们只能靠双脚、人力、畜力出行和运输，人们生活所需的物资只能在有限范围内生产，那时生活水平低下、经济发展速度缓慢。有了现代交通运输工具以后，人类摆脱了自身的生理局限，将跨越空间的速度提高了几十倍。这不仅可调度本地区物资，也可调度整个世界的物资，还可及时地把原材料、半成品运往工厂，把产品运往消费地，使社会生产顺利进行，极大地促进经济的发展。在客货运输方面，由于汽车的灵活性，公路运输网比铁路运输网、水路运输网的密度大十几倍。这使公路运输成为各种运输方式之首。汽车运输周转量在全社会运输周转量所占比重越来越大，在美国、德国、法国、英国等发达国家中，汽车运输周转量在总客运周转量中约占 90%。

（二）催生现代公路系统

道路是伴随人类活动产生的，而公路则是道路发展到一定阶段的产物。早期的道路是土路，易修建也易损坏，雨水和车马一多，路面就凹凸不平甚至毁坏。汽车发明后，原来的道路条件已不适合汽车行驶。1764 年，法国工程师皮埃尔·特雷萨盖发表了新的筑路方法，10 年后在法国被普遍采用。1815 年，苏格兰工程师 T. 特尔福德采用一层大石块基础的路面结构，被后人称为"特尔福德基层"。1816 年，英国公路工程专家 J.L. 马克当取消了特尔福德的笨重的大石块基础，代之以小尺寸的碎石材料，碎石路面很快在世界范围内推广。这种碎石路面至今仍被称为"马克当路面"。它与 1883 年哥特里布·戴姆勒和 1886 年卡尔·本茨分别发明的汽车及 1888 年 J.B. 邓洛普发明的充气轮胎，被公认为是近代道路交通的三大支柱。后来，随着汽车速度、安全性和舒适性等需求的不断提升，在碎石路的基础上，路面建筑材料不断更新，又出现了砖块路、沥青路、水泥路等。

高速公路是高等级公路，反映了一个国家和地区的交通发达程度乃至经济发展的整体水平。高速公路具有造价高，用地多，但行车速度快，运量大、效率高、成本低、交通事故率低的特点。据统计，1970—1972 年 19 个发达国家的公路与铁路客、货运输周转量之比分别为 9.2∶1 和 2.9∶1。各国高速公路里程一般只占公路总里程的 1% ~ 2%，但所担负的运输量占公路总运输量 20% ~ 25%。因此，许多国家交通量发展到一定程度时，只要财力许可就修建高速公路。因此，从高速公路网的覆盖就可以看出一个国家的交通水平，同时也反映一个国家的发达程度。20世纪 30 年代，西方一些国家开始修建高速公路。1931 年，德国建成了世界上第一条长约 30 千米的高速公路。20 世纪 60 年代以后世界各国高速公路发展迅速。目前，全世界已有 80 多个国家和地区拥有高速公路，通车总里程超过了 23 万千米。截至 2016 年年底，中国的高速公路通车总里程达到 13 万千米，居世界第一。

（三）交通信号改善了交通拥堵与安全

交通信号灯从 1868 年最早的手牵皮带到 20 世纪 50 年代的电气控制，再到现代化的电子定时监控，在科学化、自动化上不断更新、发展和完善，使城市交通安全与拥堵大为改善。1850 年，城市交叉口不断增长的交通量引发了人们对交通安全的关注。1868 年，因英国伦敦议会大厦前经常发生马车撵人事故，英国机械师德·哈特在伦敦威斯特敏斯特街口安装了一台红绿两色的煤气照明灯。在灯脚下，一名手持长杆的警察牵动皮带转换提灯的颜色，控制交叉路口马车的通行。红绿灯受 19 世纪初英国中部的约克城女性红、绿装代表不同身份的影响。穿红装的女人表示已婚，穿绿装的女人则是未婚。红绿灯因一次煤气爆炸事故致使其销声匿迹了近半个世纪。直到 1914 年，美国克利夫兰市率先恢复了红绿灯，并采用电气控制。第一盏三色灯于 1918 年诞生在纽约市的一座高塔上，黄色信号灯发明者是中国的胡汝鼎，主要是提醒人们注意危险。1926 年，英国人第一次安装和使用自动化的控制器来控制交通信号灯，自此开始了城市交通的自动控制。

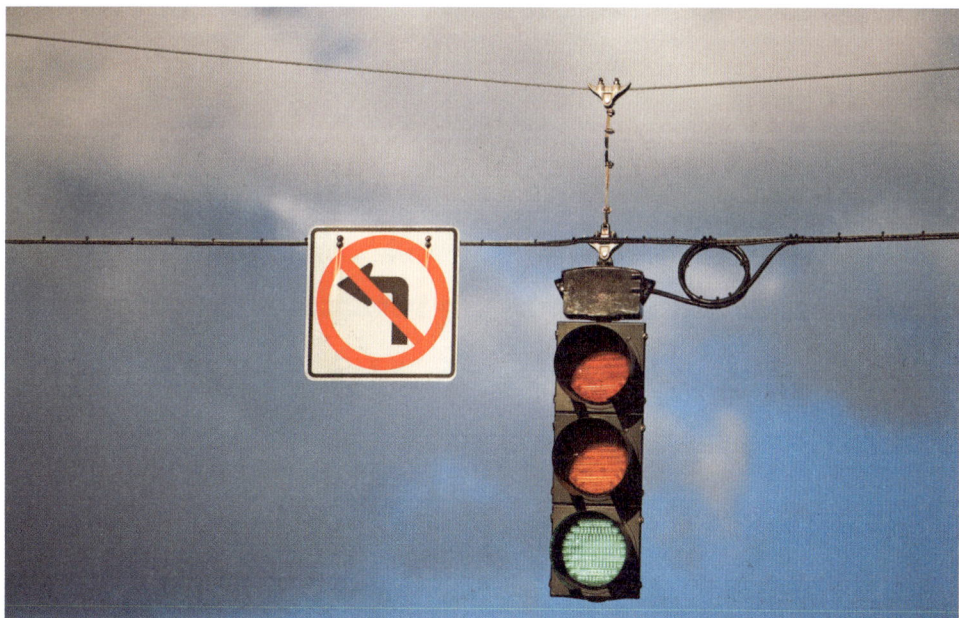

　　交通标志可预示道路状况，调节交通流量，减少交通事故。交通标志是用图案、符号、数字和文字对交通进行导向、限制、警告或者指示的交通设施。交通标志一般设置在路侧或道路上方，体现交通安全法规的效力。1901 年 10 月，英国汽车联盟在格罗斯特的巴德利普小山顶上设置了世界上最初的汽车专用警告标志。1903 年，法国在全国范围内使用统一汽车交通标志，成为世界上最早统一汽车标志的国家。1968 年，联合国公布了《道路交通和道路标志、信号协定》作为各国制定交通标志的基础。由此，各国的交通标志在分类、形状、颜色、图案等方面逐渐向国际统一的方向发展。

三、汽车与城市发展呈现高度互动和相互支撑

城市化发展离不开城市交通。城市化意味着产业、人口向城市集中。城市化率则代表了一个国家的发达程度。发达国家的城市化率已经达80%。因此，城市化对社会、经济的协调发展起着重要的作用。世界城市化发展由来已久，快速发展则始于第二次世界大战后。世界人口超过50万人的大城市在欧洲产业革命初期仅有7个，到1900年有42个，1950年则达到175个；到2015年，全球范围内，人口超过100万人的城市有358个，人口超过1000万人的城市则有27个。城市化的发展使城市空间规模越来越大，形态也越来越复杂。城镇历史学家芒福德认为，城市的形成离不开"动态部分"——城市交通。只有城市空间和形态与城市交通之间建立一种彼此适应、相互促进的关系，才能够使城市经济、社会与环境得以协调发展。作为城市交通的重要组成部分，汽车与城市的形成和发展也呈现出高度的互动。

（一）汽车诞生前，城市郊区化发展缓慢

在马车诞生前，船是最早出现的大运量、高效率的交通工具。商业往往在河流交汇处形成，而商业经济发展依然缓慢。比如，地中海沿岸曾为欧洲罗马帝国鼎盛时期的辖区；中世纪，意大利的威尼斯、那不勒斯，法国的马赛，德国的汉堡等一些海港城市，通航河流的重要渡口和交会处成为各国的商业都会；中国的苏州、扬州、广州等城市也是在河流的交会处形成了一些商业都会。

随着马车等道路交通工具的相继问世，道路交通成为城市交通的主要组成部分。马车对城市形态影响非常有限。在马车时代，城市规模较小，形态紧凑，且呈向心集聚的单核心同心圆形态。

（二）汽车诞生后，城市外延迅速扩展

1 汽车是城市郊区化发展的理想媒介

　　轨道交通的出现从根本上改变了城市结构。1784 年，英国人瓦特发明了第一台有实用价值的蒸汽机。这是能源和动力的革命，也是工业革命的标志。蒸汽机的发明大大促进了工业化进程。工业革命之后出现的轨道交通从根本上改变了城市结构，也为郊区通勤提供了可能。

　　汽车普及前，城市郊区化发展受到限制。中心城市是大都市人口居住和经济发展的主要场所。城市的繁荣发展吸引了大量的投资和移民，而城市人口的增加必然会带来城市拥挤、环境恶化等问题。为解决这些问题，许多学者提出了不同的理论，其中最有影响力的是霍华德的"田园城市理论"。这一理论为后来出现的城市分散奠定了理论基础。城市居民开始尝试向郊区迁移，而火车、电车等交通工具使城市有了前所未有的扩张力，从此集聚和扩散就开始共同影响城市形态的演变。由于轨道交通具有一定的局限性，在汽车普及前，世界城市形态和城市结构存在一元化特征：即人口和人们的非农业活动基本上局限在城市内部，城市范围狭小，功能也比较单一，城市郊区化发展迟缓。以美国洛杉矶为例，铁路和有轨电车促进了城市郊区的早期扩展。1914 年，有轨电车伸展到市区周围 8 千米，有轨电车线路呈放射状，但受交通条件限制，新的住房也最多在沿线 4 个街区以内。

　　汽车是城市郊区化发展的理想媒介，同时也推动了城市公路网建设。自 1908 年，福特汽车公司批量生产"T"型汽车后，汽车成本大幅下降。第二次世界大战以后，一些发达国家汽车进入了普及阶段。由于汽车具有便捷、灵活的优势，使人口流动更为便捷，城市功能的扩散效应开始得到强化。城市郊区化首先是商品零售业的重心转向郊区，紧接着是一些企业、公司、金融机构、教育设施、娱乐设施也纷纷在郊区出现。以汽车保有量最高的洛杉矶为例，至 1929 年，全市平均每个家庭拥有一辆汽车，共有 80 万辆汽车和超过 120 万的人口。这些人口大多数居住在郊区。自 20 世纪 20 年代开始，10 年中，洛杉矶市中心区人口增长仅 26%，而西郊

人口竟增长了 612%。另外，美国的城市郊区化还引发了公路铺设高潮。美国国会曾多次颁布法案加强城市公路的建设。影响最大的是 1956 年的法案。该法案确定投资数百亿美元，在全国修建了长达 10.24 万多千米的高速公路网络。高速公路的建设不仅缓解了城市交通拥挤的窘况，也为居民和产业脱离中心城市提供了便利条件。目前，在一些发展中国家，城市的外延扩展已成为主要的发展趋势，并呈现不同的发展形态，尤其是大城市呈中心向外圈层式扩展的模式。

2 汽车是城市群发展的重要纽带

城市群概念最早起源于 1957 年法国地理学家戈特曼（Gottmann）提出的"大都市带"理论。该理论认为，在一个城市的发展过程中，会带动周边区域，而会同几个规模相近、地域相邻的城市共同组成区域中心、呈组团式或块状分布的都市群。多个都市群又会形成一个"大都市带"。因此，城市群被认为是工业化、城市化进程中，区域空间形态的最高组织形式。城市群在城镇化发展过程中会因人口迁移、产业结构调整和社会经济发展等产生大量交通运输需求。而当城镇化高度发展后，这种交通运输需求则呈现出稳定状态。城市群不同于都市圈中心城市之间的运输需求，表现为高度集聚的区域运输走廊。从世界上高度城镇化的几大城市群来看，城镇体系布局结构尽管存在很大不同，但主要运输走廊分布特征明显，即表现为不同中心城市之间的高强度运输需求。通常，沿着走廊地区也是产业等重要集聚发展带。如美国的东北部、芝加哥地区、西海岸城市带，日本的阪神地区，英国的东南部地区（伦敦、伯明翰、曼彻斯特），欧洲中部地区（德国、荷兰、法国）等都有相似的特征。从英国伦敦都市圈运输走廊示意图（图 1-2）可以看出，中心城市伦敦与相邻城市间联系非常紧密，具有高强度的运输走廊。通常情况下，依据运输需求强度等，外围中小城市与中心城市之间还依靠单一或复合型的运输通道连接，一般呈现轨道交通、高速公路或两种运输模式共存的形式。交通结构则以大容量轨道交通为主、地面公交和小汽车为辅的复合模式。据日本的东京、美国的纽约、法国的巴黎和英国的伦敦四大都市圈的统计数据,工作日高峰小时进入中心城市的交通方式中大运量的地铁或(和)市域铁路所占的比例超过75%,地面公交和小汽车分担比例约为20%。由此可见,汽车为城市群的发展提供了有力支撑。

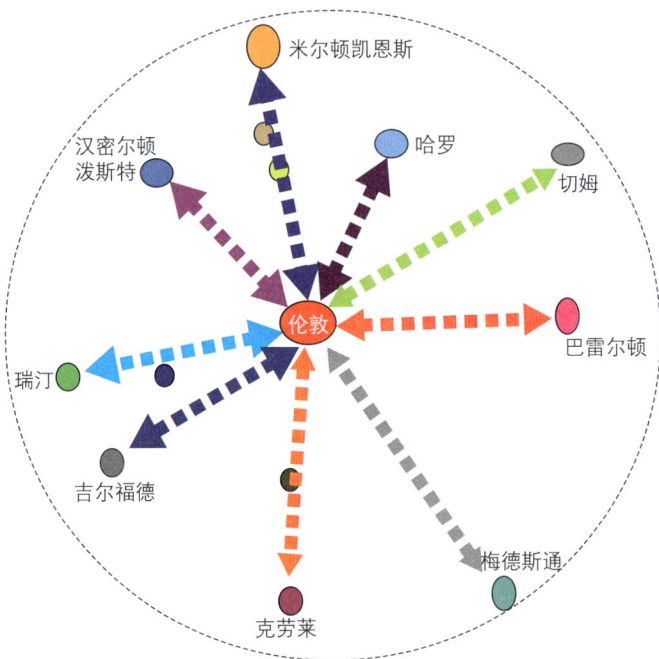

图1-2　伦敦都市圈运输走廊示意图

四、汽车丰富了人类的社会生活

随着普及,汽车全方位地渗透社会的各个方面,在为人类提供极大便利的同时,丰富了人类生活,提高了生活质量和工作效率,促进了社会文明和进步。这也使汽车成为人类文明与社会进步的象征和标志。围绕汽车,诞生了很多人类生活消费模式和精神文化产品,如汽车博览会、汽车博物馆、汽车旅馆、汽车影院、汽车广告、汽车杂志、汽车节庆、汽车餐厅、加油站、汽车运动、游戏与玩具等。

（一）赛车运动

多元化的汽车运动给车迷爱好者的生活带来极大乐趣。赛车运动是一种汽车运动，是指在封闭场地内、道路上或野外比赛速度、驾驶技术和性能的一种运动项目，是随汽车工业的发展而兴起的。初期的赛车运动的主要目的是为了检验汽车性能，并宣传使用汽车的安全性和可靠性。1894 年，第一次汽车比赛在法国举办。后因事故，赛车运动经历了两次危机。直到 1905 年，第一个真正意义的场地大奖赛才在法国勒芒举办。多元化的现代汽车赛车运动给车迷爱好者的生活带来极大乐趣，如汽车拉力赛、一级方式赛、汽车足球赛、汽车泥潭赛、太阳能汽车赛等。以方程式汽车赛中最高级别的比赛——一级方程式世界锦标赛为例，每年不仅吸引超过 10 万车迷到现场观看，而且全球有超过 10 亿人次通过电视转播或其他媒体观赏赛事。

（二）汽车广告

现代汽车广告是人类方便的购物指南。1900年，美国第一家汽车厂——奥兹莫尔比汽车厂竣工。奥兹父子在工厂门口竖立了一块醒目的标志牌，上面的"世界最大的汽车工厂"吸引了行人的关注，从此广告和汽车联系在一起。汽车广告的发展源于汽车市场的激烈竞争，是工业时代的象征。各色汽车广告处处体现出了制作者的独具匠心，或凝重、或热烈、或深切、或诙谐、或前卫、或布满浓厚的民族气息。别出心裁的广告策划和精美绝伦的艺术创意使企业在消费者心目中留下一个先入为主的好印象，进而引导消费者的购买行为。

（三）汽车影院

汽车影院给有车一族带来了娱乐和一种新的放松机会。汽车影院就是观众坐在各自车里，通过调频广播收听或观看露天电影。这是在完全私人的空间里享受高质量的影视作品的生活，不像在一般的电影院那样受到很多限制。世界第一家汽车影院是1933年在美国创办的。随后，这种休闲娱乐方式风靡了整个北美洲国家乃至世界各地。汽车影院可以说是随着汽车工业高度发达后所衍生的汽车文化娱乐方式之一。

（四）汽车俱乐部

汽车俱乐部是为了满足驾车人对各种与汽车相关的服务需求和汽车爱好者对汽车的不同兴趣爱好而成立的。世界最早的汽车俱乐部是1895年在美国建立的。后来，欧美各国都相继建立有为车主和驾驶人服务的汽车俱乐部，形成了非常大的行业，使汽车融入了人们的交通生活。国际上著名的汽车俱乐部有：国际汽车联合会、英国汽车联合会、全美汽车俱乐部、英国汽车运动协会和英国66汽车俱乐部。

（五）汽车旅馆

　　汽车旅馆本质上是为了方便汽车或机车作为旅行工具的旅客投宿而设立的。1925年，一位名叫哈利·埃利奥特的美国人请人设计了一幢汽车旅客客栈，吸引了不少路过的汽车驾驶员和游客来投宿。这是最早的汽车旅馆。汽车旅馆真正崛起是在第二次世界大战后。以美国为例，至1960年，汽车旅馆已达6万家。到了20世纪60年代，美国汽车旅馆每间客房的年平均获利已超过传统的旅馆25%。进入20世纪90年代，汽车旅馆逐渐渗入城镇乃至大城市的市区，服务项目不断扩大。在欧洲一些城市里，常规旅馆与汽车旅馆的界限越来越模糊，出现了两者相兼的旅馆。

（六）汽车展览会

汽车展览会是汽车厂商展示新产品的平台，对世界汽车的发展起了推动和促进作用。车展会不仅显示出未来汽车的发展趋势与导向，更将汽车制造工业最先进的技术与最前卫的设计发挥得淋漓尽致。1897年，世界上最早的车展会在德国柏林的布里斯托尔旅馆举办。尽管当时只有8辆汽车参展，但依然被誉为有"汽车奥运会"之称的法兰克福车展的前身。1951年，柏林汽车展览会移到法兰克福举办，每年一届，轿车和商用车轮换展出。德国法兰克福汽车展览会、日本东京汽车展览会、北美底特律汽车展览会、瑞士日内瓦汽车展览会、法国巴黎汽车展览会、中国上海汽车展览会是国际社会公认的六大国际性汽车展览会。

（七）汽车金融

汽车金融主要是在汽车的生产、流通、购买与消费环节中融通资金的消费活动，具有资金量大、周转期长、资金运动相对稳定和价值增值等特点。从20世纪20年代起，欧美各大汽车公司就陆续成立了自己的金融公司，可为买车人做贷款。至今，汽车金融在欧美国家已有近百年历史，是支撑汽车业发展的顶梁柱。

（八）汽车博物馆

汽车博物馆是博物馆业的重要组成部分，是人们旅游观光的地点之一。通常情况下，汽车博物馆不仅展出某个国家和车企的经典车型，而且还陈列相关的重要历史文献。世界著名车企都建立了自己的博物馆，如德国保时捷博物馆、梅赛德斯—奔驰博物馆、宝马博物馆等。以世界上最古老的汽车公司——梅赛德斯—奔驰博物馆为例，奔驰公司1936年就建立了自己的博物馆，2006年5月博物馆移至斯图加特郊区的新馆。这是世界上唯一能够展现120年汽车历史的博物馆。该博物馆

是奔驰汽车从发明到发展的一本历史教科书，是一部完整的汽车发展史，也是连接"传统"与"现代"之间的纽带。

第三节
人类社会深刻影响汽车

一、能源和环境压力迫切要求汽车更加节能环保化

（一）发展节能环保汽车是保障能源安全的重要战略举措

　　2020年1月13日，中国石油集团经济技术研究院发布的《2019年国内外油气行业发展报告》显示：2019年，中国石油和原油对外依存度双双超过70%，不仅远超50%的安全线，还仍然呈现增长态势。其中，随着汽车保有量的持续增加，包括汽车在内的交通部门石油消耗占比超过50%。可见，减少汽车产业和产品能耗，不仅是能源效率问题，更是能源安全问题。

　　当前，以传统燃油车为主的汽车工业格局下，汽车成品油巨额消耗已成为中国石油对外依存度持续攀升的主要因素。车用燃油消费占全国消费总量比例已经达到约55%（图1-3）。持续降低燃油汽车产品油耗已经是关乎国家能源战略安全的问题。中国汽车油耗法规已呈现持续加严态势，2020年要求新车平均油耗降至5升/百千米，2025年降至4升/百千米。因此，大力发展节能环保汽车是保障能源安全的重要战略举措。

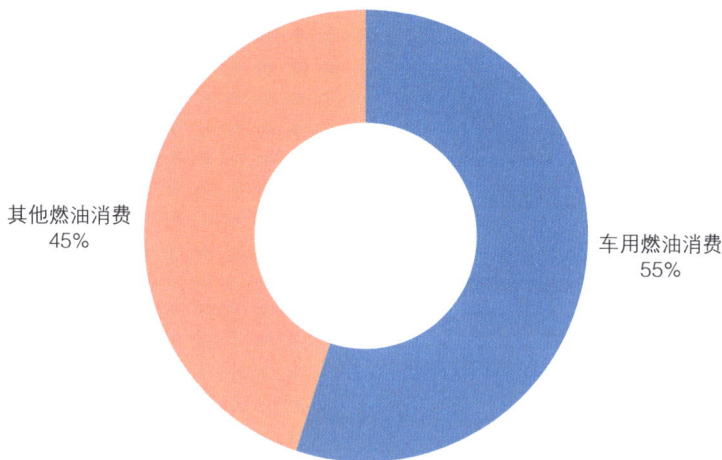

图 1-3　中国车用能源消费占比

（二）发展节能环保汽车是建设环境友好社会的重要途径

从环境角度来讲，中国二氧化碳排放量世界第一（图 1-4），低碳减排成为中国发展面临的重要课题。中国在巴黎气候大会中承诺："二氧化碳排放 2030 年前后达到峰值并争取尽早达峰，2030 年单位 GDP 二氧化碳排放相比 2005 年下降 60% ~ 65%。"有数据显示，道路交通二氧化碳排放量不低于总排放量的 7%，是造成温室效应的重要原因之一，发展低碳环保汽车可支撑巴黎气候大会承诺减碳目标达成。

此外，中国城市大气污染日趋严重，雾霾现象频频出现。2016 中国环境状况公报显示，当年全国 338 个地级及以上城市中，254 个城市环境空气质量超标，占比高达 75.1%。根据中国已完成的第一批城市大气细颗粒物（PM2.5）源解析结果显示，北京、上海、杭州、广州和深圳等部分城市机动车排放已成为大气细颗粒物的首要来源（图 1-5）。

柴油车特别是重型货车，是氮氧化物和颗粒物的主要排放者。柴油车排放的氮氧化物接近汽车排放总量的 70%，颗粒物超过汽车排放总量的 90%（图 1-6）。传

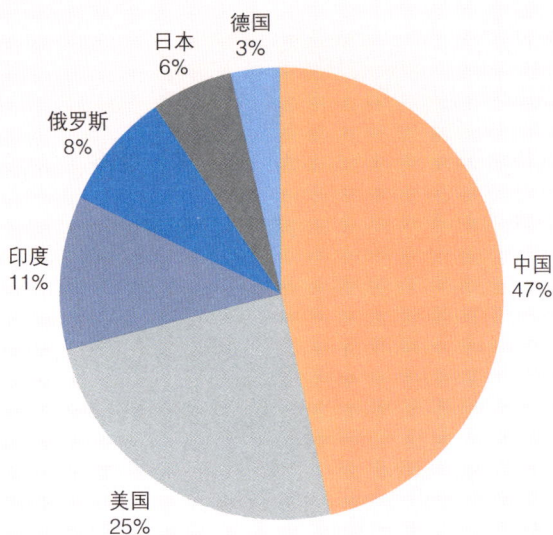

图1-4　各国二氧化碳排放占比

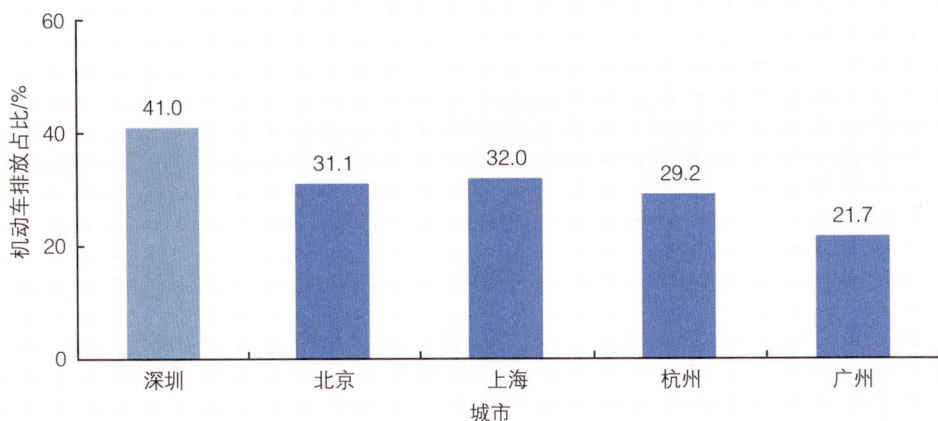

图1-5　主要城市机动车排放占比

统燃油汽车基数大、减排空间也大，严格控制汽车特别是重型货车排放有助于缓解空气污染的严重程度。环境问题是重要民生问题，越来越受到中国政府的重视，已发布的国六排放限值要求压缩40%～50%，RDE（实际道路行驶排放）等工况要求更精细化控制。因此，发展先进环保汽车刻不容缓。

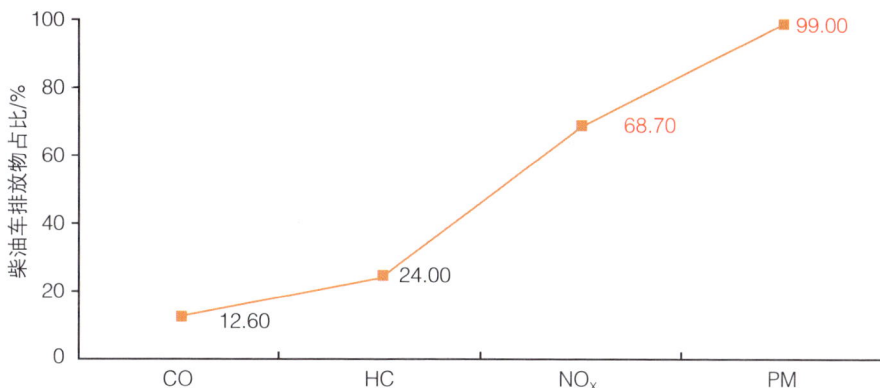

图 1-6 柴油车各排放物占比

（三）节能环保汽车技术应运而生

为应对石油短缺和环境压力，世界各国相继制定了政策法规，促进了汽车环保技术的发展。以美国和日本为例，美国自 20 世纪 70 年代石油危机开始，便开始实行汽车企业平均燃料经济性评价体系（Corporate Average Fuel Economy, 简称 CAFE）。1955 年与 1963 年美国依次制定了《空气污染控制法案》和《清洁空气法案》；1978 年 11 月，美国征收汽车能源税规则生效。美国还制定了机动车燃油公告及燃油节约法规，并于 1982 年针对机动车辆的能效问题制定了《机动车情报和成本节约法》。日本在 1979 年出台了《节约能源法》，对能源消耗做了严格规定，后续对节能法进行了多次修订；1968 年，日本国土交通省根据《道路车辆法的授权》以省令形式发布日本汽车安全和环保方面的基本技术法规。该法规参照美国《联邦机动车辆安全标准》进行分类，并增加了防止汽车排放污染及噪声等公害内容，制定了《大气污染防治法》；1992 年，制定了《关于机动车排放氮氧化物的特定地域总量消减等特别搁置法》等。

汽车节能环保技术包括节能汽车技术、新能源汽车技术和汽车环保技术。其中，节能汽车技术包括整体节能汽车技术、传统动力优化技术、混合动力技术、替代燃料汽车技术；新能源汽车技术包括纯电动汽车 / 插电式混合动力汽车技术和氢燃料电池汽车技术；汽车环保技术包括汽车尾气净化技术、燃油改进技术及降噪技术。

1 传统节能汽车技术

(1) 传动动力优化技术

传统动力优化技术主要是对汽车的燃烧比进行优化，由发动机技术来决定，主要技术包括稀薄燃烧技术和汽车电子喷射技术等。稀薄燃烧技术的关键在于提高压缩比、分层燃烧和高能点火。燃烧稀薄混合气可使汽油充分燃烧，尾气中 HC，CO，NO_x 等排放则会大大减少。21 世纪 70 年代初，为应对石油危机和遵循各国排放法规，日本丰田（丰田汽车公司，简称丰田）及本田（本田株式会社，简称本田）首次提出稀燃技术概念，后来经过技术改进，空燃比可精确控制。至 20 世纪 80 年代，日本丰田首先使稀混合器发动机（T–LCS）产品化。目前，著名的三菱（三菱电机，简称三菱）缸内喷注汽油机（GDI）可令混合比达到 40∶1。汽油电子喷射技术最突出的优点就是能准确控制混合气质量，保证发动机气缸内的燃料燃烧完全。1967 年，德国博世集团研制了 D 型电子控制汽油喷射装置。这一装置与当时的化油器相比，存在结构复杂、成本高、不稳定的缺点，因而未得到广泛应用。20 世纪 70 年代末，博世集团又开发了一种设计合理、工作可靠的 L 型电子控制汽油喷射装置，并很快得到广泛使用，奠定了目前电子控制燃油喷射装置的雏形。从 1979 年起，欧美日各大强企均推出了自己的电子控制汽油喷射装置，目前装备率已超过了 95%。

(2) 混合动力汽车技术

混合动力汽车是指采用传统燃料，同时配以电动机／发动机来改善低速动力输出和燃油消耗的车型。混合动力车较好解决了传统汽车发动机长时间在低热效率区域工作的弱点，能有效将制动能量转变为电能，可大幅度节能。1900 年，德国的斐迪南德·保时捷研制成世界第一辆混合动力汽车的原型车。该车设计仅源于"使用汽油引擎为电动机充电"这一简单想法。后来，该想法不断演绎，对汽车工业的发展起了重要作用。20世纪90年代以来，混合动力汽车受到日本、美国和欧洲国家等世界各大汽车公司关注。其中，日本走在最前沿，最具代表性车型是丰田开发的普锐斯（Prius）系列。1997年，日本丰田公司推出了第一代普锐斯混合动力电动汽车，车速高达140千米/小时，在日本J10-15工况下燃油经济性3.57升/100千米，CO、HC和NO$_x$的排放水平相当于日本法规的1/10。经过不断地改进，日本丰田分别于2003年、2009年、2015年推出了第二代、第三代和第四代普锐斯。第四代普锐斯燃油效率达到40%，比第三代的燃油经济性至少提高10%。

【3】 替代燃料汽车技术

目前，替代汽车石油的能源有：天然气（包括石油气和煤层气）、液化煤、醇醚类燃料（甲醇、乙醇、二甲醚）、生物柴油、氢能、电能等。主要发展情况如下：

天然气作为汽车能源的优点得到了普遍认同。天然气蕴藏量丰富，燃烧品质优良，可使CO和HC等排放大幅度减少，微粒排放污染降低。与汽油动力汽车相比，天然气汽车可以减少高达93%的CO排放量，减少33%的氮氧化物排放量以及50%的活性烃气的排放量。俄罗斯和意大利从20世纪30年代开始推广使用天然气汽车。至今，天然气汽车已经在全球范围内广泛使用。相比于传统汽车，天然气汽车的成本较高，主要是压缩天然气所需的储气罐的设计、制造成本很高。

醇醚类燃料发展目前受到制约。醇醚类燃料主要包括甲醇、二甲醚和乙醇。其中，乙醇的优点是理化特性接近汽油，容易与汽油按一定比例混溶作为汽车燃料，可提高汽油的抗爆性，降低排放量。乙醇的缺点是燃烧后会产生对金属具有腐蚀性的物质，再就是原料目前主要来源于粮食。甲醇、二甲醚也是清洁燃料，但目前制约其发展的缺点是甲醇汽油的毒性和金属腐蚀性等还有待解决，其主要原料是天然气、轻质油、重质油、煤焦炭等，是不可再生的。

生物柴油的发展也受到一定的制约。生物柴油主要由植物油和柴油混合制成，可减少 HC 和碳烟的排放。目前，使用的植物油主要有麻疯树籽油、花生油、大豆油等。制约生物柴油燃料发展的主要因素是植物油成本高，应用于汽车导致冷启动困难等许多问题。

【4】 轻量化技术

汽车轻量化是指在保证汽车的强度和安全性能的前提下，尽可能降低整车质量，由此提高汽车的动力性，减少燃料消耗，降低排气污染。减轻汽车质量一是意味着在汽车行驶过程中可直接节省大量能量，二是意味着除空气阻力外，在行驶过程中所克服滚动、爬坡、加速和空气等多种阻力也都大大减少。研究表明，汽油乘用车每减重 100 千克将节油 0.39 升 /100 千米；汽车质量每降低 10%，可降低油耗 6% ~ 8%，排放下降 4%。在过去 50 多年中，除了整车大小的增加还有汽车附加功能的不断增加。人们对汽车舒适度、质量要求的不断提高，更严格的排放标准导致汽车装备更复杂且更重的尾气排放过滤处理系统。这些因素导致汽车平均质量以每年大约 1% 的速度不断增加。汽车轻量化则是抵制这些负面因素的有效措施。汽车轻量化主要包括汽车小型化，降低配置或者零部件的小型化，轻量化设计和结构优化，采用轻型材料，采用先进的制造工艺等措施。

最早的轻量化设计采用木材等轻质材料以降低汽车质量，但仅仅是为了应对车辆缺陷，配合第一个发动机较低的功率。到了 20 世纪 50 — 60 年代，为了提高一级方程式赛车和运动型汽车的性能，轻量化设计概念开始逐步转成提高车辆性能。比如，汽车制造商莲花（Lotus）、捷豹（Jaguar）围绕轻量化技术来制造车型，给消费者提供给了全新的驾驶体验。20 世纪 80—90 年代，一些设计软件开始应用，极大地促进了汽车轻量化设计的发展。由于设计技术的改进，汽车设计更为复杂，车辆系统结构更加优化，如 20 世纪 80 年代的 CAD 和有限元分析软件等，90 年代的 CAE 技术。至今，汽车制造商还在不断地优化部件结构，不仅减轻了部件质量，还降低了成本。比如，今天的单片式汽车车身，是从传统的车身车架解决方案优化而来。

轻量化材料是通过采用密度小、强度高的轻质化材料或者使用同密度、工艺性能好的有利于减少壁厚的高强度钢铁材料达到减轻汽车自重的目的。随着轻量化概念的提出，各种轻型新材料逐步被使用，但新类型的中／强度碳钢仍占主流地位。目前，高强度钢在车辆上的主要应用是在汽车安全件、底盘及车身等方面。铝合金、镁合金、钛合金等轻质非钢材料在国际高端品牌汽车中的用量呈逐年增加趋势：在 20 世纪 20 年代就出现了第一批采用铝车身的汽车，例如奥迪 A8 等。汽车也是镁合金的重要消费领域，约占镁合金整体消费量的 62%。镁合金主要应用

于方向盘、仪表盘。采用镁合金能有效减轻整车质量，可在用铝合金的基础上再减轻 15%～20%。汽车行业通常将树脂基复合材料简称为"复合材料"，并根据增强体和基体材料的不同分为多种类型增强基复合材料，如，玻璃纤维增强复合材料、碳纤维增强复合材料、生物纤维增强复合材料等。复合材料可实现零部件的模块化生产，可节省空间和减化成型工艺，并且质量减轻。现阶段玻璃纤维增强复合材料应用较为广泛。碳纤维复合材料（CFRP）具有绝佳的韧性和抗拉强度，拉伸强度超过铝合金的 3 倍，接近超高强度钢的水平。其应用可使汽车车身减轻质量30%～60%，但因 CFRP 本身成本高及 CFRP 部件制造成本过高，碳纤维增强复合材料在汽车中的应用仍然有限。玄武岩纤维增强复合材料性能低于 CFRP，但优于玻璃纤维增强复合材料，且成本远低于 CFRP，正成为汽车轻量化用材的新宠。生物纤维增强复合材料主要选取亚麻等植物纤维，便于汽车回收阶段的可降解，是一种无污染的清洁材料。主要应用在汽车门内板、仪表板等内饰零部件，如宝马 i3。该材料对改善车内空气质量具有较大帮助。

汽车轻量化生产工艺包括热冲压成型，激光拼焊成形、内高压成形等先进制造工艺，以及激光焊接及激光钎焊、搅拌摩擦焊等先进连接技术。其中，激光拼焊是将不同厚度、不同材质、不同强度、不同冲压性能和不同表面处理状况的板坯拼焊在一起，再进行冲压成型的一种制造技术。德国大众集团（简称大众）在 1985 年就将激光拼焊用于汽车生产。1993 年，北美地区也开始大量应用激光拼焊技术。目前，几乎所有著名汽车制造工厂都采用了激光拼焊技术。最新统计表明，最新型的钢制车身结构中，50% 采用了拼焊板制造。另外，复合焊接和拼焊板为新材料的运用提供了可能性，因不再需要螺母、螺栓和支架从而间接地为轻量化做出了贡献。

在汽车小型化方面，历史上，小型汽车的普及可追溯到 20 世纪下半叶，起因是1973 年、1979 年接连发生两次石油危机。石油危机以前，德、法、英、意 4 国的汽车工业以多品种赢得汽车产量 40%～50% 以上的出口份额，其中，美国处于遥遥领先地位。美国也一直以研究豪华汽车为主。石油危机后，美国汽油价格飙升，汽车需求大幅下降，欧美各大汽车公司出现经营赤字。1984 年之后，汽车工业进入新一轮增长期，符合国际排放、安全标准，且省油、耐用、低价的日产（日产汽车公司简称日产）小型车受到国际市场欢迎，特别是对美国出口猛增，由此世界汽车形成了美、日与欧洲国家并存的格局。

2 新能源汽车技术

【1】 纯电动车 / 插电式混合动力汽车技术

纯电动汽车是指车辆的驱动力全部由电动机供给。电动机的驱动电能来源于车载可充电蓄电池或其他电能储存装置。插电式（含增程式）混合动力汽车是指驱动力由电动机及发动机同时或单独供给，并且可由外部提供电能进行充电。纯电动模式下续驶里程符合中国相关标准规定的汽车，理论上以电能驱动为主，发动机只在纯电里程不足时起补充、保障作用。

电动汽车早于内燃机汽车半个多世纪，经历了诞生时期、黄金时期、沉睡时期及复兴时期4个阶段。1834年，苏格兰的罗伯特·安德森（Robert Anderson）给四轮马车装上了电池和电动机，由此诞生了世界上第一辆靠电力驱动的车辆。该电

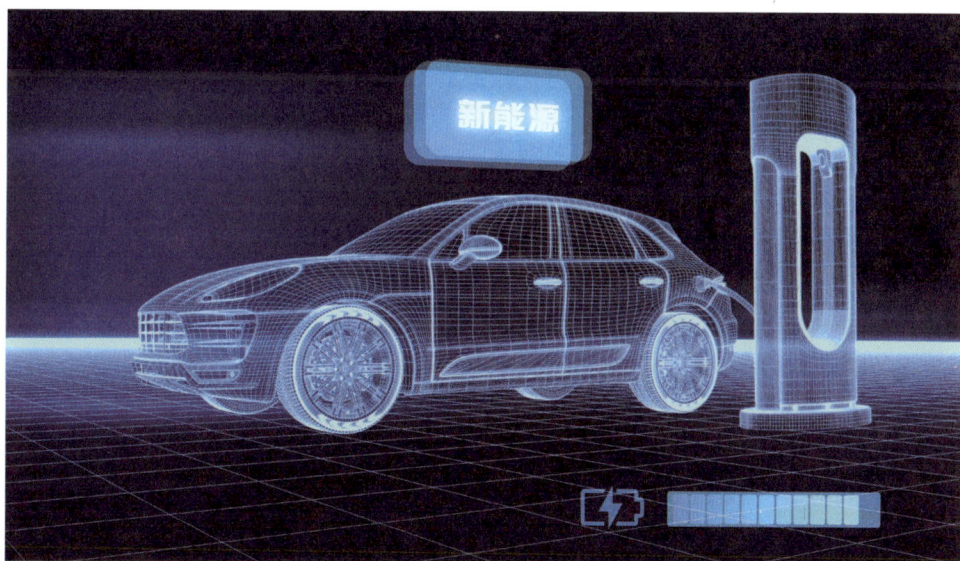

池是不可再充电的。1859 年，法国人加斯顿（Gaston P1ante）发明了世界上第一个可充电的铅蓄电池。1873 年，英国人罗伯特·戴维森（Robert Davidsson）制作了世界上最初的可供实用的电动载货车：使用铁、锌、汞合金与硫酸进行反应的一次电池。1880 年，开始应用了可充放电的二次电池。二次电池的使用使电动汽车的需求量有了很大提高，并在 19 世纪下半叶成为交通运输的重要产品。1895—1915 年，纯电动汽车迎来了发展的黄金时期。这个时期，纯电动车、燃油汽车、蒸汽机汽车三足鼎立。

19 世纪 80 年代，美国每年销售的 4200 辆汽车中有 38% 是纯电动汽车，22% 是燃油汽车，40% 是蒸汽机汽车，但因电动车价格昂贵，普及率并不高。1908 年，福特 T 型车在底特律首次下线。1909—1925 年，T 型车的价格从 850 美元降到 260 美元。这一时期，电动汽车无论在整车质量、动力性能、续驶里程等方面都落后于传统燃油汽车。20 世纪 90 年代初，一些国家和城市开始实行更严格的排放法规，纯电动汽车迅速发展起来（图 1-7）。世界各大汽车集团公司也都在电动汽车上投入了较多的资金，并研制出多种电动汽车概念车。一些电力公司和电池生产商在纯电动汽车的示范中也起到积极作用，目的都是促进以充电电池为动力的电动汽车的商业化，最终获得商业利益。

Tesla Model S

续航（km）：490、632、613
功率（kW）：386、386、568
扭矩（Nm）：525、660、967
充电时长（h）：快4.5慢10.5
电池容量（kWh）：75；100

图 1-7　美国特斯拉汽车公司电动汽车

（2）燃料电池汽车技术

世界氢燃料电池汽车的研发始于 20 世纪 90 年代初，基本与混合动力汽车同步。燃料电池汽车的关键之处在于动力来源——（氢）燃料电池。氢燃料电池实质上是基于电化学原理，以氢气、甲醇等为燃料，和空气中的氧化剂反应生成的化学能转换成电能的发电装置。燃料电池唯一排放产物是水，不造成环境污染。燃料电池的能量转换效率为60%～70%，比内燃机要高2～3倍，是一种理想的汽车动力装置。20世纪末到21世纪初，在美国的带动下，世界曾经一度掀起氢燃料电池汽车的热潮。该阶段主要完成了氢能燃料电池汽车的概念设计和原理性验证。1994年，德国奔驰汽车公司开发出首辆具有真正意义的燃料电池汽车。后来，因关键技术和高成本及其他原因，氢燃料电池汽车经历了一个短暂的沉寂期。

伴随着第三次工业革命浪潮的兴起和新能源、新材料技术的快速进步，2010年前后，氢燃料电池汽车再次引起世界汽车业的关注。人们普遍认为，氢燃料汽车是新能源汽车的终极目标。美国、欧盟、日本等都制定了各自的氢能和燃料电池汽车产业发展规划和战略。据有关资料，仅2009年，全球在氢燃料汽车领域就投资40亿美元攻克技术瓶颈和成本高的难题。2010—2015年，燃料电池汽车已逐步在物料运输领域等某些特殊领域开始应用，并率先取得商业化。截至2015年，全球共有34个企业8000多辆燃料电池叉车投入运行。2015年之后，乘用车开始面向部分区域的私人用户销售，初步进入商业化阶段，典型代表是日本丰田公司推出的Mirai氢燃料电池轿车，以及本田Clarity氢燃料电池轿车。

中国氢燃料汽车产业发展的起步较晚，但是在国家政策的大力支持和行业的共同努力下，中国燃料电池汽车产业近年来取得长足进步，燃料电池汽车产业链体系初步建立，技术研发取得了积极进展，市场化步伐正加快推进，产业集群初步形成。目前，中国已基本掌握了原材料、燃料电池电堆、系统、整车等关键技术，建立了具有自主知识产权的燃料电池汽车动力系统技术平台，实现了电堆、催化剂、膜电极、质子交换膜、双极板、DC/DC（直流转换器，是将一种直流电压转换为另一种直流电压的功率传输单元）等关键部件及原材料的国产化，形成了燃料电池电堆、系统、DC/DC、储氢与供氢系统等关键零部件的配套研发体系，具备了千万量级燃料电池汽车动力系统平台与整车生产能力，燃料电池客车性能基本达到国际先进水平,在氢燃料消耗量方面已形成领先优势。2019年,中国氢燃料电池汽车销售 2737 辆,比上一年增长 79.2%。从整体看,近年来累计销量达 6178 辆,其中,2016—2018 年,中国燃料电池的销量情况分别为 629 辆、1275 辆、1527 辆,可见 2019 年中国在燃料电池的发展中也实现了"大跨步"。

3 先进的汽车环保技术

汽车环保技术主要包括燃油改进技术、尾气净化技术和降噪技术。

在燃油改进技术方面,包括降低汽油中硫、烯烃、芳烃等含量,添加 15% 以下的甲醇燃料或采用含 10% 水分的水—汽油燃料,用无铅汽油代替有铅汽油,大力推广车用乙醇汽油等。

几十年来,世界各地的汽车制造商开发了很多针对汽车尾气的净化技术,以适应日益严格的机动车排放控制标准。汽车尾气净化技术包括机内净化技术和机外净化技术。机内净化技术主要是提高燃油质量和改善燃料在发动机内的燃烧条件。机内净化技术只能减少有害气体的生成量,不能除去有害气体,故人们更关注机外净化技术。带有氧传感器的三元催化转换器是机外净化中汽车排放控制方面重要的发明,也是控制汽车尾气排放污染最有效的手段。该技术是由瑞典沃尔沃集团在 20 世纪 70 年代初开发出来的。随后,日本及欧洲国家也开始使用。三元催化转换器由一个金属外壳、一个网底架和一个催化层(含有铂、铑等贵重金属)组成,可除去汽车尾气中的 HC(碳氢化合物)、

CO（一氧化碳）和 NO_x（氮氧化物）3 种主要污染物质的 90%（所谓三元是指除去这 3 种化合物时所发生的化学反应）。这些有害气体通过氧化和还原作用转变为无害的二氧化碳、水和氮气。

随着人们环保、健康意识的不断提高，车辆的舒适度及声品质越来越受到人们的关注。西方发达国家早在 20 世纪 60 年代起就对车辆噪声给予了足够的重视，着手控制技术研究和制定限制噪声的法规。世界各国控制噪声法规具有代表性的有欧盟、日本和美国 3 个体系。联合国欧洲经济委员会（ECE）、欧洲经济共同体（EEC，现为欧盟 EU）等，从 20 世纪 70 年代起每 3～5 年就修定一次相关的法规或标准，使各种车辆噪声的限值有了大幅度的降低。ECE 最早发布的控制噪声法规是 ECER9《机动车辆在噪声方面型式认证的统一规定》，于 1969 年 3 月 1 日首次发布实施。1980 年，由 24 个主要工业国组成的欧洲经济合作发展组织（OECD）曾召开一次降低交通噪声的大会，做出了一个决议：要求在 1985—1990 年降低车辆噪声 5～10 分贝。CEE 和 EEC 后来都进一步降低了噪声限值。EEC 最早颁布的控制汽车噪声法规是在 20 世纪 70 年代初，即《欧共体型式认证指令——汽车噪声》。日本对汽车噪声控制较早，1951 年就制定了《道路车辆法》，1967 年颁布了《公害对策基本法》，后来根据该法制定了《噪声控制法》。20 世纪 60 年代后期，美国一些州出现了地方性噪声控制法规。1967 年，美国联邦政府首次批准 SAE 制定的 J986《小客和轻型载货车噪声级》（SAE，美国机动车工程师学会）。1969 年，美国联邦政府又批准了 SAEJ366《重型载货汽车和客车的车外噪声级》。1972 年，美国联邦政府制定了《噪声法》。国际市场越来越严格的汽车噪声控制标准对车辆的准入设定了更高的限制。汽车噪声产生的主要原因是固体和气体的振动。在此背景下，车辆的 NVH 性能成为汽车研发过程中最为重要的性能指标。这里的 NVH 是指噪声（Noise）、振动（Vibration）和声振粗糙度（Harshness）。早在 20 世纪 60—70 年代，西方各主要汽车公司就开始关注汽车的 NVH 问题。从国际 NVH 水平看，做得最好的是日本，其次是美国和欧洲国家。有统计资料显示，整车约有 1/3 的故障和车辆的 NVH 有关系，而各大公司有近 20% 的研发费用消耗在解决车辆的 NVH 问题上。长期以来，主要发达国家对汽车噪声控制问题给予了高度重视，也积累了丰富的理论和实践经验。但由于问题的复杂性，该领域仍然存在大量技术空白有待开发。

二、交通安全和拥堵迫切要求汽车更加智能安全化

人员、车辆、道路及其环境、管理是构成现代道路系统的四大要素。这四大要素间一旦出现不协调、不匹配，就必然导致道路系统整体功能下降，出现交通安全隐患，产生交通事故、交通拥堵等严重后果。汽车安全技术，主要包括车辆安全技术和智能网联汽车技术。其中，车辆安全技术可达到事前预防和事中减轻两种效果，而智能网联技术则是通过人工智能解放人来解决交通安全问题。

道路交通事故既威胁人类安全也带来经济损失。道路拥堵不仅带来经济损失，也带来一系列连锁反应，如交通秩序混乱和污染加剧等，使城市居民的工作和生活受到了一定程度的影响。据有关报道，自从有记录以来，全世界因道路交通事故死亡的总人数应超过了3200万人，比第一次世界大战的死亡人数1700万人还超出1500万人。据联合国相关机构的统计，2015年，全世界道路交通事故约造成125万人死亡，5000万人受伤，经济损失占国民经济总产值的1%～2%。在全球范围内，根据加里·贝克尔的测算，每年因拥堵造成的损失达到GDP的2.5%，庞大的数字造成了巨大的资源浪费。

20世纪60—70年代，美国、日本、德国、英国、法国等交通发达国家经历了道路事故高速增长后，开始通过颁布道路交通安全法规、完善交通安全政策、强化政府的交通安全管理和全面提高道路交

通参与者遵章守法的自觉性与车辆、道路的安全性等综合性应对措施来应对交通事故。1966 年，美国运输部（DOT）国家公路交通安全管理局（NHTSA）在美国《国家交通及机动车安全法》的授权下，具体负责制定、实施汽车安全技术法规——《联邦机动车辆安全标准》。该项法规包括主动安全和被动安全两部分。随后，世界各国都相继制定了相应的汽车安全技术法规。日本早在 20 世纪 50 年代便开始制定汽车技术安全法规，后来因考虑汽车产品对美贸易，在制定汽车安全技术法规时，很大程度上借鉴了美国的法规。

（一）主被动安全技术

汽车对于道路交通安全的影响主要有三个方面：一是与行车安全密切相关的车辆行驶安全性，如制动安全性、操作稳定性；二是与行车安全密切相关的车辆驾驶环境，包括驾驶视野、车辆灯光、运行信息显示系统、驾驶人工作环境等；三是与行车密切相关的汽车安全技术，包括主动安全技术和被动安全技术。主动安全技术和被动安全技术都是提高车辆安全性的技术措施，主要按照其事前预防与事中减轻两种效果上的差异来区分。从历史汽车安全技术发展上看，在初期主要以被动安全技术的发展为主；到了后期防患于未然的主动安全技术越来越普及。

汽车被动安全技术是指在行驶过程中当交通事故不可避免地发生时，为尽可能减轻事故伤害和货物受损而采取的技术措施。安全车身、安全带、安全气囊是历史上汽车被动安全技术的典型代表。被动安全的设想和安全车身的设计是由"汽车安全之父"——比拉·巴恩伊（Bela Barenyi）分别在 1945 年、1946 年的"Terracruiser"和"Concadoro"的新车方案中率先提出来的。他认为，最安全的汽车安全机构由高溃缩吸能的车头、车尾和高强度的乘员舱三部分组成。巴恩伊安全理论至今仍是汽车研发的基础和标准。安全带早在 1985 年就出现在马车上。汽车安全带雏形则出现在 1902 年纽约的一场汽车竞赛场。当时，一名赛车手为防止在高速中被甩出赛车，用几根皮带将自己和同伴拴在座位上。1955 年，美国福特汽

车公司开始装用安全带。目前，世界上安全带的标准形式是1959年沃尔沃集团的尼尔斯·波哈林（Niles Boharlin）发明的三点式安全带。安全带虽挽救了无数生命，但当发生严重碰撞时，由于乘客身体被固定在座位上，头部因毫无固定只能随惯性迁移，由此造成脊柱损伤。有鉴于此，安全气囊应运而生。安全气囊防护装置是1953年8月美国人约翰·赫特里克（John Hitrick）首次提出的"汽车用安全气囊防护装置"。由于当时技术水平的限制，安全气囊还仅停留在专利上。1980年，汽车安全的始祖——戴姆勒股份公司开始将这种设想付诸实践，开始了安全气囊的商用化。至今，欧洲国家及美、日等国家汽车上的安全气囊的装备率已接近100%，现代汽车甚至增加了侧面防撞安全气囊。

主动安全是指尽量自如地控制汽车的安全系统措施。这些措施使得无论是直线上的制动与加速，还是左右转向都尽量保持平稳，不至于偏离既定行进路线，而且不影响司机的视野与舒适性。主动安全技术的理想目标是使汽车具有"智能化"，即汽车在行驶过程中能够识别潜在的危险因素自动减速，或当突发的因素作用时能够在驾驶员的操作下避免发生碰撞事故。

主动安全体系大致包括车轮防抱死制动系统（ABS）、高级预警系统（AWS）、牵引力控制系统（TCS）、车身电子稳定系统（ESP）、车辆稳定性辅助系统（VSA）、电力制动分配（EBD）、变道辅助系统（LCA）、驱动防滑系统（ASR）、半主动悬架（SAS）九大系统。1936年，精于汽车电子系统的德国博世有限公司取得了机动车辆防止刹车抱死装置的专利。20世纪50年代ABS开始应用于汽车工业。20世纪 70 年代后期, 数字化电子技术和大规模集成电路迅速发展, 为 ABS 向实用化发展奠定了技术基础。ABS 的发展经历了 TCS、ESP 等不同的研究阶段。TCS 的作用是使汽车在各种行驶状况下都能获得最佳的牵引力, 让轮胎的滑动量处于合理的范围之内, 从而保持汽车行驶的稳定性。ESP 整合了 ABS 和 TCS 的功能, 并增加横摆力矩控制——防侧滑功能以解决汽车驱动时的行驶稳定性。ABS 是 EBD 的基础。ABS 仅是防止轮胎抱死。如果路面状况不一样, 两侧轮胎就需要不同的制动力, 制动时容易造成打滑、倾斜和车辆侧翻事故, 由此产生 EBD 技术。EBD 可根据汽车制动时产生轴荷转移不同, 自动调节前、后轴的制动力分配比例, 提高制动效能, 并配合 ABS 提高制动稳定性。

(二)智能网联汽车技术

智能网联汽车是指搭载先进的车载传感器、控制器、执行器等装置, 并融合现代通信与网络技术, 实现车与 X (车、路、人、云等) 的智能信息交换、共享, 具备复杂环境感知、智能决策、协同控制等功能, 可实现"安全、高效、舒适、节能"行驶, 并最终可实现替代人来操作的新一代汽车。

虽然, 汽车主被动安全技术已经有了很大进步, 但距"零事故、零伤害"还有相当长的距离。有数据显示, 90% 的交通事故是由驾驶员违章造成的。智能网联汽车发展的最重要诉求之一是通过人工智能解决交通安全问题。智能网联汽车主要包括自动驾驶和车联网两大关键技术。前者将逐步实现车辆代替人进行驾驶操作, 后者是实现车辆与外界的智能信息交换, 包括车车通信 (Vehicle-to-Vehicle, V2V)、车路通信 (Vehicle-to-Road, V2R) 等。SAE 和美国高速公路安全管理局 (NHTSA) 对自动驾驶技术进行了相应的分级。SAE 从无自动化到完全自动化分为 0 ~ 5 个级别: 0 为无自动化; 5 个级别分别为驾驶辅助、部分自动化、有条件自动化、高度自动化及完全自动化。

汽车低级自动化阶段可提高道路通行率至少 10%, 高度自动化阶段可提高道路通行率 50% ~ 90%。

自动驾驶汽车从 20 世纪开始有初步的构思以来，经历了数十年的发展，在 21 世纪由沃尔沃（沃尔沃集团简称沃尔沃）、奥迪（奥迪公司简称奥迪）、宝马、奔驰（戴姆勒梅赛德斯奔驰汽车公司简称奔驰）、大众等汽车厂商加大研究和推广。在汽车厂商和谷歌等公司的引领下，自动驾驶汽车从构思向现实迈进。2010 年 10 月 9 日，谷歌对外宣称正在研发无人驾驶汽车，目标是通过改变汽车的基本使用方式，协助预防交通事故，将人们从大量的驾车时间中解放出来。2012 年 5 月 7 日，美国内华达州机动车辆管理局（DMV）批准了美国首个自动驾驶车辆许可证。2012 年 9 月，在一辆有人驾驶的卡车带领下，3 辆沃尔沃无人驾驶汽车以每小时 90 千米的速度完成欧洲环保型道路安全列队行车的测试项目。2013 年 12 月，沃尔沃汽车在瑞典进行全球首个大型公共自动驾驶路测项目"Drive Me"。该项目有 100 辆沃尔沃自动驾驶汽车全部以日常行驶状态进行测试，让公众更全面参与到自动驾驶项目中来。测试在 2017 年完成。

三、新时代消费需求迫切要求汽车更加便利舒适化

（一）大众传统性需求促进汽车技术不断进步

从汽车诞生开始，一直在为不断适应消费者使用的方便性、安全性、舒适性和娱乐性的要求而发展。汽车电启动器、汽车座椅、汽车轮胎、汽车影音娱乐系统的发展历程说明了汽车技术为满足人类需求的技术进步过程。

汽车电启动器起源于美国。1917年，通用汽车集团发明了汽车启动电机。早期的汽车是靠手摇转动曲轴来启动发动机，且需要两个人配合，即费力也不方便。汽车电启动器发明后，汽车发动机的启动只需轻轻按动电钮就行了。该项技术的采用不仅推动了汽车动力技术的迅速发展，给人们带来了极大的便利，也让女性单独驾车出行成为可能。

汽车座椅是车内与人接触时间最长、接触面最广的部分，不是单纯满足乘坐和美观需要的车身部件，而是关系到汽车的乘坐舒适性和安全性。座椅是集人机工程学、机械振动、控制工程等为一体的系统工程产品。初创时期的座椅与马车座椅差不多，就是在木板上包裹上一层软垫或者皮革。18世纪中叶一直到19世纪末的很长时间，座椅都没有实质性变化。因为早期的汽车设计工程师关注的都是发动机、变速器、底盘等，没有把注意力放在座椅上。由于座椅关系到舒适度，在早期，应消费要求，汽车制造商将座椅改成家里沙发的样子，而且是贯穿式的。后来，驾驶席的座椅独立出来，与副驾驶分开。随后，随着汽车内燃机的发展，汽车速度越来越快，由于传统座椅没有包裹性而晃来晃去，才有了在坐垫两侧加入金属板防止身体晃动。1920年以后，又在单人座椅中加入了金属框架，使座椅的舒适性大大提高。再后来是用发泡包裹，最外层包裹真皮或织物。20世纪70年代，石油危机的爆发，小型车逐渐发展起来。车身小了，如何确保舒适度，又降低座椅厚度，以确保车内空间逐步受到车企关注。20世纪60年代后，座椅的安全性能被提上日程。头枕对颈部的保护及带有腰部支撑的座椅逐渐问世。在碰撞之后，自动下沉的座椅

也被发明了出来。到了 20 世纪 90 年代，侧面碰撞对乘客造成的伤害逐渐受到重视，因此座椅内安装了侧气囊，颈部保护装置开始使用。21 世纪初人们发现汽车碰撞时，正副驾驶员也会发生碰撞，因此座椅内又被安装了传感器和防止正副驾驶员碰撞的气囊。座椅的乘坐舒适性以及高级感也越来越被重视，而且越是高级的汽车，对座椅的研发投入就越高。座椅上的便利设备也逐渐增加，最具代表性的就是座椅调节装置。通常汽车上具备 8 向电动调节。豪华车上最多已经能够支持 30 向电动调节。早在 20 世纪 40 年代，就有了电动调节座椅。在 1950 年，已经有了支持 4 向、6 向的电动调节。在 1966 年的凯迪拉克车上，出现了座椅加热功能。通风功能诞生的时间较晚：1997 年，在萨博汽车上首次使用了座椅通风。21 世纪初，座椅通风和加热功能逐渐从百万元价格级的豪华车上向下普及。到目前为止，汽车座椅的发展已经从最初的能坐，到舒适，再到安全加舒适的方向发展了几十年。

　　汽车轮胎的不断革新不仅延长了使用寿命，而且大大增加了人类乘坐汽车的舒适度。1910 年前，汽车车轮采用的是嵌入式轮辋，轮胎安装极不方便。1910 年以后，出现了可拆卸轮辋，轮胎安装变得简单。20 世纪 20 年代后，早期的木质轮辐的车轮先后被钢制车轮、钢丝车轮和圆盘式车轮所替代，车轮不再容易损坏。但是，实心轮胎吸收路面冲击的能力很差，当车速达到 16 千米 / 小时时，车就会跳起来，而且噪声很大，舒适性极差。1895 年，法国米其林集团（Michelin Group）发明了首条轿车用充气轮胎，大大改善了汽车乘坐的舒适性。随后，充气轮胎技术不断革新，1908—1912 年，不但在胎面 / 胎冠区域采用花纹，而且还增加了断面宽，允许采用较低气压，以获得较好缓冲性能。1913 年，英国的格雷（Gray）和斯洛伯（Sloper）发现了子午胎并申请了专利。1946 年，法国米其林集团制成汽车子午线轮胎。子午线轮胎的出现使得轮胎在使用中不易被刺穿，同时提高了燃油经济性和改善了轮胎附着情况。1998 年，米其林集团发明了 PAX 系统——实现汽车在不降低行车性能的前提下可零气压续行。

车载影音娱乐系统（图1-8）不仅使驾驶员和乘员在汽车行驶过程中有音乐和视觉享受，而且可以上网工作和收发电子邮件，进行社交和商业活动，具有娱乐性和便利性。这些功能由数个集成的和分散的控制器组成一个完整的车身电子控制系统。汽车上最早使用娱乐装置是为减轻驾驶员和乘员旅行中的枯燥感而设置的调幅收音机，然后是调幅调频收音机、磁带放音机，再发展至CD放音机和兼容DCC、DAT数码音响。现在汽车音响无论在音色、操作和防振各方面均达到了较高的标准，即使汽车在崎岖的道路上颠簸，也能保证性能的稳定和音质的完美。

图1-8 现代汽车多媒体系统

（二）用户需求新变化驱动汽车技术持续创新

1 下一代汽车买家正在改变市场格局

2017年麦肯锡公司中国汽车消费者需求趋势洞察报告显示，中国下一代汽车买家是"联网"一族。他们对拥有私家车的兴趣似乎并不大。

第一，不再视汽车为必需品。52%的人觉得没有私家车不影响日常生活，36%的人同意当今时代拥有一辆车没有过去重要，38%的人表示如果有免费共享出行，他们愿意放弃自购私家车。

第二，智能互联。在认为当前车载系统（娱乐、导航等）已经过时的人群中，年轻人比其他群体多10%。他们当中有83%的人认为手机—汽车同步功能"十分有吸引力"。

第三，更多选择共享出行。80 后与 90 后每周使用拼车服务的概率是更年长人群的 2 倍 (12% 比 6%)，使用 P2P 汽车租赁服务的可能性也更高 (14% 比 9%)。在更年长的车主当中，22% 不愿在 P2P 汽车租赁平台上共享私家车，而只有 11% 的 80 后和 90 后不愿意这么做。

第四，偏爱电子商务。下一代更喜欢网购 (23%，而 24 岁以上的人群仅有 10%)。

第五，对广告的信任度降低。年轻消费者对经销商客户服务中心、电视广告、报纸以及路演等推广的信任度比更年长的群体低 3 ~ 8 个百分点。

第六，车载服务需求很大。79% 的消费者有车载功能需求，且十分挑剔。如果需求没有得到满足，64% 的消费者不惜更换品牌，这比美国 (37%) 和德国 (19%) 都要高。

2 消费者未来出行需求调研

为进一步了解汽车消费需求新变化，研究采用线上调查的方式，针对国内 12 个城市的普通消费者进行了问卷调查。

【1】 执行情况

调查共发放问卷 15056 份，有效样本量 12325 份。调查区域选择全国 12 个城市，其中一线城市包括北京、上海、广州、深圳；新一线城市包括杭州、成都、青岛、武汉；二线城市包括佛山、厦门、太原、金华。涵盖了限购城市 (北京、上海、广州、深圳、杭州) 和非限购城市 (表 1-1)。

表1-1　调查问卷的分布情况

城　市	问　卷／份	城　市	问　卷／份
北　京	1430	金　华	776
太　原	1190	佛　山	768
青　岛	1326	厦　门	602
武　汉	1156	广　州	1040
上　海	1145	深　圳	974
杭　州	980	总　计	12325
成　都	938		

【2】调研结果

未来 60.1% 的用户愿意接受新能源汽车共享出行服务（图1-9）。当前，在新能源汽车基本满足城市出行的情况下，46.5% 的用户愿意接受新能源汽车共享出行服务。未来在新能源汽车各方面满足用户需求的条件下，超过 60% 的用户愿意接受新能源汽车共享出行服务，比当前情况扩大 13.6 个百分点。

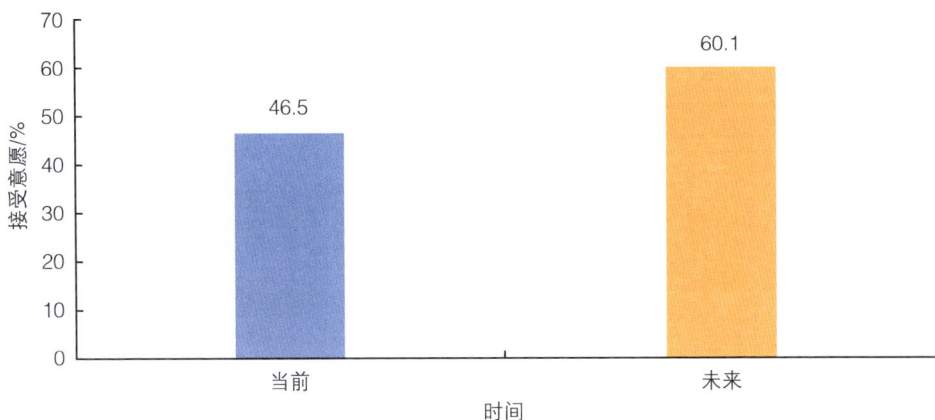

图1-9　用户对新能源汽车共享出行的接受意愿

中国用户对自动驾驶汽车的接受程度普遍较高。问卷调查显示，未来的汽车共享出行服务中，如自动驾驶汽车足够成熟，有 83.1% 的用户愿意接受自动驾驶汽车共享出行服务（图1-10）。这一调查结果与其他国际咨询机构的调查结果基本吻合。

根据日本野村综合研究所 2017 年对日本、美国、德国、中国 4 个国家的用户调查显示（图 1–11），中国对自动驾驶汽车的接受程度最高，达到 77%，普遍高于日本、德国、美国 3 个国家。

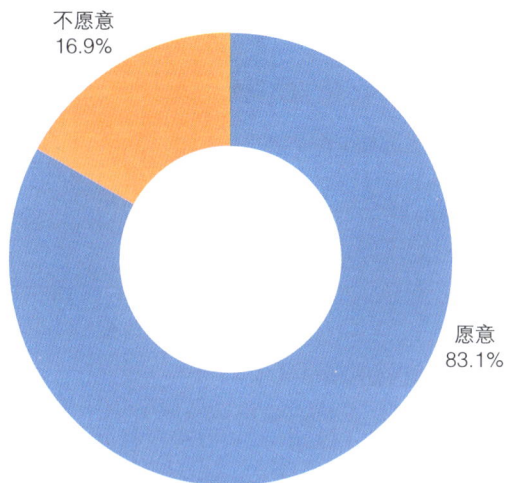

图 1-10　用户对自动驾驶汽车共享出行服务的接受意愿

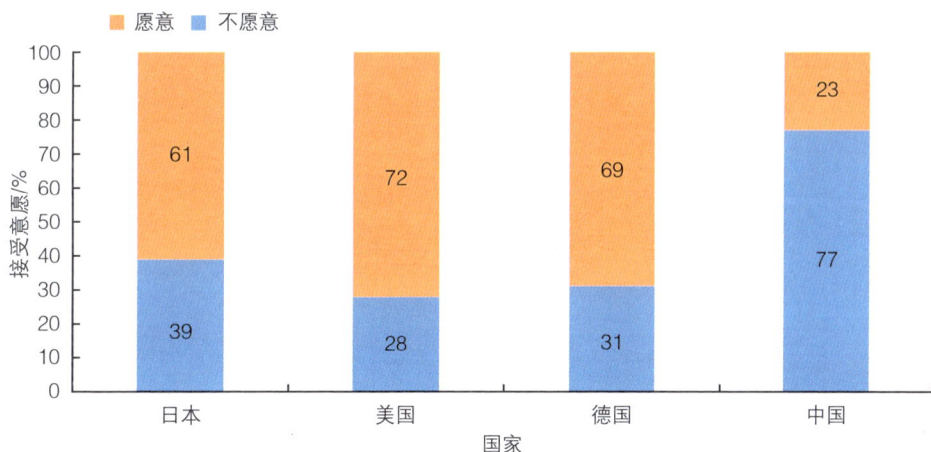

图 1-11　不同国家对自动驾驶汽车的接受意愿

资料来源：日本野村综合研究所。

"可以休息"是用户选择自动驾驶共享汽车的首要考虑因素。在回收的 12325 份有效样本中，有 6363（62.2%）名用户认为"可以休息"是用户选择自动驾驶共享汽车的首要考虑因素（图1-12）。此外，可以休闲娱乐、与朋友交流成为其用户选择自动驾驶共享汽车的第二、第三位考虑因素。

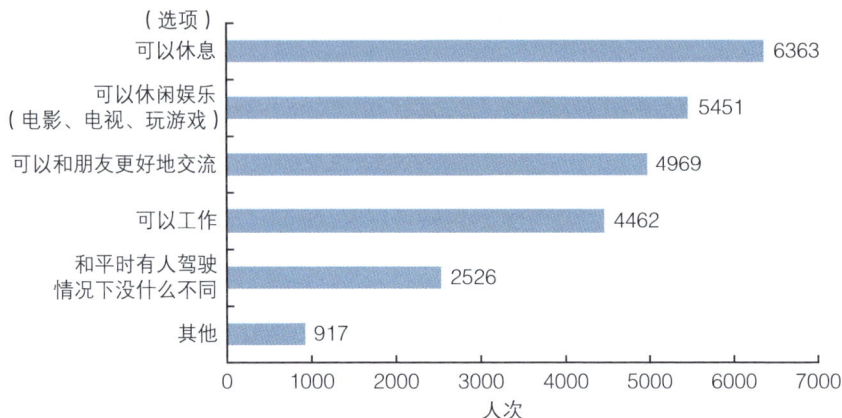

图1-12　用户选择自动驾驶汽车共享出行的原因

汽车共享出行成为用户最期待的未来出行场景。在回收的12325份有效样本中，有7527(61%)名用户认为汽车共享出行将是最期待的未来出行场景（图1-13）。此外，不同交通工具实现无缝对接、无人驾驶、车辆电动化分别成为用户居于第二、第三、第四位。

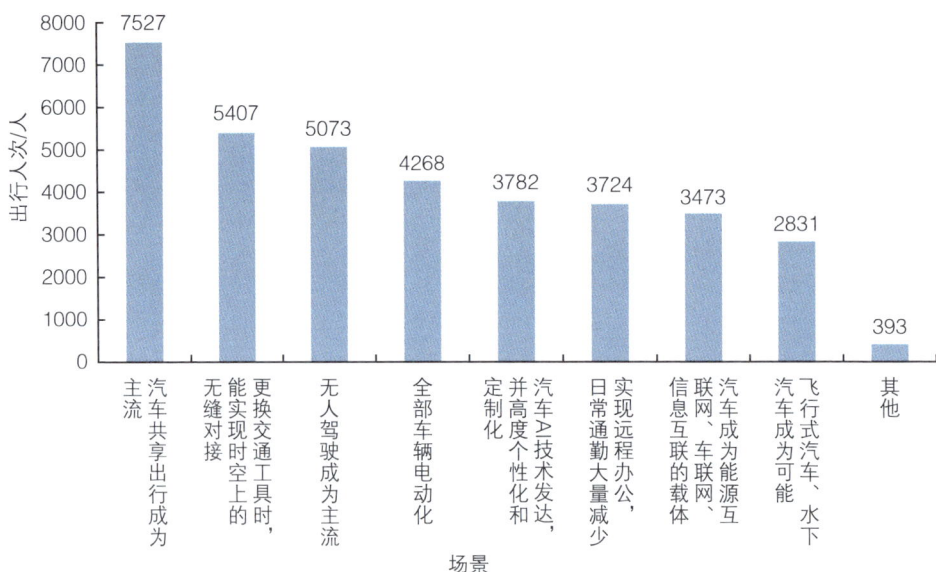

图1-13　用户特别期待的未来智能出行场景

从消费端来看，未来汽车产品将更多以朋友/伙伴、生活管家的形象出现，这就要求未来汽车产品在动力、功能、外观/内饰设计等方面有所突破。由此可见，随着汽车消费观念和消费方式的改变，未来大众对汽车消费和出行需求也将发生巨大变化。这些变化将为汽车出行、汽车服务以及未来汽车对社会发展带来深远影响。

第二章
未来经济社会及相关领域对汽车产业的影响

展望 2050 年，中国经济结构、社会发展、能源结构、人口健康、生态环境等将得到全面发展，并深刻影响汽车的发展。另外，材料、制造、电子、信息等相关领域与汽车产业高度融合，协调发展，且先进技术在汽车产业中的应用，也会深刻影响汽车的研发、制造乃至整个产业链及生态圈。由此，社会需求不仅促进汽车科技的进步，也促进汽车产业链及生态圈的全面升级。

>>>

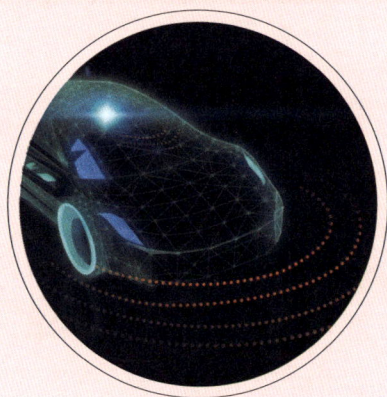

第一节
经济社会

一、中国将成为世界第一大经济实体

根据国家统计局公布的数据，2019 年，中国国内生产总值接近 100 万亿元人民币，是世界第二大经济体，人均国民总收入达到 10410 美元，首次突破 1 万美元大关，高于中等偏上收入国家的平均水平。

根据国家发改委预测（图 2-1）：到 2030 年，中国 GDP 将达到 140 万亿元人民币；到 2050 年，中国 GDP 将达到 282 万亿元人民币，相当于 2010 年 GDP 的 7 倍。届时，人均 GDP 将达到 3 万美元（2005 年美元价，按当年价，人均为 5 万～6 万美元）。

根据中国社会科学研究院经济所预测：到 2030 年，中国 GDP 达到 148 万亿元人民币，人均 GDP 增长到 1.5 万～1.6 万美元；到 2050 年，中国 GDP 将达到约 298 万亿元人民币，人均 GDP 达到约 5 万美元，相当于当前美国水平。

综合国内外权威机构的预测结果，中国 GDP 总量超过美国的时间点应该在 2030 年。到 2050 年，中国 GDP 总量预计为 280 亿～300 亿元人民币，是 2016 年的约 4 倍，GDP 将占全球的约 1/3 以上，中国将成为名副其实的世界第一大经济实体。到 2050 年，人均 GDP 则将超过 3 万美元甚至更高，将成为高收入国家（图 2-1）。

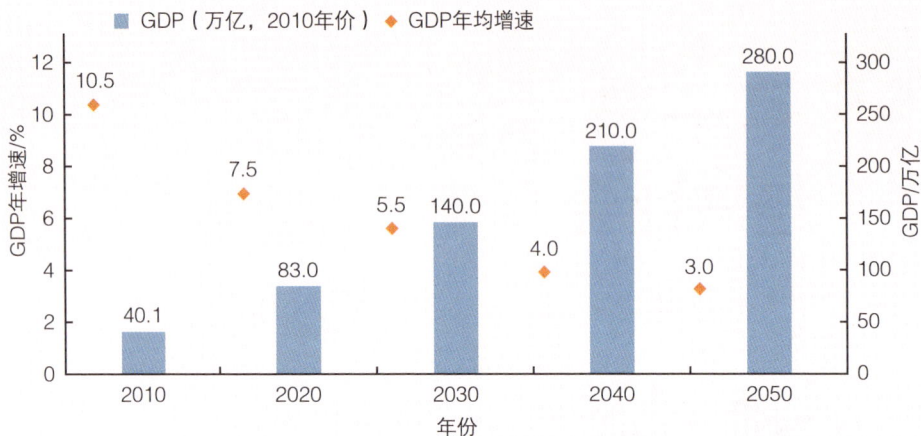

图 2-1　中国到 2050 年 GDP 水平预测

资料来源: 国家发展和改革委员会

二、人口老龄化日益凸显

　　根据有关数据, 2013 年, 中国劳动年龄人口占总人口的比重为 71.68%, 居世界最高位; 2013 年人口抚养比达到最低值 38.3%, 并以此为 "拐点" 开始上升, 但在 2035 年之前抚养比仍低于 53% 的 "人口红利" 期标准。根据《中国人口就业统计年鉴 2016》数据, 中国 1953 年 65 岁老人人口数量为 2593 万人, 仅占人口比重的 4.4%。长期以来, 随着人们生活水平的提高, 老龄人口数量和比重一直加大, 2015 年, 中国老龄人口数量达到 1.43 亿, 占总人口的 10.5%。

　　中国人口红利将在 2035 年结束。据人力资源和社会保障部预测, 2030 年以后中国劳动年龄人口将会出现一个大幅下降过程, 平均以每年 760 万人的速度减少, 到 2050 年劳动力缺口达到 1.3 亿人。联合国人口司预测, 到 2020 年预计劳动力缺口将超过 2000 万人, 2030 年中国劳动年龄人口数量由 9.3 亿降至 8.5 亿, 而 2050 年缺口数量在 8000 万到 1.2 亿。根据中国社会科学院预测, 从现在起到 2050 年, 中国将面临从 "人口红利收割期" 逐渐过渡到 "人口赋税期"（图 2-2）。

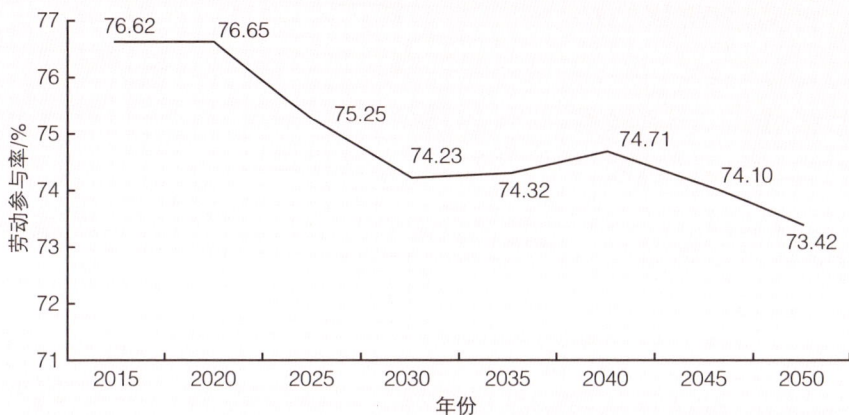

图 2-2　中国未来劳动参与率预测

资料来源：第六次全国人口普查数据分析

　　到 2050 年，老龄化人口将超过 30%。据民政部统计数据，2020 年，中国老龄人口总量达到 2.43 亿，占总人口的 17.4%；到 2040 年，老龄人口数量将超过 4.11 亿，占总人口的 29%；2050 年老龄人口总量将超过 4 亿，老龄化人口将超过 30%。据联合国人口司预测，到 2050 年，中国人口年龄中位数将达到 50 岁，即半数人口是 50 岁以上的中老年（图 2-3）。

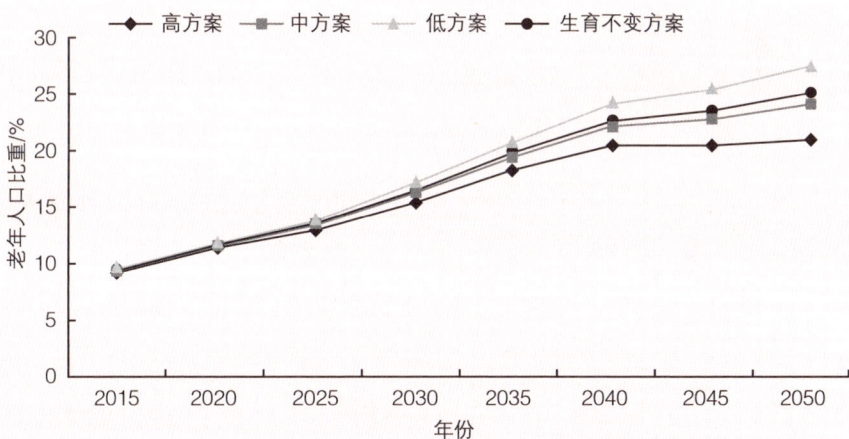

图 2-3　不同情景下中国老龄化比例预测

资料来源：联合国经济和社会事务部

59

三、第三产业将成为经济增长的主动力

根据中国科学院的预测（图 2-4），到 2030 年，第三产业比例达到 45.8%，已接近第二产业比例；到 2050 年，第三产业比例达到 53%，超过第二产业，成为中国经济增长的主动力。该趋势将对中国经济增长、就业以及各个方面带来深远持久的影响。

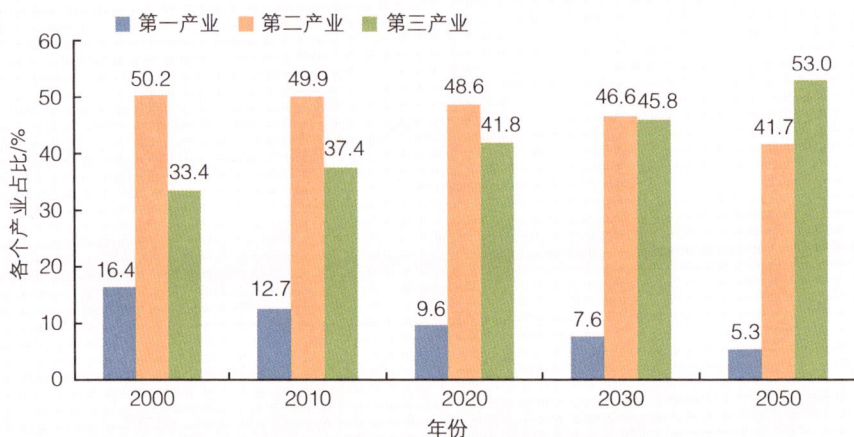

图 2-4　中国至 2050 年产业结构变化预测

资料来源：中国科学院

移动出行作为第三产业的重要组成部分，未来将发生深刻变革。为解决道路安全、能源匮乏、环境污染、交通拥堵等问题，电动化、智能化、共享化成为汽车和出行行业重要发展趋势。以无人驾驶为终极目标的智能汽车技术最终将解放驾驶者的双手双脚。车联网技术使得车与 X（车、人、路、基础设施）之间实现互联互通，使得出行更便捷、高效。作为新能源汽车的重要组成部分，电动汽车对中国能源结构转型、降低碳排放有重要的意义。移动出行新业态更多的是体现在共享化方面，而网约车、汽车租赁成为重要的热点。共享出行满足了群众日益增长的出行需求，同时也使得出行更便捷、高效、低碳和环保。随着共享经济的发展，网约车、汽车租赁被越来越多消费者选择，用户规模、市场规模持续扩张。近年来，网约车市场持续扩张，已成为消费者使用的一种交通出行方式之一。数据显示，截至 2018 年 12

月,中国网约出租车用户规模达 3.30 亿人次,较 2017 年年底增加 4337 万人次,增长率为 15.1%。网约专车或快车用户规模达 3.33 亿人次,增长率为 40.9%,用户使用比例由 30.6% 提升至 40.2%。据易观《2020 中国移动出行市场年度分析》,中国移动出行行业 2019 年中国网约车市场交易额超过 3000 亿元,并呈现出供给能力不断强化、电动化浪潮势不可挡、行业规范化持续推进和盈利能力进一步提升等特点,预计在 2022 年中国网约车交易规模将突破 5000 亿元。2012 年中国汽车租赁行业市场规模为 248 亿元,并呈逐年增长态势。到了 2016 年,中国汽车租赁行业市场规模突破 500 亿元。2018 年年底,中国汽车租赁行业市场规模持续增长,达到了 802 亿元。预计到 2020 年年底中国汽车租赁行业市场规模将突破千亿元市场规模。

未来移动出行将借助互联网等新兴技术,融合私家车、网约车、分时租赁、公交车、出租车、地铁等出行方式,以用户为中心,为用户提供移动即服务的全新出行理念,建立全新的移动出行生态体系。

四、对汽车发展的影响

(一)汽车保有量将在 2035—2040 年达峰

国民经济的发展需要汽车支柱型产业经济发展的支撑。1986 年,中国"七五"计划首次明确提出:"把汽车制造业作为重要的支柱产业。"经过 6 个五年计划的发展,中国汽车工业规模持续增长,汽车产量从 1985 年的 44 万辆增长到 2016 年的超过 2800 万辆,汽车工业增加值从 92 亿元增长到 1.2 万亿元;占全国 GDP 的比重整体上呈上升态势,从当初不足 1% 的增长率到目前的超过 1.5% 的增长率。根据预测,到 2049 年中国 GDP 将增加到 2016 年的 4 倍左右,按照 1.5% 的增长率,汽车工业增加值将达到 4.8 万亿元。

中国工业化产业结构不断调整，推动汽车产业结构不断升级，服务业比例不断提高。为适应趋势的变化，一些非传统汽车制造企业不断加入汽车产业链；而传统的汽车制造企业逐步改变商业模式，向服务性企业不断转型。

城镇化率及人均消费水平的提高推动了汽车保有量的增加。2016年，中国私人汽车保有量超过1.6亿辆，千人保有量达到120辆，中国汽车市场容量远未饱和。根据中国汽车工程学会2017年的一项研究结果，中国汽车保有量将在2035—2040年逐步达到饱和值，在不考虑共享出行、无人驾驶等新模式、新技术影响的情况下，汽车保有量在4.6亿辆（低情景）到6.0亿辆（高情景），中情景为5.4亿辆。未来几十年内，人均消费水平不断提高、中国城市化进程与其他因素一起，将共同推动中国汽车保有量不断增加。国际上通常根据一个国家或地区的人均GDP值，R指（轿车价格/人均GDP值）等指标来判断轿车进入家庭所具备的条件。专家认为，GDP达到1000美元是轿车大量进入家庭的起跑线，达到3000美元则开始大规模进入家庭。2003年，中国人均GDP为1060美元，已达到轿车进入家庭的起跑线。今后，随着人均消费水平的不断提高，对汽车耐用消费品的消费也将不断增加（表2-1）。

表 2-1 未来中国汽车保有量预测

年 份	低情景/万辆	中情景/万辆	高情景/万辆	未来人口发展预测/万人	人均GDP/（万美元/人）
2020	26383	27238	27765	140285	1.0
2025	36553	39343	41219	141487	1.3
2030	42251	46935	50238	141555	1.7
2040	46179	53379	59129	139471	2.7
2050	46044	53726	60217	134806	4.0

国民经济的发展和老龄社会对汽车质量提出了更高的要求，同时也要求成本不断降低。2050年，中国步入老年社会，老年人口比例将超过30%。另外，人民对生活质量的要求越来越高，私人通勤和休闲出行成为人们日常生活的方式。因此，

对汽车的需求也从单纯的交通工具转换为更加环保、舒适、易驾和安全。对自动驾驶也有更高的要求。自动驾驶汽车也将成为智能家居的一部分。同时，汽车的生产和维修成本等也需要不断降低。

（二）需求变化促使商业模式创新

受低碳化、信息化、智能化三大趋势的影响，汽车行业商业模式有了创新动力。一是电动化产品需要新的商业模式的支持，以快速进行市场推广；二是互联网引发的思维模式变化和商业理念变化也逐步影响到汽车行业；三是低碳化对汽车行业节能减排的要求，不仅体现在技术方面，也体现在商业模式改变方面。

随着消费者收入的不断提高，消费者的观念始终处于变化之中。受移动互联网广泛应用的影响，中国汽车消费者对于汽车的看法也逐渐发生变化，从注重拥有转变到注重使用便利的趋势已经显露，现有汽车行业的"制造—销售—售后"的基本商业逻辑，在未来可能会被颠覆，尤其是新能源汽车和智能网联汽车得到长足发展之后，诸如汽车共享、分时租赁等近年来才开始运作的商业模式有可能成为未来汽车行业的主流模式。

主导商业模式的建立将是一个不断演变、

进化的过程。因此，在未来相当长的一段时间内汽车领域多种模式将会并存，并不断发展，而且随着价值链的不断整合和重构，还可能出现一些新的商业模式。在这个过程中，能够胜出的成为主导的商业模式，第一是需要有较为成熟的产品，这就要求产品技术仍需不断完善，使得汽车整体体验要不低于甚至超出传统的产品体验；第二是响应速度要能跟上消费者需求的变化，未来产品和服务的迭代速度将远超现在，这对汽车行业的管理水平、组织架构、市场意识等提出了更高的要求。

案例 **蔚来汽车首家体验店开业**

上海蔚来汽车有限公司首家蔚来中心（NIO House）于 2017 年 11 月底在北京市开业。

蔚来中心全球首店位于北京市东方广场，面积 2000 平方米。它不是 4S 店，也不仅是展厅或体验店。蔚来中心是蔚来车主和朋友们的生活空间，是用户在城市中心拥有的一个大空间，目前其外墙已经挂上了蔚来中心的标识。

蔚来中心的内部被分成两大区域，分别为展览馆和俱乐部区域。展览馆区域可以供用户体验蔚来产品和服务，可对所有公众开放；俱乐部区域提供超越车辆本身的愉悦生活方式，且只服务于蔚来用户。

上海蔚来汽车有限公司表示，蔚来中心是一个"容器"，一个能为用户的生活创造更多的可能性，可供用户实现一些平时生活中可能做不到的事情，是用户和上海蔚来汽车有限公司一起共同成长的地方。上海蔚来汽车有限公司致力于成为世界上第一家"用户企业"，期望为用户创造愉悦的生活方式。

第二节
能源环境

一、能源结构和效率不断优化提高

如果按照 2010—2030 年中国平均能源消费增速为 4%，到 2030 年的能源消费量将接近 70 亿吨标准煤；如果与日本人均水平相当，按 14.5 亿人口计算，则中国每年能源需求量将超过 85 亿吨标准煤；如果与当前的美国人均水平相当，则每年能源需求量将超过 160 亿吨标准煤。这显然是不可能持续的。在石油方面，据有关专家估算，中国石油最终可采量仅为 130 亿～160 亿吨，只相当于伊朗一个中等油田。未来 30 年，虽然煤炭、石油和天然气等传统能源仍是人类的主要能源，但世界很多地区和国家都已将清洁、无污染的可再生能源作为发展战略的重要组成部分，推动可再生能源和清洁能源的发展，最终替代常规化石能源。

煤炭发电比例得到有效控制，化石能源消费在 2025 年前达到峰值。中国化石能源的"富煤、贫油、少气"的资源结构决定了煤炭是中国能源消费的主体。当前，煤在中国能源消费中的比例达到 69.4%，比国际水平高出 41 个百分点。根据中国电力企业联合会的发布数据，截至 2016 年年底，中国煤电发电量占总发电量的65.5%。到 2050 年，可再生能源发电替代燃煤发电，使电力结构中可再生能源发电占到 86%，大大降低了煤炭用量；煤电用煤在 2020 年达到高峰 14.5 亿吨标准煤，随后逐年降低，到 2050 年用于发电的煤炭仅为 2.8 亿吨标准煤。同时，通过废旧钢铁炼钢的电炉替代传统炼钢高炉等措施减少了焦炭用煤量，2050 年炼焦用煤降到 1.2 亿吨标准煤。因此，煤炭消耗在 2020 年前达到峰值 26.5 亿吨标准煤，到 2050 年降至 5.8 亿吨,在一次能源总量中占 17%(图 2-5)。虽然石油和天然气消费还将有所增加,但化石能源消费在 2020—2025 年达到峰值,约为 37 亿吨标准煤。

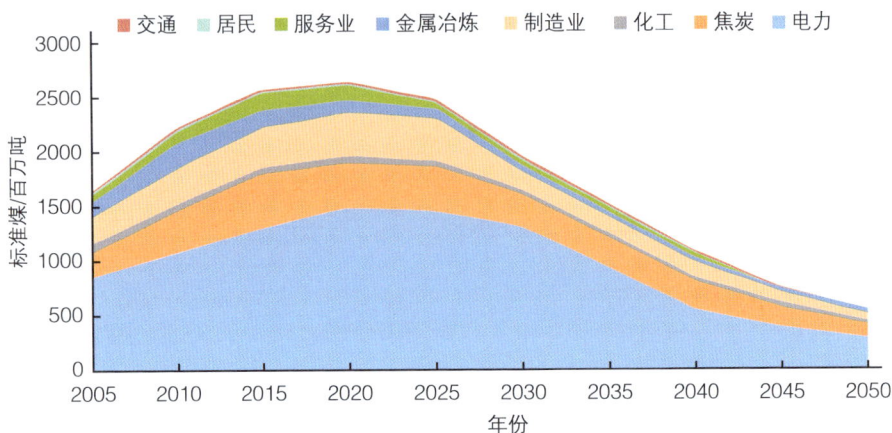

图 2-5 煤炭消耗预测

资料来源:国家发展和改革委员会能源研究所

　　新型能源和可再生能源比例不断加大。到 2050 年,中国需要 32 亿吨标准煤的终端能源需求量。由于终端能源需求 60% 以上为电力的高比例的可再生能源生产情景,仅需要 34 亿吨标准煤的一次能源供应量,就可以满足 13.8 亿人口的生产生活需求和经济发展。根据国家发展和改革委员会能源研究所描述:到 2050 年可再生能源技术,如风力发电、水电会进一步大规模普及,光热发电、光伏发电技术开始进入商用;通过大力发展核电,特别是着重发展第三代、第四代先进核电技术提高非化石能源占有率。电力供应中,非化石能源(涵盖核能)发电量占比 91%,可再生能源发电量占比 86%。由此保证 2050 年的各种污染物排放量不高于 1980 年的排放水平,碳排放强度也与 2050 年的中国经济总量和人口水平相适应。目前,一些新能源技术如海洋独立发电系统、新概念太阳能发电、核聚变等,虽没有形成成熟技术,但一旦关键科学问题获得突破,将能够在解决特殊用电需求、大幅度降低可再生能源的发电成本、大规模提供绿色电力等方面做出重大贡献。高比例可再生能源可有效降低碳排放。根据国家发展和改革委员会能源研究所研究数据表明，通过高比例发展可再生能源，可将煤炭使用和碳排放降到更低，有助于更早实现碳排放峰值。到 2050 年，二氧化碳排放量预测降至 30 亿吨（图 2-6），占全球排放量 1/5 以下。

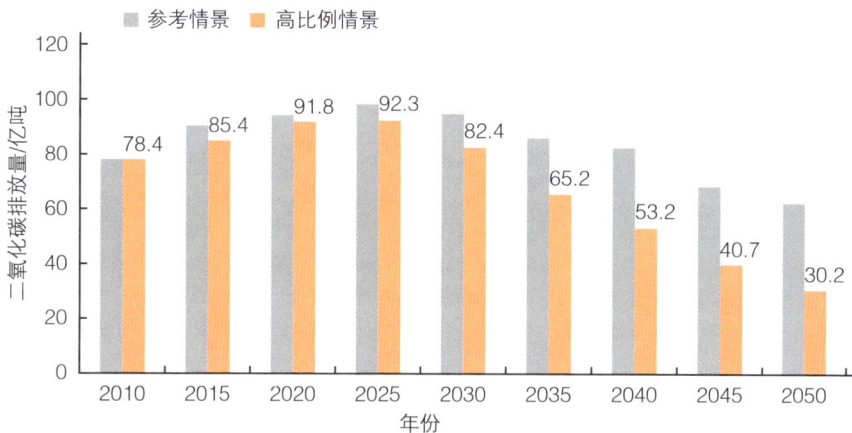

图 2-6　高比例可再生能源情景下的二氧化碳排放的峰值

资料来源：国家发展和改革委员会能源研究所

　　能源效率不断提高。在能源效率方面，根据国家发展和改革委员会能源研究所描述：到 2030 年前后，中国工业能源技术效率达到世界先进水平；到 2050 年，以高比例电气化为标志的电力为主的能源供应系统能源效率达到发达国家的平均能源效率水平，届时各种污染物和二氧化碳的排放也将大幅度降低。

二、分布式能源成为发展重要趋势

　　分布式能源是建立在用户端的能源供应方式，即可独立运行，也可并网运行。分布式微能源具有高效、节能、环保等特点，是中国未来城市可持续发展的必要选择，是缓解中国严重缺电局面、保证可持续发展战略实施的有效途径之一。分布式能源着眼于能源的就地采集、就地循环使用，是完全为区域和用户量身定做的能源体系。分布式能源可通过制订分布式能源规划，把风能、太阳能、电梯下降能、垃圾的沼气发电等与建筑和小区设计组合起来，采用微智能电网链接调控，结合家用电动车的储能缓冲，由此构建城市微能源系统。微能源系统使建筑的形式从单纯的耗能转为产能，使发电端和用电端直接联系，有效削减了传统"发电—输送—变电—用户"模式中70%的输电消耗。另外，有了分布式能源系统，能源供应商将面对更加精准量化的负荷需求，系统的互补和平衡功能将使用户获得更可靠、安全和经济的能源，同时可使全系统节能20%～30%。目前，许多发达国家已可将分布式能源综合利用效率提高到90%以上，大大超过传统的用能方式的效率。

三、二氧化碳排放到 2030 年或提前达到峰值

根据联合国气候变化专门委员会（Intergovernmental Panelon Climate Change, IPCC）最新成果，近百年气候变暖毋庸置疑。全球二氧化碳浓度已从工业革命前的280百万分比浓度增加到2012年的393百万分比浓度，明显超过了80万年来自然变化的范围。与1986—2005年相比，预计2016—2035年全球地表平均温度上升0.3～0.7℃，21世纪末将升高0.3～4.8℃。在2008年的八国首脑会议上就曾表明，到2050年将全球温室气体排放量至少减少50%。

在2009年，中国政府正式向国际社会宣布"2020年单位国内生产总值二氧化碳比2005年下降40%～45%的温室气体控制目标，非化石能源占一次比重达约15%"。中国曾在巴黎气候大会上承诺："二氧化碳排放2030年前后达到峰值并争取尽快达峰，2030年单位国内生产总值二氧化碳排放相比2005年下降60%～65%。"中国的国情和发展阶段的特征，决定了在应对气候变化领域所面临的挑战。全球减缓气候变化的核心是减少温室气体排放，其中主要是与能源相关的二氧化碳排放（图2-7）。

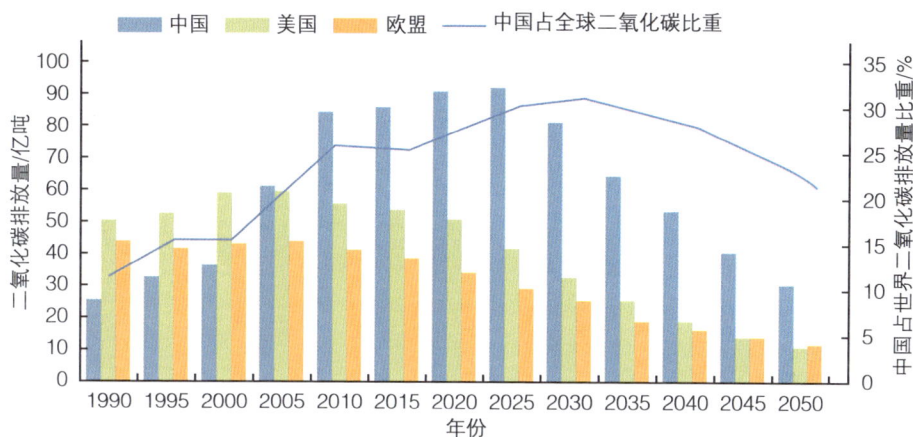

图 2-7 中国、美国及欧盟 2050 年碳排放预测

资料来源：国家发展和改革委员会能源研究所

四、城市空气质量不断提高

日益严重的雾霾已成为困扰中国诸多城市城镇化和工业化双线发展的重要环境问题。2010 年，美国国家航空航天局（NASA）发布了一张全球空气质量地图，地图上显示在 2001—2006 年全球平均 PM2.5 最高地区在北非和中国的华北、华东、华中。中国这些地区的 PM2.5 全部高于 50，甚至接近 80，远大于世界卫生组织的安全值界限。根据《国际统计年鉴 2016》数据，中国 2013 年空气中直径不足 2.5 微米的颗粒物含量为 54.4 微克／立方米，远高于世界 31.5 微克／立方米的平均水平（图 2-8）。中国 500 多座城市中大气质量达到一级标准的不到 1%。日益严重的雾霾现象已经成为困扰诸多城市城镇化和工业化双线发展的重要问题。

未来，拥有国家一级标准化的空气质量城市比率不断提高。据中国科学院提出的中国生态与环境科技发展路线图战略实施的总目标是，到 2030 年前后实现典型退化生态系统的恢复和污染环境的修复；2050 年前后，实现环境优美、生态健康，生态环境退化速率零增长，生态环境质量超出世界平均水平，达到发达国家中等水平。

69

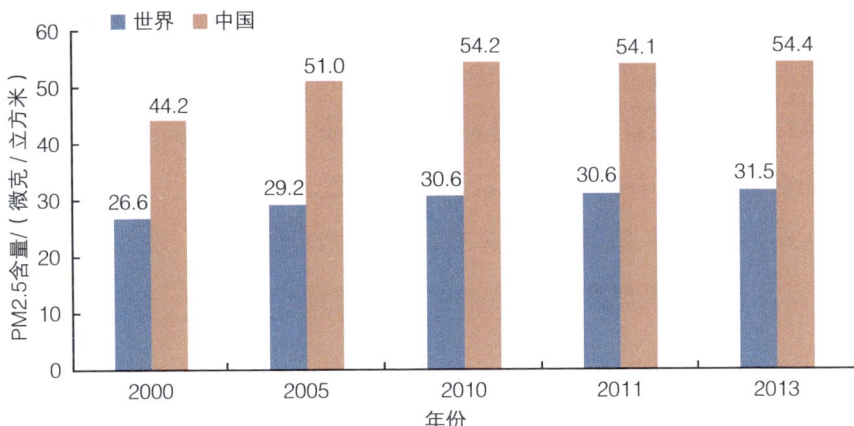

图 2-8　2013 年中国与世界空气中 PM2.5 含量对比

数据来源:《国际统计年鉴 2016》

五、对汽车发展的影响

能源与环境压力提出汽车产业要绿色、低碳发展。中国能源资源短缺,常规化石能源可持续供应能力不足,油气人均剩余可采储量仅为世界平均水平的 6%,石油对外依存度从 21 世纪初的 26% 上升到了 2019 年的 70.8%,其中道路交通带来石油需求呈现快速增长趋势。同时,中国环境污染问题逐渐凸显。全国主要城市中,九成以上出现空气质量污染物超标现象,机动车排放正成为重要的污染物排放来源之一。

(一)在能源利用方面做出突出贡献

到 2050 年,中国汽车保有量较 2016 年增长 2 倍,但汽车用能需求总量变化不大。中国汽车工程学会 2017 年的一项研究成果显示,中国车用能源需求在 2030 年达到峰值,介于 5.35 亿吨标准煤和 6.16 亿吨标准煤之间。2030—2050 年,

总体能耗逐渐下降,到 2050 年车用能源需求总量介于 4.38 亿吨标准煤至 5.11 亿
吨标准煤之间(图 2-9)。未来中国车用能源需求多样化发展,除传统汽油、柴油、
天然气之外,电能、氢能比重逐渐增大,其中电能取代传统能源,并逐步成为主流
车用能源。

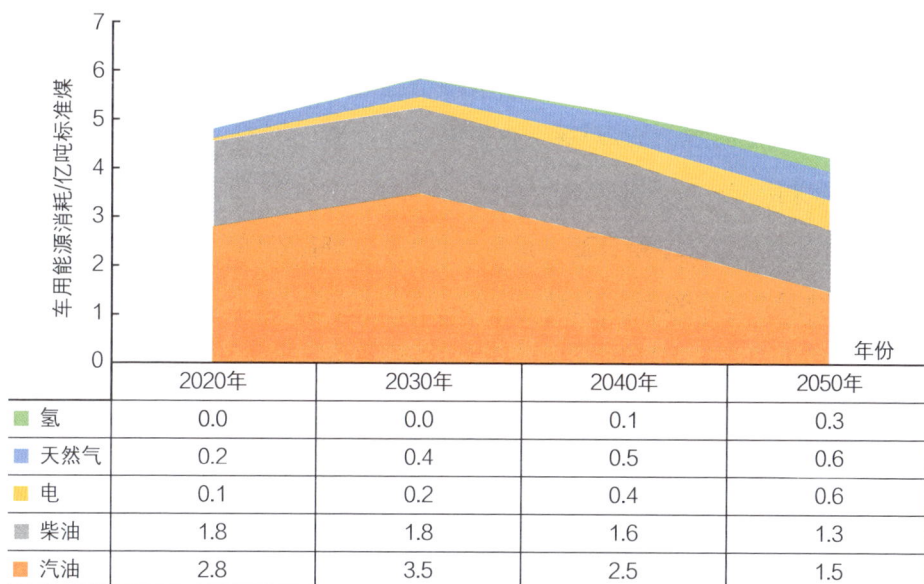

	2020年	2030年	2040年	2050年
氢	0.0	0.0	0.1	0.3
天然气	0.2	0.4	0.5	0.6
电	0.1	0.2	0.4	0.6
柴油	1.8	1.8	1.6	1.3
汽油	2.8	3.5	2.5	1.5

图 2-9 车用能源消耗结构

目前中国电力来源主要是火力发电,占比超 70%,光伏、风电等清洁电力占比
极少。未来随着技术水平提升和成本下降,以光伏、风电为代表的清洁能源将成为
未来电力领域的主流。未来电能将取代传统能源,并逐步成为主流车用能源。同时,
未来汽车将作为移动储能单元,依托车辆连接电网技术、有序充电等技术,调整电
网负荷,提高电能利用效率,成为能源互联网中的关键一环。

在汽车产业发展过程中,动力电池、燃料电池等影响新能源汽车的关键技术预
计将呈现出渐进式的技术进步,因此对传统汽柴油车将有一个逐步的替代过程,同
时考虑到技术路径依赖,预计多种动力模式的汽车技术将在较长的一段时间内共
存发展。其中,电动化技术将在乘用车及轻型商用车,固定线路或范围相对固定的
公交车、出租车等领域内实现较高程度的替代,而在中重型商用车方面,电动化技

术在较长时间内将不占据优势。

(二)零排放汽车市场占比不断提高

2017年9月9日，在天津举行的2017年中国汽车产业发展国际论坛上，工业和信息化部透露，中国政府已经开始研究制订传统燃油汽车停产停售的时间表，由此预计新能源汽车的推广应用将进一步提速。

在中国之前，印度、挪威、法国和英国已经有相关的动议或者提案，计划逐渐淘汰燃油车，取而代之的是更加清洁的电动汽车。挪威计划的最后期限是2025年，印度是2030年，英国和法国都是2040年（表2-2）。

表2-2 启动禁售燃油车动议的国家及时间

全国禁售燃油车国家	政策实行时间／年	全国禁售燃油车国家	政策实行时间／年
法 国	2040	挪 威	2025
德 国	2030	荷 兰	2025
印 度	2030		

德国大众汽车公司计划在2030年之前投资逾200亿欧元，以加快电动汽车开发，挑战目前占市场主导地位的特斯拉。该公司表示，计划在2025年之前推出80款电动汽车，跨越旗下多个品牌，远高于原计划的30款，并希望到2030年为旗下300款车型提供电动版。

作为德国车企的重要竞争对手，面对各国政府纷纷开始研究禁售燃油汽车，日本车企加强对电动汽车的开发和销售。日本本田将与中国的大型IT企业东软集团共同开发装载于电动汽车上的电池控制系统，并用在2018年在中国发售的电动汽车上。

第三节
城镇化

一、城镇化率峰值达到 70%

城镇化即居民生活由传统农业文明向现代文明全面过渡的现代化转型过程。城镇化的核心指标是城镇化率。城镇化率可以直接或间接反映社会人口与社会结构的变化、经济与产业结构的变化、地域空间与景观的转型、消费与需求结构的转型等(图 2-10)。

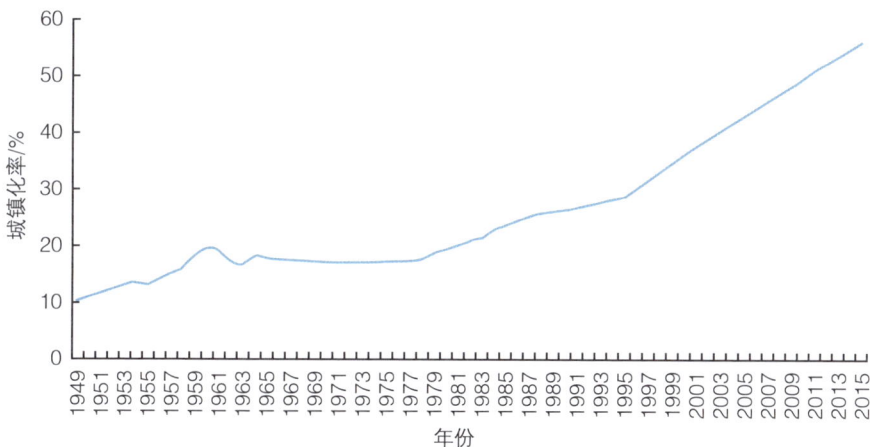

图 2-10 中华人民共和国成立以来城镇化率变化情况

资料来源:中国城市科学研究会

随着城镇化率的提高,城镇人口比重上升、城市中产阶级壮大,以及非农产业比重上升、城镇建成区面积扩大,现代化景观与建筑增加,城镇生活方式和消费模式越来越占据社会主流地位。

中国城镇化率在1980年前增长相对比较平缓（图2-11），1980年后便进入了较快的发展期，1995年后发展更为迅猛，到2015年达到56.1%。《国家人口发展规划2016—2030年》指出，中国2030年预期发展目标是常住人口城镇化率达到70%。根据中国科学院数据，中国城镇化率至2030年预计达到66%（图2-11），到2040年预计达到71%，到2050年预计达到76%。综合不同机构的相关预测，中国城镇化率峰值可能达到70%甚至更高。中国城市科学研究会的研究结果表明，70%的城镇化率很可能已经达到中国城镇化的峰值，之后城镇化将进入平缓期，城镇化率不再增长，甚至出现逆城镇化潮流出现负增长。

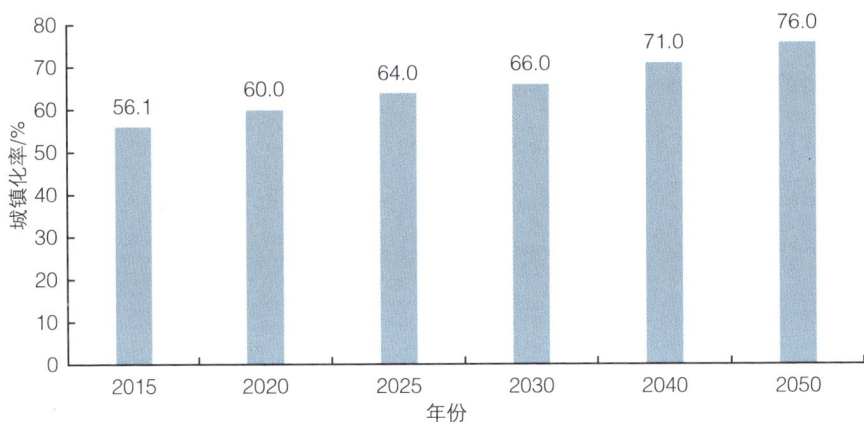

图2-11　至2050年中国城镇化率预测

资料来源：中国科学院

二、城市群形态进一步发展

城市集群进一步发展将促进社会行政、经济、社会、生态逐步趋向合理。目前，中国城镇化已进入以城市群为主体空间形态的发展阶段。中国的城镇密集地区有以上海市为中心的长江三角洲地区、以广州市为中心的珠江三角洲地区、京津冀地区、川渝地区等。中国"十三五"规划中对城市群的格局基本定了调，进入国家视野的城

市群共 19 个：长三角城市群、珠三角城市群、京津冀城市群、成渝城市群、长江中
游城市群、中原城市群、哈长城市群、辽中南城市群、山东半岛城市群、海峡西岸城
市群、北部湾城市群、呼包鄂榆城市群、山西中部城市群、关中平原城市群、宁夏沿
黄城市群、兰西城市群、天山北坡城市群、滇中城市群和黔中城市群。其中，长三角
城市群、珠三角城市群、京津冀城市群和成渝城市、长江中游城市群五大城市群则
是国家"一带一路"倡议，京津冀协同发展、长江经济带战略叠加最明显的地区，也
是未来中国最具发展潜力的地区。到 2050 年，城市群进一步发展建成，行政结构、
经济结构、社会结构、生态结构逐渐趋于合理。各个城市群之间由高铁连接，交相呼
应。中国城市群总面积约占全国城市总面积的 28%，集中了全国 68% 的人口，吸引了
全国 75% 的固定资产投资、98% 的外资，创造全国 89% 的经济总量（图 2-12）。

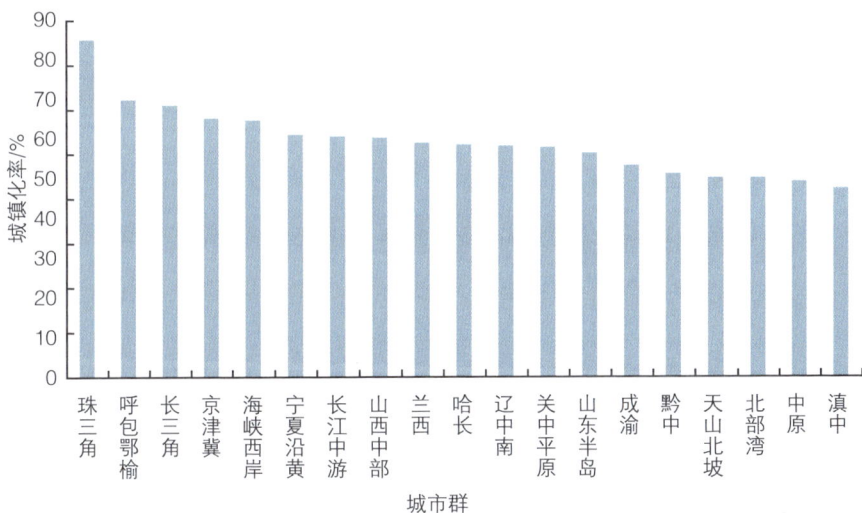

图 2-12　2018 年中国 19 个城市群城镇化率

资料来源：各城市、自治区统计年鉴

　　核心城市辐射作用更加明显。一直以来，北美五大湖城市群、美国东北部大西
洋沿岸城市群、英国伦敦利物浦城市群、欧洲西北部城市群、日本太平洋沿岸城市
群是世界公认的世界级五大城市群。随着中国经济攀升至世界第二，长三角城市群
无论是人口、经济，都已跻身世界级城市群行列，早在 21 世纪初学术界已认可其为

世界第六大城市群。2017年9月27日，国务院批复了《北京城市总体规划（2016—2035年）》，提出"发挥北京的辐射带动作用，打造以首都为核心的世界级城市群"。到2050年，北京市、上海市的国际大都市地位会进一步提高，世界城市地位形成，更加注重发展以商务、金融、信息技术等为主的高端服务业。

三、紧凑城市为未来城市发展模式

在城市蔓延愈发成为城市发展的通病之时，人们逐渐认识到城市增长不能一味的"摊大饼"，而更加紧凑、集约模式是为未来城市的发展模式。雅各布（Jacobs）在《美国大城市的生与死》中提出土地功能混合使用、保护街区等城市紧凑发展的规划原则。半个多世纪以来，紧凑的理念越来越被接受，而且随着对城市认识的深入不断扩展和调整。

紧凑城市有助于节约土地、保护环境、减少汽车使用、节能减排。紧凑型城市的特点是：①城市道路网格具有较高的路网密度，减小街道宽度，缩短人行横道长度，同时实现机动车与非机动车分离，以人为本，骑车、步行优先原则。②空间混合使用。城市通过建构"紧凑发展单元"引导密度在城市内部的合理分布，强调空间混合使用，空间的可达性。其中，紧凑单元是指围绕公交节点发展起来的具有步行尺度、功能混合的城市区块，单元所提供的服务与设施满足居民日常生活基本需求，超出部分则需要到更高节点形成的中心获得。

四、低碳城市是低碳经济的重要组成部分

自低碳经济的概念提出以来，世界各国便以城市为主体，纷纷开展了低碳城市建设。虽然低碳城市在中国还是一个新型概念，也尚未有统一说法，但总体来看，多

数学者倾向于 3 种主要观点：一是城市是发展低碳经济的载体，低碳城市是低碳经济的重要组成部分；二是强调低碳城市是城市经济发展与碳排放的脱钩；三是低碳城市是减少城市碳排放的综合发展模式，涵盖了低碳生活与低碳社会理念。城市是人口、建筑、交通、工业、物流的集中地。据统计，全球大城市温室气体排放占世界总排放量的 80%。因此，很显然，低碳城市是应对全球气候变化的主要手段。2008 年 1 月 28 日，全球性保护组织 世界自然基金会（WWF）在北京正式启动"中国低碳城市发展项目"，上海市、河北省保定市入选首批试点城市。国家发展和改革委员会于 2011 年 8 月 18 日启动了广东省、湖北省、辽宁省、陕西省、云南省 5 省和天津市、重庆市、浙江省杭州市、福建省厦门市、广东省深圳市、贵州省贵阳市、江西省南昌市、河北省保定市 8 市的低碳城市试点工作。未来，还会有更多的低碳城市出现。

五、智能化是城市数字化、信息化的高级阶段

当城市发展日益受到土地、空间、能源和清洁水等资源短缺的约束，城市人口膨胀、环境保护等问题不断出现时，传统的技术和管理方法已难以有效解决这些问题，智慧城市应运而生。

智慧城市的起源——数字地球。数字地球，即一个以地球坐标为依据的、嵌入海量地理数据的、具有多分辨率的、能三维可视化表示的虚拟地球。数字城市是数字地球的重要组成部分，是数字地球在城市的具体体现。数字地球发展至今，经历了数字化、信息化、智能化 3 个阶段。数字化是初级阶段，但数据还未有效分类和管理，不能称为信息。信息论将数据中有意义的内容称之为信息。信息化阶段数据实现有效分类、存储和管理，成为有效的资源。随着传感网等互联互通新技术的出现与应用，城市信息化正朝着智能化方向发展。

人类社会由"体力时代"向"物力时代"，再向"智力时代"的进化发展，是文明不断升级的大趋势。当生产工具从农业机具向工业设备、信息化设备、智能设备发

展时，社会形态就从农业社会向工业社会、信息社会、网络社会过渡。城市也将从农业城镇、工业城市、数字城市走向智慧城市。因此，智慧城市成为城市发展的必然方向。中国科学院、中国工程院院士李德仁教授曾撰文给智慧城市下定义，他认为智慧城市的内涵是数字城市、物联网与云计算3个概念的融合。

智慧城市的理念是把传感器装备到城市生活中的各种物体中形成物联网，并通过超级计算机和云计算实现物联网的整合，从而实现数字城市与城市系统整合。

未来的智慧城市将利用信息和通信技术（ICT），通过大数据以及自动化来提高城市的效率和可持续性。未来智慧城市将拥有像人一样的思维、分析能力，从人行道到街道，从交通灯到建筑，都可以联网，基础设施之间的联系也将日益紧密，为更多智能城市提供更多路径。智能城市就像智能家居一样，将可以自动管理它们的能源、物流、交通等。据有关预测，到2026年，世界上首座人口超过5万却没有交通灯的城市将会诞生。联网基础设施的进化将帮助首座智能城市诞生，这个拥有5万以上人口的城市无须任何交通灯。

智慧城市是在城市全面数字化基础之上建立的可视化和可量测的智能化城市管理与运营，包括城市的信息数据基础设施以及在此基础上建立网络化的城市信息管理平台与综合决策支撑平台。

智慧城市将会催生出智慧社区、智慧家庭、智能交通、智慧物流、智慧医疗、智慧银行、智慧电网、智慧政府、智慧学校、智慧农业、智慧环保、智慧建筑等对国民经济和社会发展具有直接拉动作用的、可持续发展的新兴产业。据有关专家预测，相关产业可带动至少1万亿元的消费，为中国GDP带来新的增长点。

六、对汽车发展的影响

（一）城镇化进一步刺激汽车的需求

一方面，小汽车的普及和大规模的公路建设支撑着中国城市集群和城市郊区化的发展；另一方面，城市集群运输量的增加及城市郊区化日常通勤的增加，也进一步刺激了公路建设和汽车的需求。而城市蔓延所带来的土地消耗、严重的交通问题等不良影响，也制约着城市的发展模式和汽车保有量的增加。

（二）紧凑低碳城市将减少汽车的使用和保有量

紧凑发展模式目标是自然资源和基础设施的有效利用，提供多样化的交通和住房选择以控制城市的低密度蔓延，减少汽车的使用量。低碳城市是减少城市碳排放的综合发展模式，其中城市交通是重要领□之一，相对于公共交通、步行和自行车交通，小汽车出行增加了碳排放，因此，在低碳城市的需求下，汽车的使用和总量也将会减少。

（三）智慧城市将推动智能网联汽车规模化普及

城市将智能技术应用到整个交通系统，并互相连接使其智能化，让城市规划更合理，从而改善城市中人的生活质量。智能互联的交通网络是整个城市的神经系统，每辆车、每条路都是神经元，智能交通是智慧城市的核心，而智能网联汽车是智能交通体系中不可或缺的组成单元。由此，智慧城市的发展也将推动智能网联汽车和汽车共享等商业模式的发展。

第四节
城市交通

一、多元化综合交通实现优化交通资源与低碳出行

多元化低碳综合交通的要义是合理布局不同区域、不同层次、不同方式的运输网络，合理配置和优化整合交通运输资源，发挥铁路、公路、水路等各种运输方式的技术经济优势和网络整体效能，最终达到低碳排放。"自行车／步行＋公交／地铁"是未来市民的主要低碳出行模式。

城际间、城市圈及城市内交通模式多元化，市内交通公共交通出行占比与城市规模相匹配。第一，城际之间主要依靠高铁、城际铁路、高速磁浮（时速高于200千米）；都市圈之中依靠多层次轨道交通体系（时速约60千米），包括市郊铁路、通勤铁路、中低速磁悬浮等；在大城市内部，地铁、轻轨＋新能源公共车＋共享新能源汽车＋共享单车的组合式交通方式将成为常态；中小城市内部，交通体系由小运量轨道交通（现代有轨电车、单轨、PRT等）或快速公交＋共享交通＋新能源私家车组成。第二，到2050年，人口越密集规模越大的城市，公共交通就会越发达，公共出行将负担更多（表2-3）。公共交通发展导向的目标原则之一就是通过提高密度来增加土地的使用效率。

表2-3 2050年中国不同规模城市交通结构

城市类型	公交骨架系统	公交主体系统	公交支撑系统	公交出行分担率
超大城市 （> 1000万人）	市郊铁路、地铁	快速公交、有轨电车、导轨公交、常规公交干线	常规公交普线、常规公交支线	60%
特大城市 （500万～1000万人）	市郊铁路、地铁、快速公交、有轨电车	快速公交、导轨公交、常规公交干线	常规公交普线、常规公交支线	超过40%
I型大城市 （300万～500万人）	地铁，轻轨、快速公交、有轨电车	常规公交干线	常规公交普线、常规公交支线	超过30%
II型大城市 （100万～300万人）	轻轨，快速公交	常规公交干线	常规公交普线、常规公交支线	超过30%
中等城市 （50万～100万人）	快速公交、有轨电车、导轨公交、常规公交干线	常规公交支线	常规公交支线	超过20%
小城市 （< 50万人）	常规公交	常规公交	常规公交	超过20%

资料来源：中国城市科学研究会

　　微交通将逐步受到重视。生态城市的发展愿景要求交通体系应确保市民在住所与工作地点之间的交通畅通并实现低能耗、低排放。传统的交通理念只注重"大交通"。为适应汽车出行，中国虽进行大量的资金投入和道路建设，但并没有缓解城市拥堵，反而陷入越来越严重的尾气污染和拥堵之中。对日益增加的交通流量，城市内部有限空间成为稀缺资源，而且城市越紧凑，交通资源越稀缺。因此，未来需要对交通工具的空间利用效率和生态化程度进行重新布局。

　　与大交通不同，微交通倡导自行车和步行出行，是绿色出行的重要组成部分。虽然微交通工具如自行车的空间使用效率高于小汽车约20倍，理论上讲应该得到更多的空间和道路资源，但中国许多城市机动车及其停放日益侵占自行车道和步行道。目前，天津市、重庆市、深圳市、厦门市、杭州市、南昌市、保定市等城市提出了发展慢行系统的设想。例如，天津市发挥高比例的优势，提出完善的自行车和步行道路系统，营造良好的自行车、步行空间环境。未来，微交通凭借无污染、道路空间利用率高等优势将逐步受到重视。

区域型 TOD（Transit-Oriented-Development）导向促进交通效率大大提升。TOD 是"以公共交通为导向"的开发模式。该概念由新城市主义代表人物彼得·卡尔索尔普（Peter Calthorpe）提出，是为了解决第二次世界大战后美国城市的无限制蔓延而采取的一种以公共交通为中枢、综合发展的步行化城区。其中，公共交通主要为地铁、轻轨等轨道交通及巴士干线，然后以公交站点为中心、以 400～800 米（5～10 分钟步行路程）为半径建立集工作、商业、文化、教育、居住等为一体的城区。目前，中国城市规划中采用围绕枢纽高强度开发的区域型 TOD 模式已成为主流（图 2-13）。到 2050 年，各大城市的主要交通接驳将实现在枢纽中完成，使交通效率得到极大的提升。交通枢纽，如高铁站，将会进一步增加开发强度，提高容积率，形成中国特有的功能混合枢纽——高铁、地铁、有轨交通、共享汽车在枢纽内完成接驳。在城市中心区域，以公共交通主导的共享汽车成为重要的解决城市内

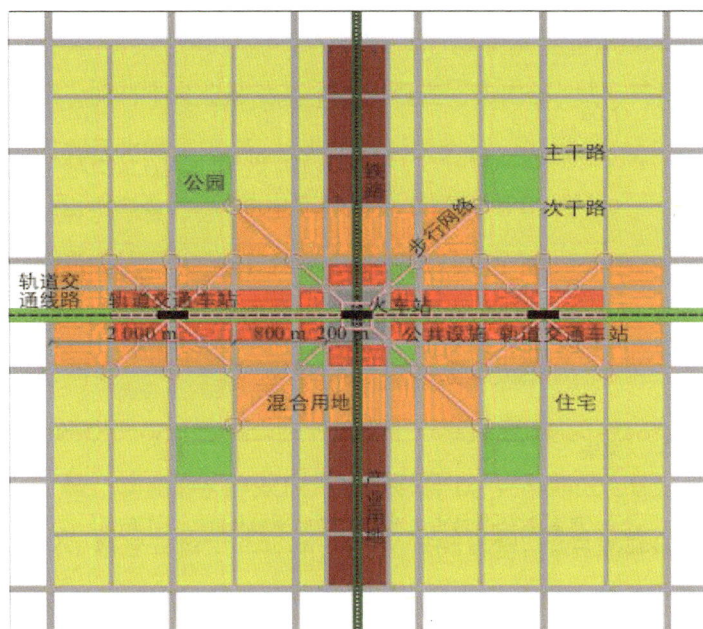

图 2-13　中国特有区域型 TOD 模式

资料来源：中国城市科学研究会

交通需求的工具；距离市中心 20 千米的郊区，通常没有轨道交通等公共交通引导，则由私家小汽车和共享汽车作为主要交通方式。

二、智能交通是综合解决城市交通拥堵和安全的主要手段

　　智能交通技术能通过人、车、路的和谐、密切地配合提高交通运输效率，缓解交通阻塞，提高路网通过能力，减少交通事故，降低能源消耗，减轻环境污染。发达国家的经验已证明，智能交通（图 2-14）是解决交通拥堵等汽车社会病的最佳良策。新一轮科技变革和城镇化进程正在到来，中国获得了解决问题的全新途径——设计和构建新型的智能交通体系与智慧城市，彻底化解交通拥堵。

图 2-14　智能交通设想

三、对汽车发展的影响

（一）低碳交通推动汽车节能减排发展

低碳交通对汽车的影响是车用能源朝低碳化方向发展并推动汽车朝节能新能源汽车方向发展。此外，低碳交通发展模式提倡的是绿色交通出行，支持公共交通和步行自行车出行，由此减少对私人汽车的使用和总量的需求。

（二）智能交通推动车联网发展

车联网是物联网在智能交通领域的运用，是智能交通系统的重要组成部分。物联网、智慧地球、智慧城市等概念应用到交通领域便产生了智能交通、车联网的概念。车联网就是汽车移动物联网，是指利用车载电子传感装置，通过移动通信技术、汽车导航系统、智能终端设备与信息网络平台，使车与路、车与车、车与人、车与城市之间实时联网，实现信息互联互通，从而对车、人、物、路、位置等进行有效的智能监控、调度、管理的网络系统。

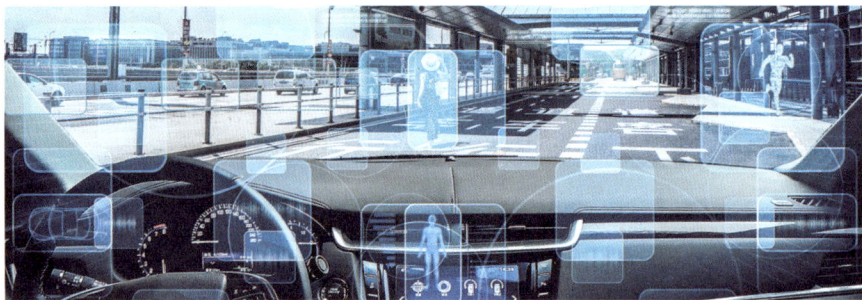

第五节
城市建筑

一、低碳建筑与可再生能源一体化

低碳建筑最大限度地利用自然资源、减少环境破坏与污染、实现零石化能源使用的目的,不仅是应对和缓解资源和环境压力的重要选择,也是实现城镇化可持续发展的必由之路。绿色建筑、低碳生态城区、低碳生态城市是点、线、面关系。低碳建筑的推广和普及对低碳生态城区、低碳生态城市的规划、建设产生非常积极的作

用与影响。低碳建筑主要有 3 个特点：一是尽可能用低品质能源代替高品质能源，如地热、风能等代替电、煤、燃气；二是尽可能采用低成本技术（如通风、外遮阳等）；三是尽可能利用低品质能源对建筑整体性或基础性调温，利用高品质能源来进行局部性、精细性调适度。低碳建筑的最大特点是低能耗，除了强调建筑围护结构被动式节能设计，建筑能源需求转向太阳能、风能、浅层地热能、生物质能等可再生能源。可再生能源在建筑中的应用主要包括推广节能环保空调、太阳能热水器、太阳能光热系统、太阳能光伏发电设施等可再生能源技术和产品。

二、智慧建筑是智慧综合体

智慧建筑主要是以建筑为平台，兼备建筑设备、办公自动化及通信网络系统，集结构、系统、服务、管理以及它们之间的最优化组合，向人们提供一个安全、高效、舒适、便利的建筑环境。智能建筑不仅仅是智能技术的单项应用，同时也是基于城市物联网和云中心架构下的一个智慧综合体。这个综合体主要应用于智慧社区、智慧家居、智慧大厦等领域。智能建筑有几个特点：一是具有共享城市公共信息资源的能力，尽量减少建筑内部的系统建设，达到高效节能、绿色环保和可持续发展的目标；二是智能建筑存在各种设备、系统和人员等管理对象，需要借助物联网的技术实现设备和系统信息的互联互通和远程共享；三是智能建筑中，通过电信网、广播电视网和互联网三网业务的融合，使建筑内部人员可自由自在地获取各种语音、文字、图像和影视服务。

三、城市建筑多元化和集约化发展

随着中国国民经济的持续快速发展，城市化进程的不断加快，城市人口的迅速增长，大城市几乎都面临着土地资源稀缺与交通拥挤等困扰。当前，中国一方面缺少集约化的多功能中心，另一方面十分缺乏集约化的交通枢纽。城市功能的分散导致了大量通勤的产生，而交通设施的分散不但形成资源浪费，还大大降低了公共交通整体运行的效率。所以，目前中国亟待整合相关社会功能与资源，以提高土地利用率和改善交通出行环境。因此，未来用建筑手段拓展城市空间，整合相关交通功能与设施，实现城市、建筑、交通的一体化设计是解决土地资源短缺和交通拥挤等问题的主要手段。

四、对汽车发展的影响

智能建筑和低碳建筑有助于推动电动汽车的规模化应用。完善的充电基础设施体系是电动汽车普及的重要保障。电动车与低碳建筑的光电、太阳能发电结合在一起，与智能建筑的智能电网相结合，有助于电动车使用可再生能源，并且通过智能电网可以实现电动车与电网的双向充放电，也可以优化电池智能化充电，实现无损电池的充电，由此延长电池的使用寿命。

第六节
材料

材料是人类赖以生存和发展的物质基础。材料技术在支撑交通运输、能源动力、资源环境、电子信息等领域发挥着物质和先导作用。未来经济社会对材料的需求总量不断增加，并且对材料品种、质量、资源利用率、环保及满足各领域需求等提出了更高的要求。根据中国科学院的预测，到2030年前后，中国基础材料加工制造水平国际领先，现有材料寿命延长1倍，材料可循环再生利用率达到20%，碳排放减少及再利用达50%。传统材料实现大规模绿色制备加工和循环利用。到2050年前后，中国先进材料发展能够全面满足高新技术、可再生能源、生命与健康、环境保护的需求，材料可循环再生利用率达到50%。中国先进材料技术有以下发展趋势。

一、材料数量和种类持续增加

在以后很长一段时间，材料的数量和种类将会持续增加。其中，金属材料在性能价格比、工艺及现有装备上都具有明显优势，仍有很强的生命力。高分子材料还会大力发展，性能会更优异，特别是高分子功能材料正待开发。工程陶瓷将在性能提高、成本降低的条件下得到发展。功能陶瓷已在功能材料中占主要地位，还将不断发展。复合材料是结构材料的发展重点，主要包括树脂基高强度、高模量纤维复合材料、金属基复合材料、陶瓷基复合材料及碳基复合材料等。表面涂层或改性是另一类复合材料，具有量大面广、经济实用、广阔的发展前景。

二、能源和环境材料受到高度关注

根据能源消费结构预测，未来化石能源消费下降，可再生能源成为主要能源之一，并由碳基能源为主转换为氢基能源为主。能源消费的变化对起支撑作用的材料也提出了新的需求。中国将重点关注能源装备用结构材料和能源储存及转换材料。

未来，材料及其制品与生态环境和生态资源的协调性，与人类社会可持续发展的和谐性将越来越受到重视。世界各国高度重视资源节约型、能源节约型、可持续发展型的材料科学技术的发展。中国对环境友好材料、空气净化材料以及材料循环使用和回收利用技术要求更为迫切。

三、纳米新型材料等不断涌现

纳米材料科学技术是当前及未来一段时间内的研究重点之一，在未来 5 ~ 10 年还会有重大的发展，并可能导致经济、科技甚至生活方式的重要变化。纳米材料有广泛的应用价值。在纳米尺度（少于 100 纳米），普通的材料比如碳，将会呈现出独特的性能。例如，作为引擎或其他机械表面的低摩擦力镀膜，作为高强度合成材料用来建造汽车和飞机、制作轻便的防弹背心，以及高效的光伏材料等。在未来的 30 年里，纳米材料及新型材料，比如泡沫金属以及陶瓷复合材料将会被用作衣物、建材、车辆、公路、桥梁等的材料，几乎无处不在。

四、高性能、低成本、多功能材料是发展方向

未来，具有自修复和自愈合功能的仿生材料将获得应用，而智能材料则成为主导材料之一。智能材料的构想来源于仿生，目的是研制出一种具有类似于生物各种功能的"活"的材料。通常情况下，智能材料需具备传感、反馈、响应、信息识别与积累功能，并具备自诊断、自修复、自适应、自清洁等能力。

五、材料设计越来越重要

材料设计与性能预测科学技术将迅速发展：按照预定性能设计和制备新材料技术日趋成熟；按需设计材料为目标的多尺度、跨层次材料设计受到高度重视；材料微结构的系统设计与制造受到关注。

随着环境、资源等问题的突出，材料在整个寿命周期中给资源和环境造成的影响越来越受关注，在产品设计和生产中力求做到 3R（减量化、再利用、再生循环）。

材料全生命成本控制技术即将成为必然趋势。过去，材料应用虽然也追求最大限度发挥材料的性能和功能并控制成本，但是控制成本仅限于制造成本，可靠性、材料的回收再利用成本在设计中并没有考虑，导致成本逐级放大。在资源和能源约束下，材料全生命成本控制在设计中必须考虑。

六、对汽车的影响

材料的不断革新，支撑汽车轻量化技术的发展。通过金属材料和复合材料的不断革新，轻质材料将不断扩大在汽车上的应用比例，支撑汽车技术不断朝轻质汽车发展。

生物材料及无机环保材料使汽车与环境更加友好。环境友好生物材料技术及性能的提高，有助于汽车大量使用友好生物材料，从而对环境保护做出贡献。免喷涂塑料、有机—无机纳米复合材料、热熔胶及水性胶粘剂等无机环保技术在汽车中的应用，不但可大大改善车内空气质量，减少对环境和驾乘人员的危害，还可实现100% 回收。

纳米、智能等新型材料给汽车带来更多的可能。一是纳米等新型材料的低成本、高性能、大批量制造技术对汽车电子、汽车电池能量密度提高产生深远影响。比如，用碳纳米管材制造燃料电池可使表面化学反应面积产生质的飞跃，大幅度提高燃料电池的能量转换效率，但需要解决纳米材料（碳纳米管）的低成本、大批量制造以及跨尺度集成等制造技术。二是汽车凭借智能材料，能够随着温度、压力、磁场和电压等条件的不同变化，而相应改变自身的密度、硬度，甚至外形，由此提高了汽车的便利性、舒适性、安全性和趣味性。可在汽车发生损坏后实现"自我修复"功能、可"记住"自身原来形状、可改变汽车外形和驾驶感受、可自我清洁等。比如，智能玻璃、形状记忆合金等很多智能材料在汽车制造中得到应用。

第七节
信息技术

在未来的几十年内，信息技术将继续以惊人的速度发展，进一步扩大影响力和渗透力，革命性地改变人类的经济发展形态和生活方式，对人类的生产生活等许多方面产生极其深远的影响。根据中国科学院的研究，到 2050 年，信息社会将呈现出普惠、增值、泛在、低成本、可持续、安全、变革、自主、平台九大特征及以下几个方面的趋势。

一、信息技术普惠全民，泛在网络无处不在

到 2050，信息技术普及率将达到 80%。信息技术的成本降低将加速其普及。成本降低与几个因素有关：一是低成本、低功耗的信息终端的应用；二是低成本且丰富的应用服务满足用户经济文化的需求；三是信息技术的易用性可降低学习门槛、使用门槛、维护门槛、创新门槛，达到易用性；四是信息技术的有效性可以使企业具有更好的成本价值比；五是客户端和服务器端的效率也是影响低成本信息的重要因素。

要使信息技术达到普惠，需要两个方面的支撑技术：一是需要通过三网融合充分利用各种卫星、地面无线和有线的接入手段，保证网络通信无所不在且有可靠的服务保证。二是发展高效、可信、省电的信息功能的智能终端设备，包括基于神经工程学的人机交互系统智能化的微型终端。无处不在的传感网将与空间、地面、接

入等网络全面融合，实现人与人、机器与机器、人与机器之间任何时间、任何地点的通信联络。

宽带无线通信是未来网络体系的重要基础。根据中国科学院战略组预测，近10年内网络技术经历宽带化、移动化和三网融合将走向基于IPv6的下一代互联网，2020年以后世界各国将逐步形成共识，共同构建IP后的新网络体系。

二、信息器件和系统的变革性升级换代

信息硬件系统在2020年前后都会遇到延续当前技术难以逾越的障碍。过去40多年来，信息硬件系统一直依赖于摩尔定律：一块半导体芯片内的晶体管数量大约每18个月就会翻一番。然而，存储密度、互联带宽、高性能计算机性能等存在比摩尔定律预测的发展速度更快的指数增长现象。根据中国科学院的研究，到2050年，超级服务器的发展需要支持多种多样的个性化应用负载，需要突破低能耗、海量并行、可靠性、低成本等技术障碍；40年内，超级计算机的性能将增长$10^8 \sim 10^9$倍，达到每秒10^{24}次运算速度。由此，在2020年前后将会遇到延续当前技术难以逾越的障碍，功耗和成本问题也会越来越突出。

石墨烯纳米带晶体管可能成为延续摩尔定律的重要推动力。传统CMOS技术在2022年前后达到性能极限后，会向探索新原理、新材料和新结构，纳米、亚纳米及多功能化器件方向发展。未来，石墨烯纳米带晶体管可能成为延续摩尔定律的重要推动力。另外，电子计算技术和光电子、光计算技术的融合最有可能成为未来开发汇集计算、存储、通信和信息处理于体的新一代芯片技术，可实现片上光互联和片上大规模光计算。

三、人机物三元世界促进信息科学发生本质改变

　　未来的人机社会是由信息世界、物理世界、人类社会三者共同组成的人机物三元世界，与今天的一人一机组成的、分工明确的人机共生系统完全不同，是一个由多人、多机、多物组成的动态开放的网络社会。人机物三元世界促进信息科学发生本质的改变。物联网、大数据处理与分析、信息安全将成为信息科学的重点关注的领域。

　　海量数据处理与利用不仅是信息领域的重大挑战，也是人工智能的挑战和机会。美国公布的《2016—2045年新兴科技趋势报告》指出，到2045年，最保守的预测也将会有超过1000亿的设备连接在互联网上。这些设备包括了移动设备、可穿戴设备、家用电器、医疗设备、工业探测器、监控摄像头、汽车以及服装等。到2050年，芯片密度、存储密度、互联带宽、计算机速度等技术指标的增长尽管在其发展过程中遇到各种障碍，甚至需要发生革命性改变，但无论是科学工程数据、生产业务数据，还是人们生活中的多媒体数据，各种网络数据都在持续迅速增长。而随着大量嵌入式设备、传感器纳入信息系统，对这些嵌入式设备和传感器发送的海量信息处理和分析也必将成为21世纪信息领域的重大挑战。同样，这些海量数据的处理与分析也是人工智能的挑战和机会。从数据产生知识，创造经济文化价值，数据知识产业将迅速崛起，成为推动产业结构升级的新兴经济业态。

　　到2050年，随着相关技术体系的发展，信息系统将更加安全、可靠。目前，虽然中国信息化普及率和多数行业信息化程度尚不高，但信息系统的可靠性和安全性也已成为社会关注点，信息开放共享的需求与个人隐私保护的矛盾已经凸显。未来，随着量子安全网络信息、安全服务技术体系、网络空间安全保障、安全基础技术体系的不断发展，到2050年，人机物三元世界的信息系统将更加可靠和安全，信息网络将成为个人自由舒畅、整体和谐文明的社会空间。

四、网络服务根据用户可自适应和优化

　　未来网络不再仅仅是通信网络和共享信息资源网络，而且还是服务网络。未来网络有几个特征：一是信息产业服务模式正在从以运营商为中心转变为以用户为中心；二是未来网络中，用户不仅是信息服务的消费者，而且是信息内容和服务的创造者和提供者；三是网络不再由人管理，而是根据用户需求可自适应调整和优化，动态地改变内容和管理，并可按照用户的需求目标把几个小服务自动组成大服务。

五、新一代人工智能技术将取得重大突破

　　全球的信息化发展可分为三个阶段：20世纪中叶到20世纪90年代中期，信息化表现为以计算、通信和控制应用为主要的数字化阶段；从20世纪90年代开始，互联网大规模普及应用，信息化进入了万物互联为主要特征的网络化阶段；当前，在大数据、云计算、移动互联网、工业互联网集群突破、融合应用的基础上，人工智能实现了战略性突破，信息化进入了以新一代人工智能技术为主要特征的智能化阶段。

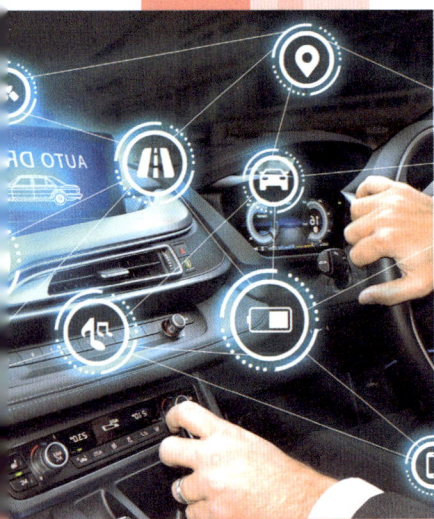

六、对汽车的影响

(一)要求汽车加快创新和融合发展

一方面,未来制造业的转型升级以"智能制造"为方向和前景,而汽车产业在这一轮升级中地位特殊、作用独特。与一般工业不同,汽车产业的升级将是汽车"智能制造"与智能汽车产品的双向并行发展,两者互相促进。特别是涉及面广、规模性强、集成度高的汽车"智造"将成为智能制造体系升级中的最强需求、最大平台和最佳实践。"智能汽车 + 汽车智能制造"的转型需要汽车技术充分的信息化和智能化发展。完成转型后,高度信息化和智能化的汽车产业则会对未来低碳社会做出重要贡献。

另一方面,高度低碳化、信息化、智能化的汽车产业是未来科技最好的载体。以云计算、物联网、先进机器人等为代表的未来 12 项可能改变生活、企业与全球经济的科技,有 11 项与汽车直接或间接相关。这些技术应用于整个汽车产业链上,将会影响汽车的研发和制造,促进整车和零部件行业的转型升级。在此过程中,汽车产业实现与相关新兴技术的融合发展。

(二)智能网联汽车成为汽车产业新的发展热点

在工业化和信息化深度融合的大背景下,汽车智能化技术得到高度重视。目前,部分企业、高校和科研机构,在环境感知、人的行为认知决策、基于车路通信的驾驶辅助技术研究获得了积极进展,相关企业陆续开发出无人驾驶样车,并正在逐步开展路试。国内各大汽车厂商开始推出装备先进驾驶辅助系统(ADAS)的汽车产品,同时,互联网企业开始进入汽车行业,跨界联合进一步促进了汽车技术水平的提升。

（三）用户需求多元化推动汽车行业朝着新方向发展

用户对于汽车的服务需求正不断提升并呈现多元化的趋势。随着人工智能、大数据、物联网、人机交互等新技术的发展，促使汽车从销售到售后全流程正发生新的变革。在新零售的背景下，汽车销售模式正发生深刻变革，传统的经销模式已经无法满足新的销售需求，线上线下一体化的数字化零售在消除销售壁垒的同时也为企业提高利润降低成本。用户驾驶过程也衍生出更多的服务需求，人们期待汽车成为一个服务和功能高度集成化的生活空间，包括驾驶服务、生活服务、工作服务、安全服务、位置服务以及用车服务等，用户在出行过程中可以进行商务洽谈、工作学习、娱乐休闲，汽车正逐渐成为一个集多种功能和服务于一体的移动智能终端。在汽车维保行业中，用户已经不再满足于传统 4S 模式，独立售后服务体系正在壮大，在大数据的助力下，企业正建立打通配件生产、配件供应、线上导流、线下服务的一站式维保服务平台。

第八节
制造业

制造业是国民经济的物质技术和产业主体,在国民经济中占有重要地位。未来 30 年,在资源、能源、环境的约束下,在信息、材料、生物及脑科学、纳米技术的推动下,中国制造技术将朝着全球化、信息化、智能化、绿色化并与多学科融合的方向发展。到 2050 年,中国的主要制造装备与工艺将与世界同步发展,具备国际一流的装备创新设计与制造能力;基于泛在信息的"智能制造"和环境友好的"绿色制造",是超越制造技术长远发展的重大方向;微纳米制造、增材制造(3D 打印)等新兴技术将形成产业。

2015 年,国务院正式出台《中国制造 2025》战略性文件,为实现制造强国的目标,确立了"三步走"战略:第一,力争用 10 年时间,迈入制造强国行列;第二,到 2035 年达到制造强国中等水平;第三,到 2049 年制造业综合实力进入制造强国前列。

一、绿色制造是实现可持续发展的必然选择

制造业在将可用的资源和能源转化为产品的同时,也产生大量的废水、废气、废渣等废弃物,对环境造成污染。为满足经济社会健康永续发展的需要,制造过程

的清洁、高效、环境友好日益成为世界各国追求的主要目标。未来，绿色制造将在产品绿色设计、制造过程节能减排、资源高效清洁利用等方面持续发展。根据中国科学院预测，到 2050 年将实现：普及产品的全过程绿色设计与循环利用；建立低碳经济型制造业体系；原料损失率减少 90%，二次资源循环利用率达到 90%；在环境影响方面，有害废弃物零排放，消除化学环境风险。

二、智能制造将引发制造业革命性变革

智能制造以数字化技术为核心，使生产系统借助信息技术全面趋向数字化和智能化，使人的技巧和创造性得到最大限度地发挥，是制造自动化、数字化发展的必然结果和高级阶段，是先进生产力的重要体现之一。

智能制造技术可以提高能源和原材料的利用效率、降低污染排放水平，提升产品的性能、文化 / 知识含量以及技术附加值，增强企业的设计能力和市场响应能力，提高生产质量、效率和安全性。复杂、恶劣、危险、不确定的生产环境、熟练工人的短缺、劳动力成本的上升对智能制造技术与智能制造的发展和应用提出了需求。

21 世纪将是智能制造获得大发展和广泛应用的时代，智能制造将引发制造业的革命性变革。根据中国科学院预测，到 2020 年前后，中国泛在感知自动化制造将得到广泛应用，并可使生产效率提高 10%；到 2030 年前后，中国将建立人机和谐的智能控制与管理制造系统；到 2050 年前后，中国将实现智能机器与自主控制的生产系统。

三、增材制造技术与传统制造技术并存

增材制造（Additive Manufacturing，AM）俗称 3D 打印。该技术融合了计算机辅助设计、材料加工与成形技术，是以数字模型文件为基础，通过软件与数控系统将专用的金属材料、非金属材料以及医用生物材料，按照挤压、烧结、熔融、光固化、喷射等方式逐层堆积，制造出实体物品的制造技术。

与传统的、对原材料去除—切削、组装的加工模式不同，增材制造是一种"自下而上"的加工方式，实现了生产制造的快速成型，大大缩短了生产周期，提高了生产效率，有效利用资源。增材制造目前存在成形材料比较单一、成形效率不高等局限性，应用尚不广泛。根据中国机械工程学会的研究表明，未来的增材制造技术将在并行增材制造、非均质增材制造、免装配增材制造、理想制造等方面获得突破，为增材制造的规模应用，提供支撑。在并行增材制造方面，分层制造的概念将进一步发展，三维结构可沿多个方向进行分解，层片可以是平面和曲面，可提高精度并消除台阶误差，由此在大型结构件制造中大大提高制造效率。非均质增材制造解决了目前增材制造只能使用一种或两种材料的不足，未来将实现几种甚至十几种、几十种材料同时参与堆积成形，使最终制造的产品具有多种材料成分，并且在不同材料之间平稳过渡、牢固连接，实现产品材料的"非均质"，从而实现特定的产品功能。免装配增材制造在设计阶段可将机械机构通过计算机软件预先组装好，然后输出数据，直接一次性制造，由此打破了传统制造约束条件下的优化性能指标，提升三维机构模型创新能力。理想制造不仅能够制造任意复杂形状构件或复杂结构系统，而且还能将"高性能材料设计、合成/制备"与"复杂结构超常结构直接制造"有机地融合为一体，使制造面貌和内涵发生彻底改变。到2049年，增材制造技术功能零部件的生产效率提高5～10倍，将占据小批量零件加工的半壁江山。可应用各种高性能金属、非金属材料进行零部件加工，可制造出由"超常性能"新材料组成、具有"超常复杂几何外形及内部结构"和"超常物理化学等功能"的整体结构甚至整体主动结构系统。

四、微纳制造助力传统制造业升级

微纳制造是指尺度为毫米、微米和纳米量级零件以及由这些零件构成的部件或系统的优化设计、加工、组装、系统集成与应用技术，是制造微传感器、执行器、微结构和功能微纳系统的基本手段和基础。

微纳制造是 21 世纪战略必争的前沿高科技，主要发展方向是微纳器件与系统（MEMS & NEMS）。微纳器件与系统是在集成电路制作技术基础上发展起来的一系列专用技术。研制微型传感器、微型执行器等器件和系统，具有微型化、批量化、成本低的鲜明特点，对人类未来生产、生活将产生巨大的作用。该技术广泛应用于通信、汽车、能源与环境等行业，为相关传统产业升级实现跨越式发展提供了机遇，并催生了一批新型产业。微电子、光电子等大多数现代高科技产业以及汽车、石油、环境与安全检测等国家支柱行业都是建立在微纳制造技术之上的。

五、对汽车发展的影响

绿色制造降低能源、资源消耗，减少环境污染。汽车绿色制造除了要求对能源、资源消耗降低，还要求保护环境，并对环境负影响最小。汽车绿色制造包括汽车工厂可再生能源的利用，汽车制造装备的节能化、微型化，可提高能量利用率；新型先进零件精确成型与加工技术、短流程工艺可大大提高材料利用率、降低废品率、降低能源消耗、降低污染物及 CO_2 排放；汽车整车及零部件制造过程中噪声的消减和控制水平有助于减缓和避免噪声对人体的伤害。

（一）智能制造催生汽车产业形成生态系统

智能制造通过制造自动化的概念更新，扩展到柔性化、智能化和高度集成化，智能制造不仅仅是单一的先进技术和设备的应用，而是新模式的转变，包括高效灵活的生产模式、产业链有效协作与整合、新型生产服务型制造、协同开发和云制造等。从传统制造走向大规模个性化定制，由集中式控制向分散式增强型控制的基本模式转变，智能制造要求建立一个高度灵活的个性化、数字化和高度一体化的产品与服务生产体系。汽车整车及零部件制造业要实现个性化产品的高效率、批量化生产，必需综合兼顾物料供应协同、工序协同、生产节拍协同、产品智能输送等诸多环节。汽车产业智能制造的最终形态为产业链的集成，使整个汽车产业形成一个有机、高效、完整的系统，并且实现向生产、制造、销售一体化的服务型制造转变。生产、制造、销售三段生产链的形成，可大大降低汽车生产成本，同时使生产制造可以对市场需求做出快速响应，并且根据用户服务需求的变化调整生产制造方案，优化产品功能和服务，从而形成一个更加贴合市场的体系。未来汽车智能制造将成为市场需求和服务需求共同驱动的数字化生态系统。

（二）增材制造促进汽车制造迈入"需求导向"阶段

增材制造设计灵活，必将诞生大量创客群体。到 2050 年，增材制造将促进汽车制造迈入需求导向阶段，实现大规模工业级别的直接服务客户的制造。增材制造可使汽车功能部件直接制造，免装配，缩短了汽车零部件的制造流程，降低了能源消耗，减少了材料消耗。增材制造还可通过多材料复合制造出具有"负膨胀系数"（热缩冷胀）的材料和结构系统，甚至具有"负泊松比"的超材料及结构系统。这种材料应用到汽车上，将有效确保在撞击情况下乘客的安全。另外，由于可灵活实现多种材料的在微观层面的任意复合，并可多层次与智能化材料复合，增材制造还能创造出全新类型的高性能、超常性能或反常性能的"超级复合材料"结构，从而赋予汽车构件以特殊性能。到 2050 年，增材制造的灵活性将使汽车零部件的维护可以在现场修复和制造，减少大量中间环节产品的运输。

（三）微纳制造支撑智能汽车发展

汽车本身因大量的传感器使用而智能化，微纳器件与系统则是重要的一环。到2049 年，将有大量的智慧道路和智慧汽车支撑智慧城市的发展，汽车将装有比现在多得多的传感器。那时候，智能交通系统能够根据道路和汽车上检测与传输到指挥中心的信息，判断每条道路的拥堵情况，自动根据每辆车的目的地，为它选择最

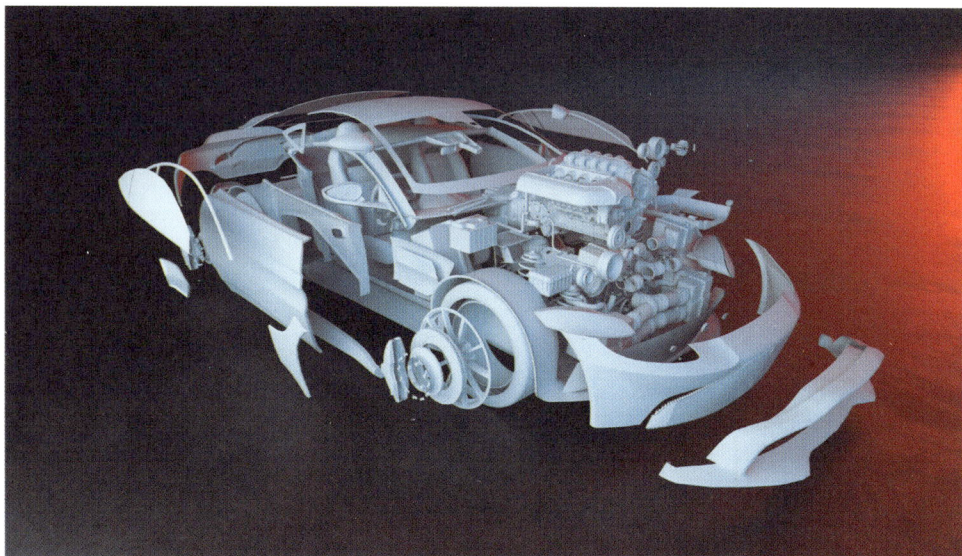

快的行车路线，并根据车流信息自动控制协调各个信号灯之间的配合，用最优化的方案保证城市通行迅速有序。

第三章
面向 2049 年的汽车技术发展趋势

>>>

一、低碳化

汽车产业低碳化强调的是通过短缺资源的代用、能源的节能降耗、资源的循环使用，同时减少废气、废料及污染物的生成与排放等，从而提高汽车生产及消费过程中与环境生态的相容程度，最终实现经济效益、环境效益最优化，达到经济可持续发展的社会目标。目前，世界各国不仅关注汽车产品低碳化，而且还从汽车全生命周期角度规划和控制汽车及相关产业的碳排放。

站在汽车产品的角度，汽车外形空气动力学改进、汽车小型化、轻量化技术作为整车共性技术将长期有效推动汽车低碳化发展。中短期内，车用能源朝多样化发展，替代燃料技术不断进步；汽车动力商业化趋势仍以传统内燃机为主，内燃机热效率最终不断逼近极限；从长期看，要摆脱化石能源，车用能源最终将走向电能和氢能；汽车动力系统也将朝着电气化最终目标前进，纯电动汽车，氢燃料电池汽车将成为汽车低碳发展的主流产品。

针对节能与新能源汽车，中国出台了相关政策，主要有：《节能与新能源汽车产业发展规划 (2012—2020 年)》《中国制造 2025》《乘用车燃料消耗量评价方法及指标》(GB 27999—2014)、《轻型商用车辆燃料消耗量限值》(GB 20997—2007)、《重型商用车辆燃料消耗量限值》(GB 30510—2014) 及各阶段排放标准等。另外，中央政府、地方政府已经出台了 2020 年之前推进新能源汽车发展、充电站基础设施建设的规划、政策和相关鼓励措施，同时着手开始诸如二氧化碳交易、新能源汽车配额、征收传统车排污费等可能的非财税激励政策的研究工作。这将为后财税政策时期新能源汽车发展注入活力。

(一)汽车节能技术持续改善

从世界节能汽车发展趋势看，在整车节能技术的基础上，传统动力技术的持续改善和大力发展混合动力技术是实现乘用车节能的有效途径 (图 3-1)。

整车节能技术 ——共性技术	小型化/轻量化	降风阻/减摩擦	电控优化	重点 低成本应用

		发动机		变速器		
传统动力优化 ——持续改善	排放	发动机效率逐渐接近极限	满足排放的后处理	多种共存AT/DCT多档化CVT宽速比	适应不同发动机及相应车型	重点 集成+匹配

混合动力技术 ——发展热点	节油效果:5%~8%	8%~15%	15%~30%	30%以上	重点 降低成本
	微混	轻混	中混	重混	

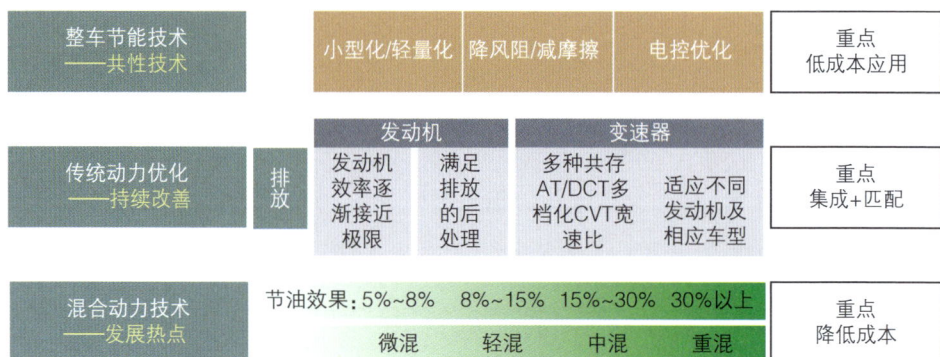

图 3-1　汽车节能技术发展趋势

资料来源:《节能与新能源汽车技术路线图》

1 传统动力技术未来持续改善

　　传统动力技术主要包括发动机和变速器。未来,传统动力技术都将得到持续改善,以进一步优化燃油消耗和排放效果,而有效的集成与优化的匹配至关重要。在传统动力总成方面,发动机效率将逐渐逼近极限,满足排放的后处理技术也不断进步。在发动机效率极限方面,有很多机构进行了预测,如在美国能源部要求下,美国汽车委员会(USCAR)于 2010 年 3 月召开的学术会议中形成了"关于车用内燃机效率的总结报告"。该报告的结论是:"在不考虑摩擦损失的情况下,活塞式内燃机最大有效热效率可达 60%。"美国橡树岭国家重点实验室的大卫·L.格林(David L.Greene)以及美国田纳西大学的霍华德·H.布拉克(Howard H.Braker)在 2011 年预测,2050 年汽车效率可能提高 70% 等。根据大多数的机构预测,内燃机极限热效率可达 60% 及以上。目前,中国新上市乘用车(多为汽油机)发动机热效率主要在 32% ~ 36%,离极限值尚有很大提升空间。提高内燃机效率及降低尾气排放的关键技术有:进排气优化技术、燃烧优化技术、提高压缩比技术、结构优化技术、降低发动机内阻技术、高压共轨技术等。

　　在变速器方面,自动变速器装备率不断提高,自动变速器技术快速发展。近中期,内燃机汽车自动变速器装备率将不断提高,AT(自动变速箱)、CVT(无级变速箱)、DCT(双离合变速箱)等多种自动变速器技术也在迅猛发展；AT、DCT 多档化和 CVT 宽速比趋势日益明显；高性能齿轮、轴承等共性关键技术不断提升。

2　混合动力技术是通往汽车电动化的过渡技术

混合动力核心技术包括专用发动机开发、机电耦合装置的设计与应用等。混合动力技术节能效果显著，重混车型的节油效果有望达到 30% 以上。混合动力系统兼有传统汽车的发动机动力系统和电驱动系统，是通往纯电动动力系统的一个过渡方案。

中国在混合动力技术方面还不够成熟，与国外有一定的差距。在专用发动机方面，国外已成功开发了多款适用于混合动力汽车的高效发动机，并已实现涵盖乘用车和商用车的产业化应用。在机电耦合方面，国外也已有多种可行的技术路线，并应用在不同的整车产品上。不同技术路线和混合度的各种混合动力技术，具有不同的节油效果和成本代价。

3　整车共性节能汽车技术不容忽视

除了上述节能技术，汽车整车共性节能技术的作用不容忽视，主要包括轻量化技术(包含车辆小型化)、低阻力技术和电子控制系统优化等。低风阻、减摩擦等技术的应用，不仅可提高传动系统的机械效率，还降低了行驶阻力，由此降低了油耗；电子电器自身的节能化及车辆各系统的电控管理优化目前也逐渐成为研发热点。

中国受成本、技术因素限制，比国际品牌的汽车重 8% ~ 10%，轻量化技术将长期影响汽车节能技术的改善。①在轻量化材料方面，未来很长一段时间，汽车轻量化材料品种不断增多，轻质材料的应用比例不断加大。钢仍是汽车制造的主要材料，镁合金、铝合金、碳纤维(CFRP)等轻型材料随着性能不断提高和成本不断降低，在汽车上应用比例不断加大。②在结构设计方面，"将合适的材料用于合适的部位"将引导结构设计，由此出现铝密集、镁密集、非金属密集车身与钢车身、全铝车身、多材料车身并存的局面，产品目标演变为寻求轻量化效果、工艺性、性能、安全性、成本的总体上最优化。

（二）替代燃料技术不断提升

车用燃料多样化，各种专用替代燃料发动机技术不断提升。未来，天然气及生物质燃料（燃料乙醇、纤维素乙醇、一甲醚、生物柴油、生物液化油等）替代燃料将逐步获得应用。根据相关专家调查结果，到 2049 年，近 70% 的专家认为替代燃料汽车占比不高于 10%。

储量巨大，洁净、高效的天然气和可燃冰是继煤炭、石油之后的主要清洁能源，在世界范围内可能成为汽车的主体能源之一。天然气在中短期将获得较大发展。据有关数据，按照热当量计算，世界已探明的天然气储量已经超过石油，可供世界使用 60～200 年。另外，目前，预测全球蕴藏于深海的可燃冰总能量是全球石油、煤、天然气总和的 2～3 倍，其开发和利用是世界科学研究的前沿之一。可燃冰是由水分子和天然气在高压（10 兆帕）和低温（0～10℃）条件下形成固态结晶物质。天然气具有优良的理化特性，再加上国家有关法律法规的扶持，决定了中国近中期天然气汽车发展空间还是很大。可持续通过天然气专用发动机燃烧控制优化、气瓶

轻量化等降低整车能耗水平。

受到资源、技术和市场需求的限制，生物质燃料虽发挥作用，但现阶段很难判断未来哪类技术或技术组合更可能被广泛使用。生物质能是仅次于煤炭、石油和天然气而居于世界能源消费总量第四位的能源。生物质燃料是由生物质资源生产而来，可实现废物低排放或零排放。例如，目前试验表明，汽油中加入一定比例的燃料乙醇，可减少机动车有害物的排放，改善空气质量并减少温室气体排放：10% 的乙醇添加量可减少对原油的依赖以及减少二氧化碳排放 25%～30%，减少一氧化碳排放约 10%。中国从 2000 年开始已在全国的 10 个省份推广使用车用乙醇汽油。据相关数据，每吨生物燃料使用可减排二氧化碳 3 吨。相关机构也对生物燃料的使用做了预测，如国际能源署（IEA）预测，预计 2049 年生物燃料将占交通运输燃料总量的 27%。中国可再生能源学会的研究表明，低碳情景下，2049 年，生物燃料、电力和氢气总计会占交通运输行业使用燃料总量的 50%。另外，由于电力和氢燃料的大量使用，生物燃料需求在 2030 年后开始下降。

（三）发展新能源汽车是重要方向

以纯电动汽车、插电式混合动力汽车和燃料电池汽车为代表的电动汽车代表未来汽车的发展方向。日本各大车企也公布了逐步降低传统动力汽车销售比例并最终停售的愿景。一些欧洲国家及车企甚至提出了到 2030 年或之后只销售电动汽车的计划。有资料显示，到 2050 年，由纯电动汽车完成大部分 800 千米内的日常通勤，超出 800 千米的长距离行车则由氢燃料电池汽车或者内燃机汽车来完成。

未来，中国新能源汽车销售量占比将不断加大。2015 年，中国新能源汽车产销量为 50 万辆。根据中国汽车工程学会最新的关于 2049 的新车预测中，103 位专家预测，到 2049 年，纯电动车销量占比为 30%～40%，插电式混合动力汽车占比为 5%～10%，燃料电池汽车销量占比为 20%～30% 的判断人数最为集中。

电动汽车"1+3+2"的技术发展体系（图 3-2）中："1"代表整车平台技术，作为新能源技术的综合载体,可基于传统汽车平台、基于传统平台的电气化改进以及开发电动车专用平台来实现。"3"代表动力电池技术、驱动电动机技术和电控技术(即"三电"),这3者是新能源技术的核心。其中最为核心的是动力电池技术,提高其能量密度和循环寿命是当前新源汽车领域研究的重中之重。"2"代表充电技术和智能技术,分别是电动汽车发展的保障和未来发展方向。

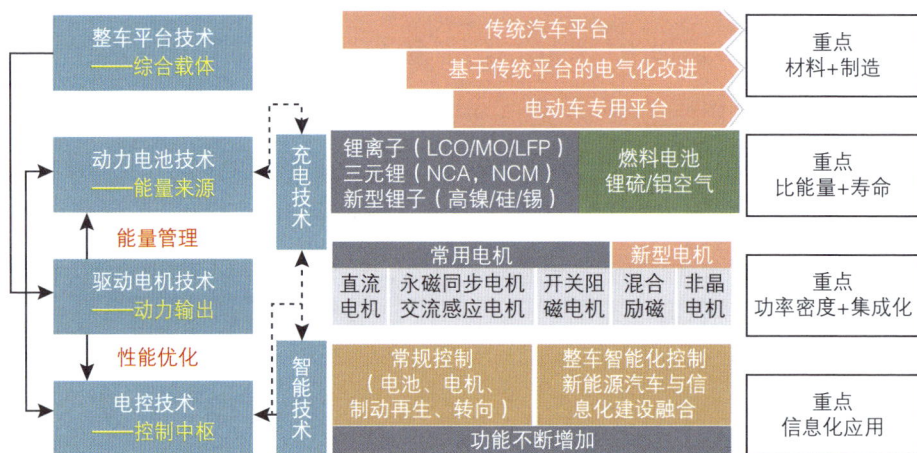

图 3-2　电动汽车技术发展趋势

资料来源:《节能与新能源汽车技术路线图》

1 纯电动汽车和插电式混合动力汽车

与传统内燃机汽车相比,纯电动汽车和插电式混合动力汽车的优点为:零排放、无污染,可充分利用夜晚用电低谷时富余的电力充电;缺点为:动力电池成本高,安全性低,充电时间长,比能量太低,续航能力达不到全天候应用。据有关资料,到 2050 年,由纯电动汽车完成大部分 800 千米内的日常通勤,实现纯电动技术在家庭用车、公务用车、租赁服务及短途商用车等领域的推广应用。

目前,制约电动汽车商业发展的因素有:煤电不环保、充电基础设施不健全等,但决定性因素是则是动力电池尚未取得实质性突破。从趋势上看,未来电动汽车将追求续驶里程、充电便利性与使用用途之间的均衡。第一,到 2049 年,电动汽车与智能电网高度融合，不仅可作为分布式电能储备装置，还可实现智能化、高性能双向充电技术。第二，预计动力电池电池组能量密度至 2020 年，2025 年，2030 年，分别达到 320 瓦时／千克，500 瓦时／千克和 700 瓦时／千克，根据有关预测，到 2050 年，能量密度预计超过 1000 瓦时／千克。第三，充电则可实现高效率、安全、全时空网络的无线充电。由此，电动车可以边跑边充电，解决了电动车的里程焦虑。

2 燃料电池汽车

　　氢燃料电池汽车不仅具有零排放、无污染的优点，而且能源效率高，电池安全性高，加氢时间短，电机启动平稳、加速性能好，氢能源丰富，紧急情况下可做紧急电源等优点，有效解决电动车安全性差、充电时间长、续航里程短的问题。因此，氢燃料电池系统是车用动力系统的一个长远解决方案。据有关资料，到 2050 年，超出 800 千米的长距离行车则由氢燃料电池汽车或者内燃机汽车来完成。世界上，各汽车强国对燃料电池汽车都在加快推进，其中日本处于领先位置，代表车型如丰田 Mirai 燃料电池汽车，单次氢燃料汽车补给仅需 3 分钟，续驶里程已达到 650 千米，可满足日常行车需求；北美燃料电池公交车示范表明，燃料电池系统平均故障间隔里程已超过 5 万千米。中国目前正处于基础研发及小批量试营运阶段，已经具备百万量级的氢燃料电池汽车动力系统平台与整车生产能力。

　　制约中国氢燃料电池汽车规模化发展的因素有三个方面：第一，燃料电池发动机的技术性能及系统可靠性。燃料电池发动机的功率密度较低，耐久性差、使用寿命短，环境适应性差（低温启动困难）。第二，氢燃料电池汽车制造成本。通常情况下，燃料电池汽车成本是传统汽车的数倍乃至 10 倍，尤其是使用价格昂贵的铂金属。第三，氢燃料供应。存在基础建设投资大，制氢和储氢的技术难题。目前，国际先进水平已基本解决了基本问题，有助于燃料电池汽车的规模化应用。例如：氢燃料电池发动机性能（包括可靠性和稳定性）已得到全面改善；国外先进水平电池堆密度已经达到 3 千瓦／升；系统使用寿命以普遍达到 5000 小时免维护运行；燃料电池发动机的冷启动温度达到 −30℃；国际主流企业的成本与 21 世纪初比也下降了 80% ~ 95%，降低铂金属催化剂使用量及寻找替代铂金属催化剂也在不断进步。

目前，中国燃料电池电动汽车的研究和推进重点主要集中在提高燃料电池功率密度、降低燃料电池系统成本、延长燃料电池寿命、提升燃料电池系统低温启动性能以及大规模建设加氢基础设施和推广商业化示范等方面。

未来，中国燃料电池汽车将朝着不断降低成本（尤其是降低铂的使用量和铂催化剂的替代技术）、动力系统混合化、燃料电池模块化和系列化、车载能源载体氢气化以及大规模可再生能源分布式制氢方向发展。

（四）汽车全生命周期低碳化

汽车全生命周期包括"材料制造→零部件及车辆制造→汽车行驶→报废"。

第一，汽车产品设计。为适应报废汽车的机电产品回收、再制造要求，汽车在设计阶段就需考虑汽车的易拆解、易回收、易修理，部件或整机可翻新和循环利用。

第二，汽车材料绿色化。给环境带来污染的汽车材料逐步被可再生材料、生物基材料、无机环保材料所取代，这些材料可降解，最大限度降低对环境污染，而且还可大大改善车内空气质量。

第三，制造工艺绿色化。汽车在制造过程中，采用新型先进零件精确成形与加工技术、短流程工艺，也将大大提高材料利用率、降低废品率、降低能源消耗、污染物及 CO_2 排放。

第四，报废车辆回收绿色化。汽车产品达到生命周期以后，如何用经济的方式实现零部件重用、材料循环，是实行绿色制造的重要技术。汽车的易拆解和回收技术，铝合金、碳纤维等材料的绿色分离、高值回收技术，铂族金属回收清洁工艺等都是重要的汽车绿色回收技术。汽车再制造产品的整体质量和性能将达到或超过新品标准，产品成本为新品的 50%，节约资源 60% 以上，节约材料 70% 以上。它是对汽车产品的第二次投资，是汽车产品资源再利用和升值的重要举措。

二、信息化与智能化

实际上，智能化和信息化密不可分，二者共同指向信息化和智能化技术在汽车产业链、产品、服务的有效集成。信息化涵盖了信息技术在汽车产业链整体、汽车产品、汽车制造、汽车服务的应用；智能化涵盖了人工智能技术在汽车制造中的应用及各级别的自动驾驶技术、人工智能技术在汽车产品的应用。

（一）促进汽车产业链的全生态重构

未来汽车将以卓越的传统汽车为基础，并由充分互联协作的智能制造体系打造而出，两者共同推动汽车产业的转型升级（图 3-3）。未来汽车将成为分布式、可移动的储能单元，在智能电网和智能家居中发挥重要作用，并构成智能电动车生态。未来汽车还将成为智能交通体系不可或缺的组成单元，并带来汽车共享等全新的商业模式，并由此构成新型的智慧城市。汽车智能技术和互联技术的应用，将会使

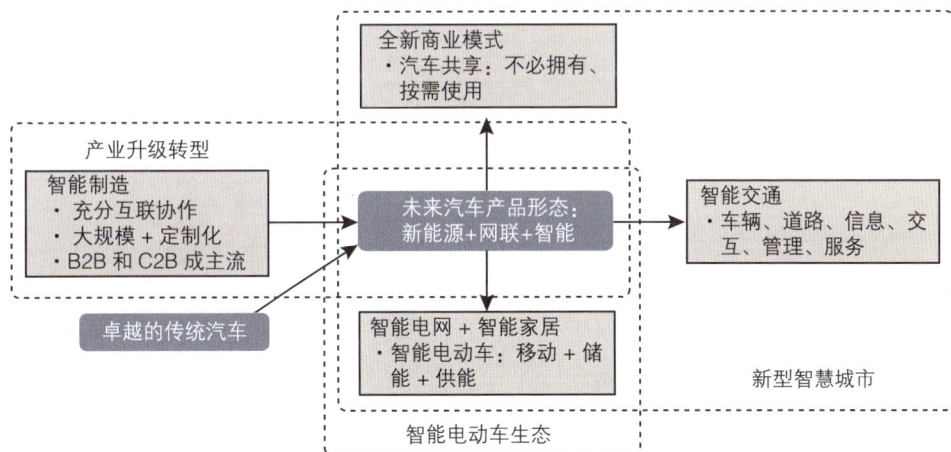

图 3-3　汽车产业的全生态重构

地域交通状况得到极大改善，交通事故大幅降低。

信息化促进跨界合作，改变汽车产业格局。信息化的快速发展，使汽车产业的合作不再局限于传统的整车企业和零部件企业，具备互联网思维和先进信息技术的IT企业参与并推动汽车产业发展（图3-4）。跨界合作特别是众多IT强企合作成为趋势。其中，传统企业可以提供汽车产品和零部件，构成信息化、智能化技术载体；IT企业则可提供车联网、大数据平台、智能技术等支持，三大类企业跨界合作将改变未来汽车产业的格局。

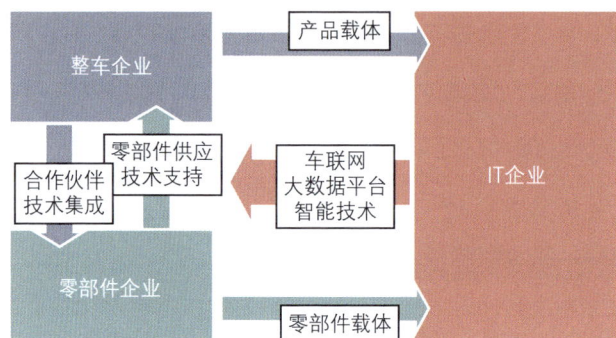

图3-4　科技革命带来跨界合作

智能制造体系实现了大规模定制化生产，改变了传统产业链。智能制造体系连通"需求端"与"生产端"，使消费者与工厂直接对话成为常态，使大规模个性化定制成为可能。在此格局下，原本泾渭分明的产业上下游关系渐趋模糊，线性的传统产业链将逐步演变成为网状的产业生态圈，分散的生产资源由"工业互联网"连接成为一个有机的整体，并可进行实时动态的调配，甚至可以实现全球范围内的优化组合（图3-5），由此，汽车整零关系将被彻底重塑，掌握核心技术诀窍、具有质量

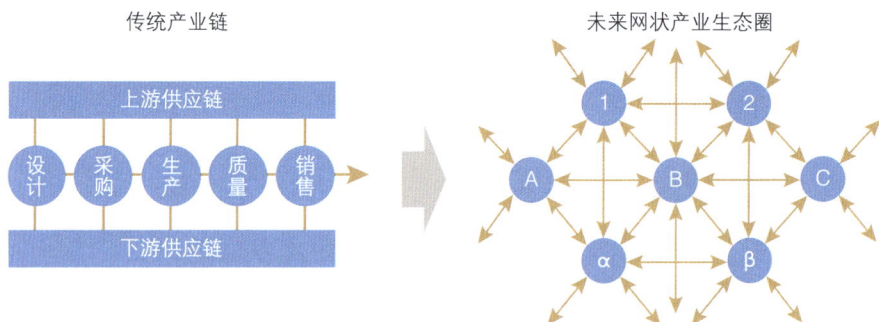

图3-5　未来生产方式的变化

资料来源：《节能与新能源汽车技术路线图》

保障能力的供应商，将成为满足消费者个性化需求的关键。

　　汽车制造商由传统的产品供应商逐步转变为移动服务供应商。由半自动驾驶技术开始，到全自动驾驶技术，汽车工业将发生可预测的根本性改变，汽车制造商由传统的产品供应商逐步转变为移动服务供应商，也推动了服务业如娱乐、商业和监测驾驶人的健康和疲劳等服务。

（二）推动制造业向智能制造转型升级

　　智慧工厂产业链的横向集成是智能制造的高级阶段。信息化和智能化将进一步增强工业化与信息化深度融合的趋势，使全球制造业向智能制造体系转型升级。智能制造是一种数据驱动、充分互联的全新体系和产业生态，根据信息化与制造业结合的不同程度，可分为数字工厂、智能工厂、智慧工厂三个阶段。其中，数字工厂是制造业信息的纵向集成，智能工厂是制造信息与装备的融合，智慧工厂则是产业链的横向集成，是智能制造发展的高级阶段。智慧工厂是整个智能制造体系的数据中心、交互中心、判断中心、决策中心以及控制中心。其中也包含了面向需求端整合的智能设计、面向生产链整合的智能生产、面向物流链整合的智能物流，以及面向制造业产业链延展整合的智能物流，最终构成需求端、设计端、生产端、物流端、服务端互联互动智能的有机整体（图 3-6）。

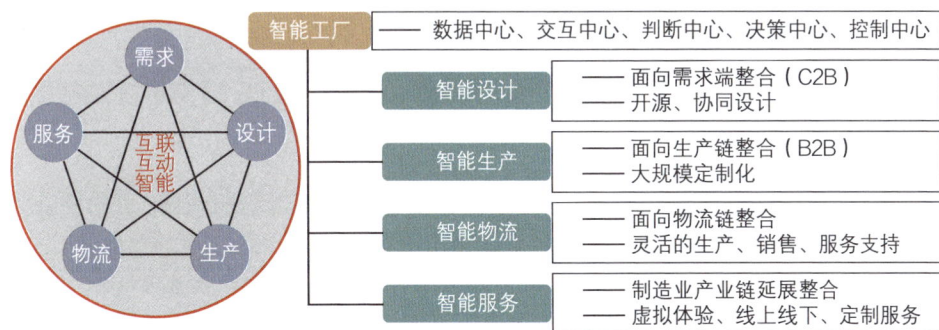

图 3-6　未来智能制造体系

到 2049 年，在信息化和智能化驱动下，汽车智能制造主要呈现智能化、网络化、集成化、虚拟化。

第一，智能化。智能制造系统是由智能机器和人类专家共同组成的人机集成系统，是人机共存、协同合作的系统。智能制造的智能化体现在生产设备、生产装置、工业传感器、RFID（射频识别）系统等，智能化能够显著提高汽车制造企业、系统和装备适应环境的能力。人工智能通过融入制造过程的各个环节，大幅提高设计、制造、管理过程中人—人之间，人—机之间和机—机之间的自配置、自恢复、自由化、自适应的自动化水平。随着人机交互技术的层次不断提高，未来，人可以通过手势、眼神和语言一起告诉机器如何工作，使机器成为人的助手，甚至可以通过意识控制机器和生产设备。

第二，网络化。面向制造的泛在网络是工业现场级的传感器网络、面向物流管理的 RFID 网络、工厂控制网络和企业信息互联网网络的集成与融合，是未来制造环境中人—人、人—机、机—机之间信息交互的主要手段。在泛在信息制造所构建的环境中，人们可随时获取制造过程中的数据和多媒体信息，实现物理制造空间和信息空间在多维度感知信息上的无缝对接，从而更高效地指导生产制造过程。网络化不仅体现在数据的采集上，还体现在信息采集和与智能的融合上，同时完善高性能的泛在信息处理服务平台，将可穿戴计算、情感计算等多种智能计算模式进行开放式集成，建立自然和谐的人机交互环境。

第三，集成化。集成网络化可为制造企业的设计、生产、管理与营销等提供跨地域的运行环境，可在产品设计、制造与生产管理等活动乃至企业整个业务流程中充分快速调集、有机整合与高效利用有关制造资源，满足适应汽车产品、市场速度变化加快的需求，促进汽车制造业走向全球化、整体化。

第四，虚拟化。未来，虚拟现实（Virtual Reality，VR）技术将提供虚实物体无缝、实时的三维显示与自然和谐的人机交互的虚拟环境，也将被广泛应用于汽车产品设计、制造和维护等方面。目前，国外已经将一些三维技术应用在汽车产品设计中。中国在这方面还很落后。未来，中国将在汽车制造三维数字产品设计、过程仿真、真三维显示和装备维修等方面有长足进步。

第五，协同化。在信息技术的支撑下，由海量装备大量传感器的智能制造设备组成的制造系统将无缝集成，并产生一种基于泛在信息感知环境下的新型制造模式。在面向制造应用的空间协同技术支撑下，网络分布式智能化的智能系统将成为制造业趋势，使汽车制造过程具备敏捷性、适应性和生产高效性。

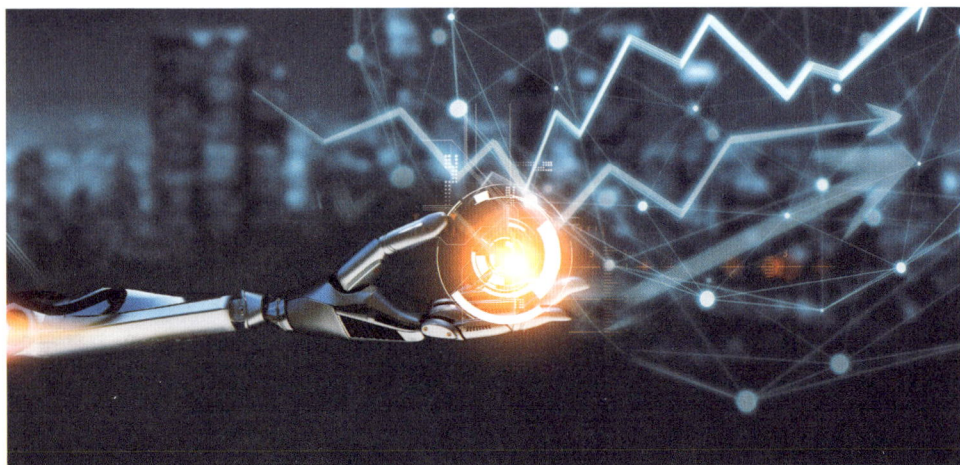

（三）促进智能网联汽车快速发展

智能网联汽车是所有汽车技术集成的载体，代表全新的汽车产品形态和汽车产业的战略制高点（图3-7）。未来智能汽车将成为物联网的典型连接节点，是大数据等新兴技术的重要应用载体，成为智能交通的重要组成部分，并作为基本的移动工具支撑智慧城市建设。智能汽车将逐步由交通工具发展成为人类的伙伴，并从三个方面实现汽车对人的最大化延伸。①帮助人。未来智能汽车将成为人类的帮手，比如可以自己去找停车场、充电站、洗车店，甚至帮助订餐、订票；②解放人。主要是实现自动驾驶，其目的是节省驾乘者的体力、精力和时间，同时也可以实现车辆在无人情况下的自由移动；③理解人。未来的智能汽车将充分感知甚至预测驾乘人员的需求和情绪，提供伙伴式的对话和关心，从而更好地帮助人和解放人。最终，智能汽车将成为更高效、更便捷、更安全、更节能自由移动方式和综合解决方案，并由此构建起绿色和谐的智能汽车社会。

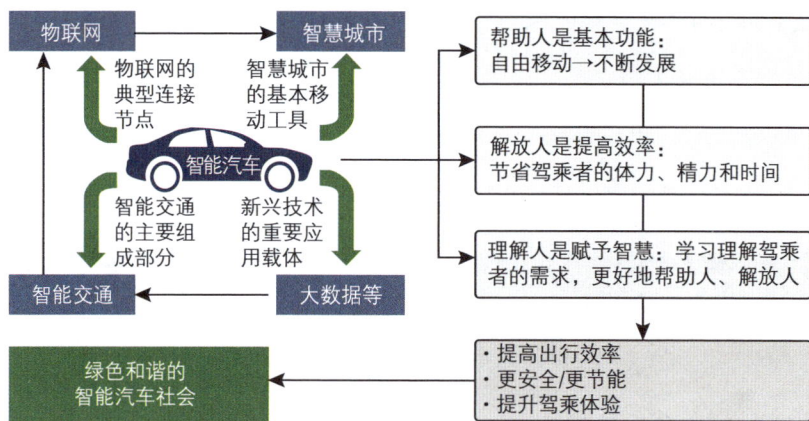

图 3-7　汽车智能化带来的变化

汽车智能网联技术发展趋势（图3-8）包括智能化技术和网联化技术，两者相互促进并互为依托的整体。汽车智能化技术是指基于车载传感器，使汽车自主感知、决策和控制运动，是提高车辆安全性、经济性以及舒适性的主要技术手段之一。汽车网联化（协同式）是指基于通信互联，使汽车具有环境感知、决策和控制运动能力,是车辆全面接入网联环境以及提供在线信息娱乐服务的主要实现方式。汽车全面网联化是未来高度智能化的有力支撑条件,而高度智能化则将使车辆在网联化后得到更大的正向收益。网联化和智能化技术进一步细分,可分为智能技术、自动驾驶技术、车联网技术、车载信息娱乐技术 4 个主要领域。

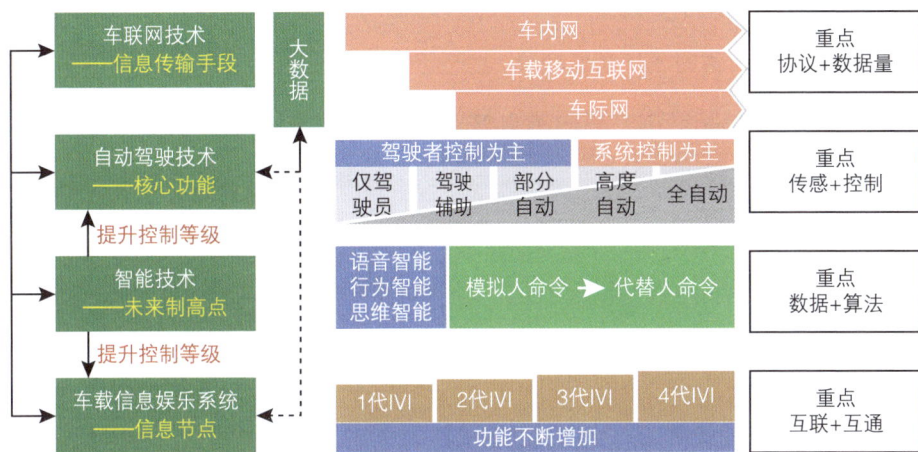

图 3-8 汽车智能网联技术发展趋势

资料来源:《节能与新能源汽车技术路线图》

汽车智能化技术就是沿着人工智能的角度不断向前发展,不断提升自动驾驶控制等级,最终达到全自动驾驶目标。以较权威的美国 SAE 分级定义为基础,中国汽车驾驶自动化分为 0 ~ 5 级,分别对应应急辅助、部分驾驶辅助、组合驾驶辅助、有条件自动驾驶、高度自动驾驶及完全自动驾驶。汽车智能技术的重点在于先进传感器和控制决策的开发,以传感技术、信息处理、通信技术、智能控制为核心,车路、车车协同系统和高度自动驾驶成为现阶段各国发展的重点。目前,低等级驾驶辅助技术已比较成熟,美国、日本及欧盟国家等发达国家和地区一流整车企业已实现了 1 级自动驾驶产品的商业化,部分车企已有 2 级自动驾驶产品。预计 2020 年前后,各大汽车企业将会推出 3 级、4 级自动驾驶汽车产品。根据国际咨询机构高德纳公司(Gartner)的预测,无人驾驶汽车成长全环境下 5 级完全自动驾驶预计将在 2030 年前后才能实现。据有关专家预测,到 2020 年,中国的辅助驾驶技术应用将达到 50%；到 2030 年，智能网联汽车的装车率接近 100%，真正无人驾驶将达到 10%；2035 年以后，无人驾驶车比例将会逐步提高，到 2050 年将达到 50%，甚至 70%。

车联网技术将促进智能汽车成为智能交通体系中的重要组成部分。车联网是指通过装就在车辆上的卫星定位、视频、传感器等物联网技术设备，实现在信息网络平台上对所有车辆的属性信息和静、动态信息进行提取和有效利用，并根据不同功能需求对所有车辆的运行状态进行有效的监管和提供综合服务。目前，欧、美、日发达国家正在全面推动安全性、移动性的汽车网联技术，网联车辆相关技术及示范应用工程等多个方面协同发展研究，并将车联网技术整合到智能交通体系中。

到 2049 年，自动驾驶汽车不仅仅是交通工具，更是人类生活和工作的伙伴和重要载体，总体具有安全性、便捷性、舒适性、环保性几个特征。

第一，安全性。安全性是人类最基本的需求，自动驾驶汽车将大幅减少交通安全事故。随着智能化和网联化的发展，道路、环境、车辆运行等交通信息能够高效、快速地在整个交通参与"人员"之间进行传递，丰富交通信息可有效地降低事故发生概率，极大地提升单车行车安全和交通系统安全。智能网联汽车不仅可以警示驾驶人道路问题及自动感知并且阻止潜在碰撞的能力，还可进行车辆主动安全提醒。未来，汽车新材料和嵌入式传感器的应用，中国北斗 PNT 构建无所不在的大数据服务网络等有力地支撑自动驾驶向更安全的方向发展。

第二，便捷性、舒适性和娱乐性。便捷性、舒适性和娱乐性体现了人类的出行品质。比如，未来全自动汽车可自己去找停车场、充电站、洗车店，甚至帮助订餐、订票；人机交互技术不断创新，语音识别、手势控制给人类带来前所未有的操控体验；车联网除了给车内乘员音乐、影音、资讯信息，还可作为可移动的信息节点，向云端输送各种信息，5G 通信技术将提供更高的带宽和更可靠通信等。

第三，环保性。环保性是汽车可持续发展的基本条件。能源、环境等问题是社会也是交通领域备受关注的问题。自动驾驶汽车和智能交通以合理的信息建议、有效控制管理等方式来解决城市拥堵、缓行、低效率等问题，实现节能减排目标。根据谷歌无人驾驶汽车团队的统计,传统汽车在大部分时间内(96%)处于空闲状态,利用率较低。无人驾驶汽车可以按照时间顺序依次供需要的人使用,因此可以更好地统筹安排家庭内车辆使用,提高车辆的使用效率,减少车辆消费总量,有效减少碳排放。另外,智能汽车可以根据实时路况自动选择到达目的地的最优路径,能源消耗更少。

(四)促进智能服务水平不断提升

在汽车产业链的互联网化进程中,汽车产业的智能服务能提供满足现在或者未来消费者需求的服务,按照服务内容和方式的不同,服务可分"互联网 + 汽车服务""互联网 + 汽车出行""智能交通云服务"3 个方面。

"互联网 + 汽车服务"是智能服务的纵向集成,加速了传统汽车产业链各环节内的信息流、资金流等的流通,提升了汽车消费者服务能力,重点体现在汽车销售服务、汽车市场后服务和二手车服务 3 个方面。目前,中国汽车销售信息化仍处在探索阶段,且多种商业模式并存,依据汽车销售信息化程度,信息化阶段可分为"传统零电商阶段""现有电商辅助阶段"和"未来全电商阶段"3 个层次。从未来发展趋势看,随着智能制造和零部件模块化技术深层次推进,将会形成互联网电商提供配套服务的专业维修保养企业,形成线上用户导流和线下服务的新模式,汽车市场后服务将会以满足车主多元化需求为中心,利用大数据、云计算等技术,打通配件生产、配件供应、线上导流、线下服务各环节,建立一站式维保服务平台,为消费者提供更加精准和个性的服务,打造一站式汽车生活驿站和高价值车主生态圈。

　　"互联网＋汽车出行"是指在车联网、智能网联等技术和"轻拥有、重使用"等消费观念普及的前提下，融合汽车产品的互联网出行服务。信息化对汽车产业链的重构，具体表现为"互联网＋"提供可捆绑汽车产品的共享出行服务，在此背景下，消费者不再追求汽车产品拥有权，而是关注交通出行需求是否得到满足，接受汽车消费者服务共享，这本质上已改变了汽车制造商与消费者之间的关系，实现汽车产业链条的重构，且在重构过程中，不断形成新的商业模式和商业形态，由此诞生了汽车共享出行。未来随着互联网技术的迭代及共享理念的深入，数字信息平台将为消费者提供无缝的移动选项以及集成的支付方式，变革理念的核心——"移动即服务"由此产生。移动即服务为消费者提供一站式服务，满足所有移动需求，解决城市"最后一公里"问题。

　　"智能交通云服务"是出行供给侧的横向集成，是指在实现汽车共享和智能制造的基础上，整合道路交通综合信息服务平台、公共交通信息服务系统和交通管理综合管理系统等城市交通出行相关系统，开展与铁路、民航、公安、气象、国土、旅游、邮政等部门数据资源的交换共享，通过智能公共交通出行和自动驾驶车辆出行满足全社会高效率、多层次的出行需求，实现了出行供给侧的横向集成，实现了社会出行效率的最优化，体现了"安全出行、绿色出行、快乐出行"的理念。智能网联汽车发展的意义不仅在于汽车产品本身与技术升级，更是它带来的智能交通技术体系与相关产业体系的重塑，由此根本上解决交通行业面临的安全、拥堵、污染等重大社会问题。

第四章
面向 2049 年的汽车关键技术

>>>

第一节
基于德尔菲法的关键技术识别

汽车产业关键技术定义为：对振兴汽车产业，提高国际竞争能力、促进经济增长、改善人民生活、保证国家强盛有决定性作用的技术，保证国家目标实现的先进技术群。关键技术主要具备以下 3 个特征。

第一，重要性。对实现国家目标至关重要，技术的突破、创新和应用，对促进经济增长、提高国际竞争力、改善人民生活质量、保障国家强盛有决定性作用。

第二，通用性。应用领域广。该项技术的创新或突破能促进行业的发展。一般来说，通用技术在具体应用时尚需作进一步的研究与开发。

第三，带动性。能促进或带动各项技术发展和新产业形成。

由于技术预见采取科学方法，综合集成社会各方面专家的创造性智慧，结果具有一定的科学性和权威性。关键技术的基本程序主要包括组织结构，根据预见结果建立备选技术清单，确定选择准则，开展关键技术选择，通过综合集成提出选择结果清单、通过核心工作小组写出论证报告。主要通过专家会议法和德尔菲法完成关键技术选择。

一、德尔菲法专家调查

（一）德尔菲法介绍

德尔菲法也称专家调查法，是一种采用通信方式分别将所需解决的问题单独发送给各个专家征询意见，然后回收汇总并整理出综合意见。随后，将综合意见和预测问题再分别反馈给专家，再次征询意见。各专家依据综合意见修改自己原有的意见，然后再汇总。这样多次反复，逐步取得比较一致的预测结果的决策方法。

德尔菲法依据系统的程序（图 4-1），采用匿名发表意见的方式，即专家之间不得互相讨论，不发生横向联系，只能与调查人员发生关系，通过多轮次调查专家对问卷所提问题的看法，经过反复征询、归纳、修改，最后汇总成专家基本一致的看法，作为预测的结果。这种方法具有广泛的代表性，较为可靠。

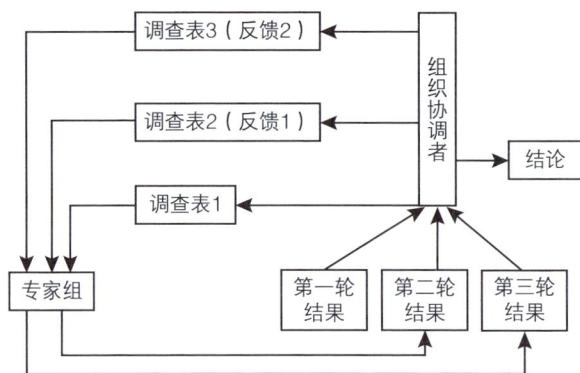

图 4-1　德尔菲法研究框架

德尔菲法典型特征如下：

第一，吸收专家参与预测，充分利用专家的经验和学识；

第二，采用匿名的方式，能使每一位专家独立自主地做出自己的判断；

第三，预测经过几轮反馈，使专家的意见逐渐趋同。

德尔菲法的这些特点使它成为一种最为有效的判断预测法。

具体实施步骤如下：

组成专家小组。按照课题所需要的知识范围，确定专家。

向所有专家提出所要预测的问题及有关要求，并附上有关这个问题的所有背景材料，同时请专家提出还需要什么材料。然后，由专家做书面答复。

各个专家根据所收到的材料，提出自己的预测意见，并说明自己是怎样利用这些材料并提出预测值的。

将各位专家第一次判断意见汇总，列成图表，进行对比，再分发给各位专家，让专家比较自己同他人的不同意见，修改自己的意见和判断。也可以把各位专家的意见加以整理，或请身份更高的其他专家加以评论，然后把这些意见再分送给各位专家，以便他们参考后修改自己的意见。

将所有专家的修改意见收集起来，汇总，再次分发给各位专家，以便做第二次修改。逐轮收集意见并为专家反馈信息是德尔菲法的主要环节。收集意见和信息反馈一般要经过三四轮。在向专家进行反馈的时候，只给出各种意见，但并不说明发表各种意见的专家的具体姓名。这一过程重复进行，直到每位专家不再改变自己的意见为止。

对专家的意见进行综合处理。

（二）研究思路和流程

确定汽车的能源动力、智能网联、制造和材料 4 大技术领域，制定关键技术清单，制定调查问卷并组织相关专家开展技术预见问卷调查。通过凝聚专家智慧，描绘 2049 年前后中国汽车科技如何支撑和引领社会的发展、如何改变人们的生产生活，展望未来出行的场景，预判汽车关键技术（图 4-2）。

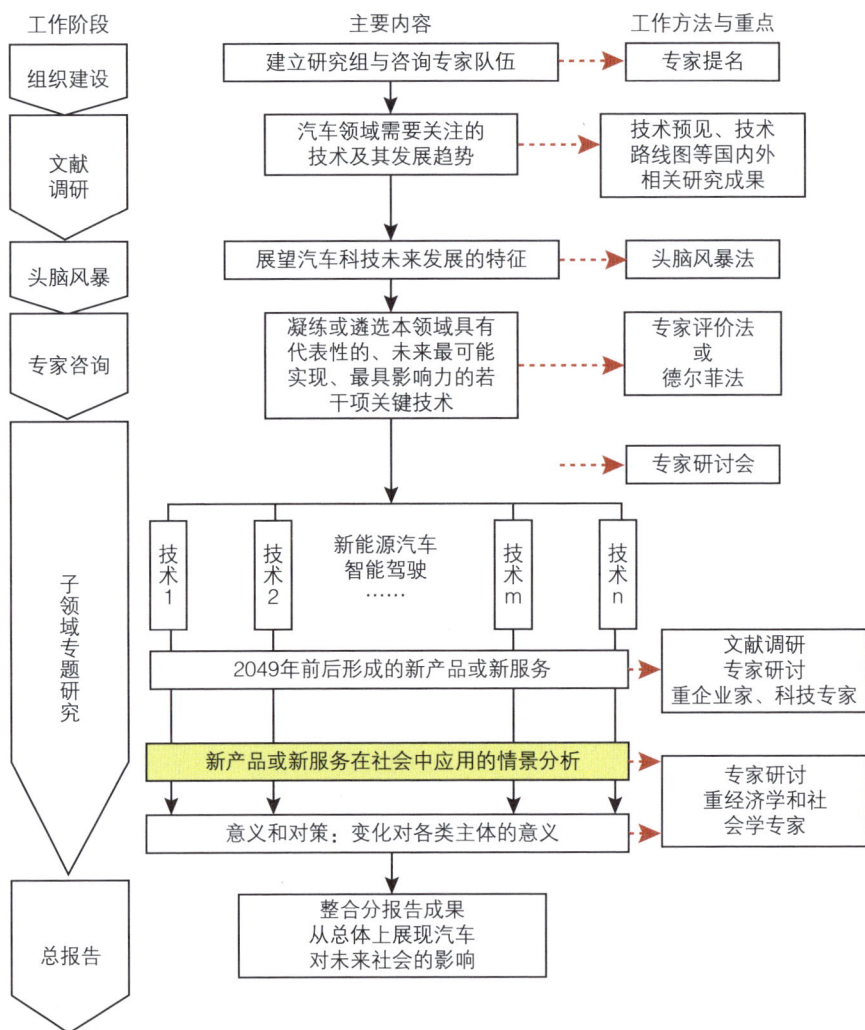

图 4-2　研究思路和流程

（三）备选技术清单

　　未来汽车出行将向更加智能、低碳、便捷、愉悦的方向发展。2017 年，中国汽车工程学会开展了汽车技术与未来出行专家德尔菲调查。面向 2049 年的汽车技术发展趋势，以及经济社会等多种驱动要素，采用文献调查分析法，调查选取能源动力、智能网联、汽车制造和汽车材料等支撑未来汽车发展的 4 大重要技术领域，并列出相应的关键技术清单（表 4–1）。

表 4–1　汽车技术与未来出行关键技术清单

技术领域	序号	关键技术
能源动力	1	超级节能内燃机技术（热效率不低于 60%）
	2	与分布式可再生能源、智能电网实现深度融合的纯电动汽车技术
	3	基于可再生能源制氢的燃料电池汽车技术
	4	基于灵活燃料的插电式混合动力汽车技术
	5	超高能量密度新型储能技术（电池能量密度不低于 1000 瓦时 / 千克）
	6	感应式高效率快速充电技术
	7	超低碳、大规模、低成本制氢技术
	8	绿色可再生生物燃料技术
	9	新型电力电子技术
	10	高效线控传动技术
智能网联	11	高度安全、零事故的无人驾驶技术
	12	高效换乘与接驳无人驾驶技术
	13	全域无人工干预无人驾驶技术
	14	无人驾驶绿色节能环保技术
	15	自动驾驶汽车共享出行技术
	16	智能驾驶汽车的全时互联与大数据处理技术
	17	智能驾驶汽车的人工智能技术
	18	支持无人驾驶的智慧公路关键技术
	19	自动驾驶汽车的信息安全保护和信息安全保障技术
	20	商用物流运输车队自动驾驶技术

续表

技术领域	序号	关键技术
智能网联	21	无人驾驶飞行汽车技术
	22	基于V2X（车用无线通信技术）和云端数据存储/处理技术
汽车制造	23	汽车产品的全过程绿色设计
	24	汽车制造全过程的二氧化碳和污染物减排技术（汽车制造循环的碳排放比2015年降低80%）
	25	报废车辆的绿色拆解和高效分层多级利用技术
	26	网络化的分布式智能设备的协同技术在汽车制造中的应用
	27	智能机器与自主控制生产系统在汽车制造中的应用
	28	虚拟现实（VR）、增强现实（AR）及混合现实（MR）技术在汽车设计、制造、装配中的广泛应用
	29	汽车增材制造和大规模个性化定制技术
	30	复杂汽车零件的高品质、高效率、可持续制造技术
	31	基于互联网的汽车设计、制造和服务一体化技术
	32	基于开放式网络的汽车众创协同设计及集成技术
汽车材料	33	超高强度钢制造与应用技术（拉伸强度2500～3000兆帕，密度下降10%）
	34	高性能铝合金循环利用技术（100%回收率，力学性能提升200%）
	35	低成本、高性能镁合金制造及应用技术（成本与钢相当、合金可用性提升4倍）
	36	低成本碳纤维制造及应用技术（成本降低80%以上）
	37	碳纤维等复合材料高值回收及应用技术（碳纤维50%以上再生回收）
	38	碳纤维结构材料与储能材料（器件）一体化集成设计与应用技术
	39	高集成化的碳纤维复合材料占车身重25%以上混合多材料车身设计及应用技术
	40	低成本、高性能玄武岩纤维制造与应用技术
	41	刚度同铝材相当的玻纤复合材料制造技术
	42	低成本可再生生物基汽车材料
	43	具有自修复、自清洁、可记忆等功能的智能材料技术

（四）调查执行情况

本次德尔菲专家调查历时近 1 个月（2017 年 7 月下旬—8 月中旬），调研对象为汽车领域专家。完成调研回收数据 105 份，有效样本量 98 份，有效率为 93%（图 4-3）。

本次调查专家对象较为广泛，专家来自企业、高校和行业机构，并涵盖能源动力、智能网联、汽车制造、汽车材料以及其他综合技术领域，拥有良好的教育背景和资深经验，具有较高代表性和专业性，符合德尔菲法专家调查的基本要求。

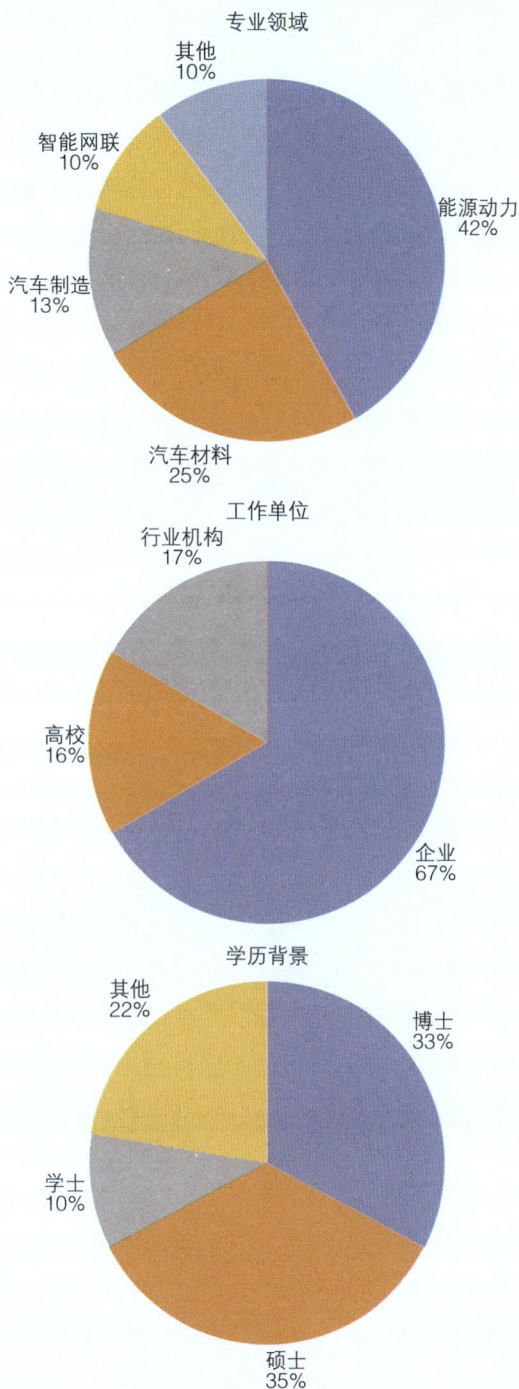

二、主要调查结论

（一）能源动力领域

调查显示，在能源动力领域，超高能量密度新体系动力电池技术（能量密度 ≥ 1000 瓦时 / 千克），基于分布式可再生能源、智

专业领域

- 其他 10%
- 智能网联 10%
- 汽车制造 13%
- 汽车材料 25%
- 能源动力 42%

工作单位

- 行业机构 17%
- 高校 16%
- 企业 67%

学历背景

- 其他 22%
- 博士 33%
- 硕士 35%
- 学士 10%

图 4-3 样本基本情况

能电网互动融合的纯电动汽车技术，基于可再生能源制氢的燃料电池汽车技术是未来汽车和经济社会发展较为重要的 3 项技术（图 4-4）。

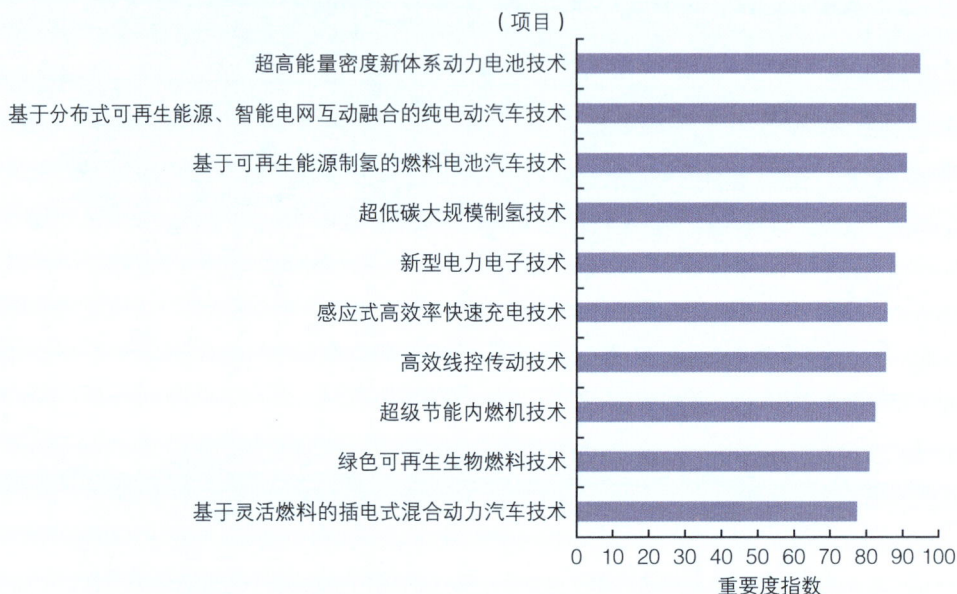

（项目）

技术项目	重要度指数
超高能量密度新体系动力电池技术	
基于分布式可再生能源、智能电网互动融合的纯电动汽车技术	
基于可再生能源制氢的燃料电池汽车技术	
超低碳大规模制氢技术	
新型电力电子技术	
感应式高效率快速充电技术	
高效线控传动技术	
超级节能内燃机技术	
绿色可再生生物燃料技术	
基于灵活燃料的插电式混合动力汽车技术	

0 10 20 30 40 50 60 70 80 90 100
重要度指数

图 4-4　能源动力领域关键技术项综合重要度指数

　　超过 50% 的专家认为超高能量密度新体系动力电池技术，基于分布式可再生能源、智能电网互动融合的纯电动汽车技术，基于可再生能源制氢的燃料电池汽车技术是未来主流技术。但目前仍处于技术突破阶段，与国外先进水平相差约 5 年。43.3% 的专家认为，超高能量密度新体系动力电池技术可在 2030 年前实现大规模商业普及。对于基于分布式可再生能源、智能电网互动融合的纯电动汽车技术，基于可再生能源制氢的燃料电池汽车技术，近 30% 的专家预测普及年份将在 2040 年以后（图 4-5）。

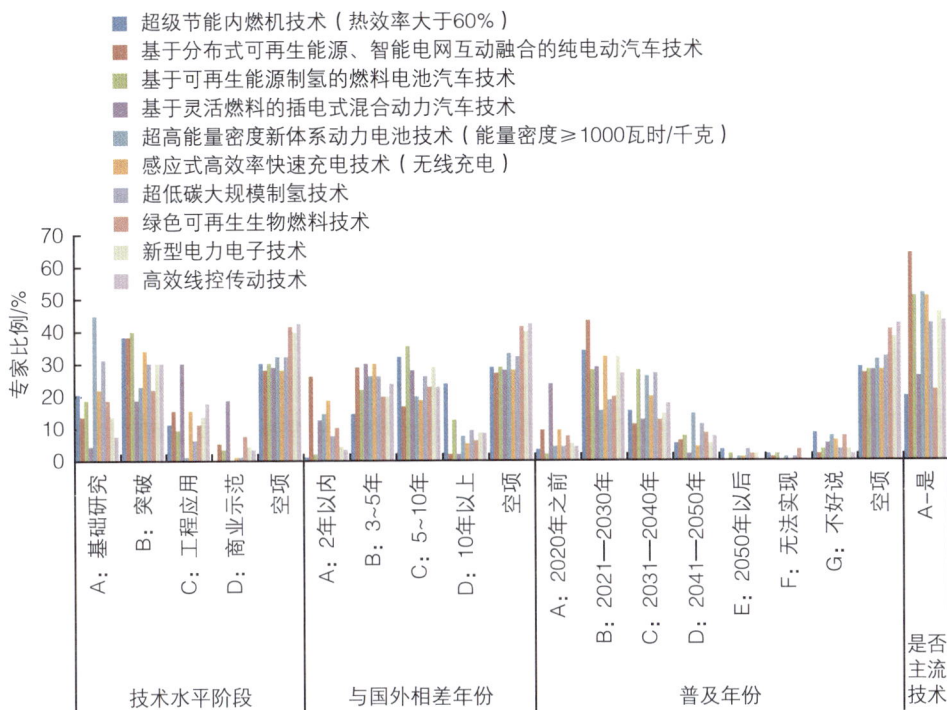

图例：
- 超级节能内燃机技术（热效率大于60%）
- 基于分布式可再生能源、智能电网互动融合的纯电动汽车技术
- 基于可再生能源制氢的燃料电池汽车技术
- 基于灵活燃料的插电式混合动力汽车技术
- 超高能量密度新体系动力电池技术（能量密度≥1000瓦时/千克）
- 感应式高效率快速充电技术（无线充电）
- 超低碳大规模制氢技术
- 绿色可再生生物燃料技术
- 新型电力电子技术
- 高效线控传动技术

图 4-5　能源动力领域关键技术预判

（二）智能网联领域

调查显示，在智能网联技术领域，高度安全、零事故无人驾驶技术，智能驾驶汽车的人工智能技术，自动驾驶汽车的信息安全保护和信息安全技术是未来汽车和经济社会发展较为重要的 3 项技术（图 4-6）。

目前，高度安全、零事故无人驾驶技术，智能驾驶汽车的人工智能技术，自动驾驶汽车的信息安全保护和信息安全技术仍处于技术突破阶段，与国外先进水平相差约 5 年，可在 2040 年前实现大规模商业普及。67.71% 的专家认为高度安全、零事故无人驾驶技术是未来主流技术（图 4-7）。

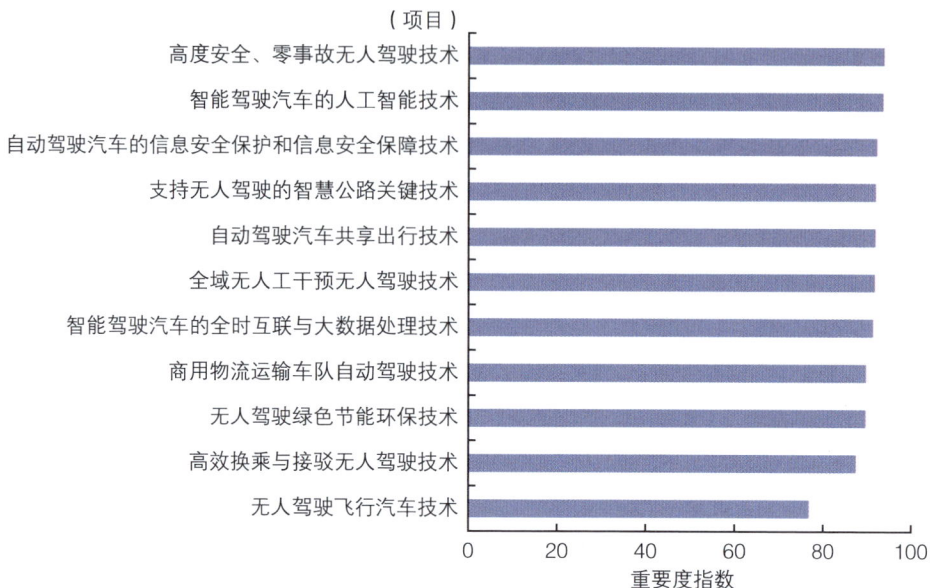

（项目）

高度安全、零事故无人驾驶技术

智能驾驶汽车的人工智能技术

自动驾驶汽车的信息安全保护和信息安全保障技术

支持无人驾驶的智慧公路关键技术

自动驾驶汽车共享出行技术

全域无人工干预无人驾驶技术

智能驾驶汽车的全时互联与大数据处理技术

商用物流运输车队自动驾驶技术

无人驾驶绿色节能环保技术

高效换乘与接驳无人驾驶技术

无人驾驶飞行汽车技术

重要度指数

图4-6　智能网联领域关键技术项综合重要度指数

- 高度安全、零事故无人驾驶技术
- 全域无人工干预无人驾驶技术
- 自动驾驶汽车共享出行技术
- 智能驾驶汽车的人工智能技术
- 自动驾驶汽车的信息安全保护和信息安全保障技术
- 无人驾驶飞行汽车技术

- 高效换成与接驳无人驾驶技术
- 无人驾驶绿色节能环保技术
- 智能驾驶汽车的全时互联与大数据处理技术
- 支持无人驾驶的智慧公路关键技术
- 商用物流运输车队自动驾驶技术

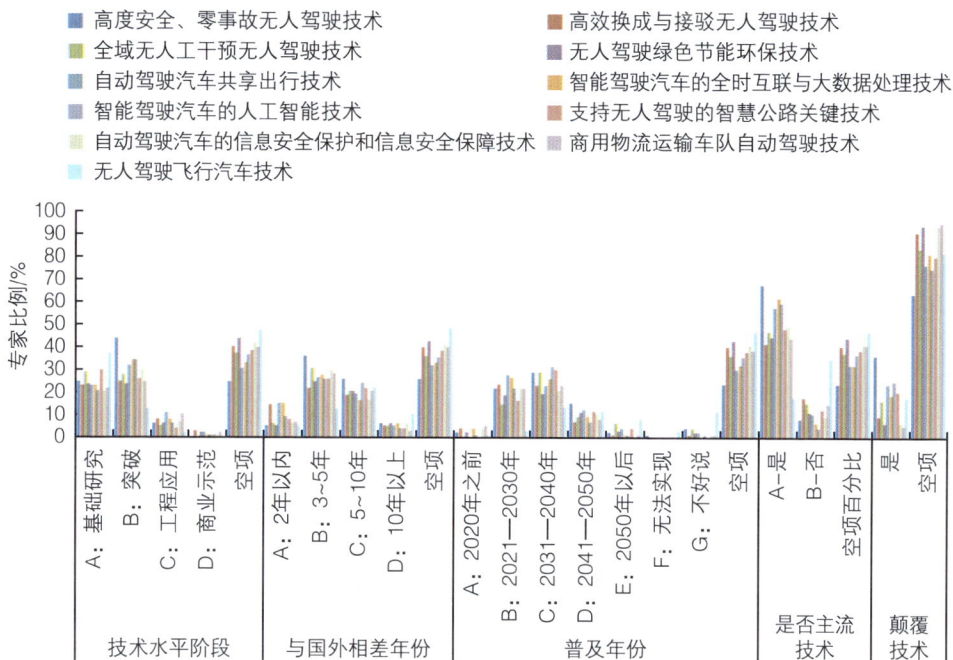

专家比例/%

技术水平阶段：A：基础研究　B：突破　C：工程应用　D：商业示范　空项

与国外相差年份：A：2年以内　B：3~5年　C：5~10年　D：10年以上　空项

普及年份：A：2020年之前　B：2021—2030年　C：2031—2040年　D：2041—2050年　E：2050年以后　F：无法实现　G：不好说　空项

是否主流技术：A—是　B—否　空项百分比

颠覆技术：是　空项

图4-7　智能网联领域技术预判

（三）汽车制造领域

调查显示，在汽车制造技术领域，智能机器与自主控制生产系统在汽车制造中的应用，汽车产品的全过程绿色设计，基于互联网的汽车设计、制造和服务一体化技术是未来汽车和经济社会发展较为重要的 3 项技术（图 4-8）。

（项目）

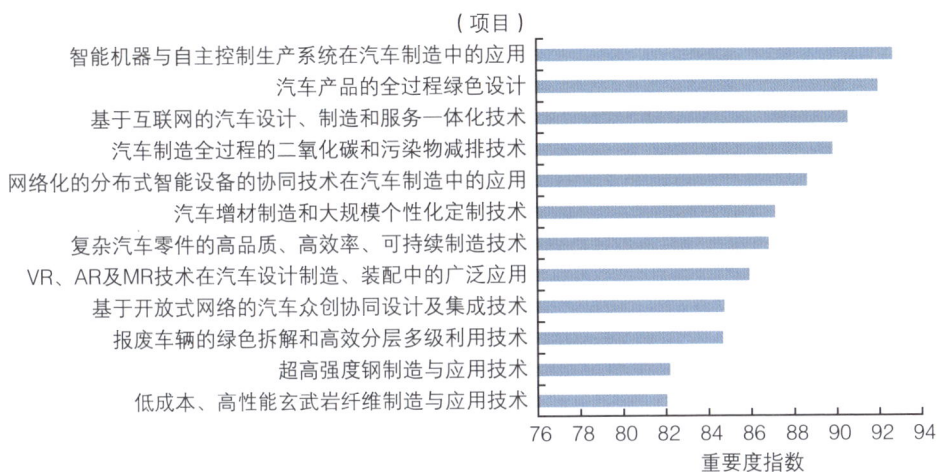

智能机器与自主控制生产系统在汽车制造中的应用
汽车产品的全过程绿色设计
基于互联网的汽车设计、制造和服务一体化技术
汽车制造全过程的二氧化碳和污染物减排技术
网络化的分布式智能设备的协同技术在汽车制造中的应用
汽车增材制造和大规模个性化定制技术
复杂汽车零件的高品质、高效率、可持续制造技术
VR、AR及MR技术在汽车设计制造、装配中的广泛应用
基于开放式网络的汽车众创协同设计及集成技术
报废车辆的绿色拆解和高效分层多级利用技术
超高强度钢制造与应用技术
低成本、高性能玄武岩纤维制造与应用技术

重要度指数

图 4-8 智汽车制造领域关键技术项综合重要度指数

超过 40% 的专家认为，目前，中国智能机器与自主控制生产系统在汽车制造中的应用，汽车产品的全过程绿色设计，基于互联网的汽车设计、制造和服务一体化技术已处于商业示范阶段，但与国外先进水平相差 10 年以上。近 40% 的专家认为 3 项技术将在 2050 年前后实现大规模商业普及（图 4-9）。

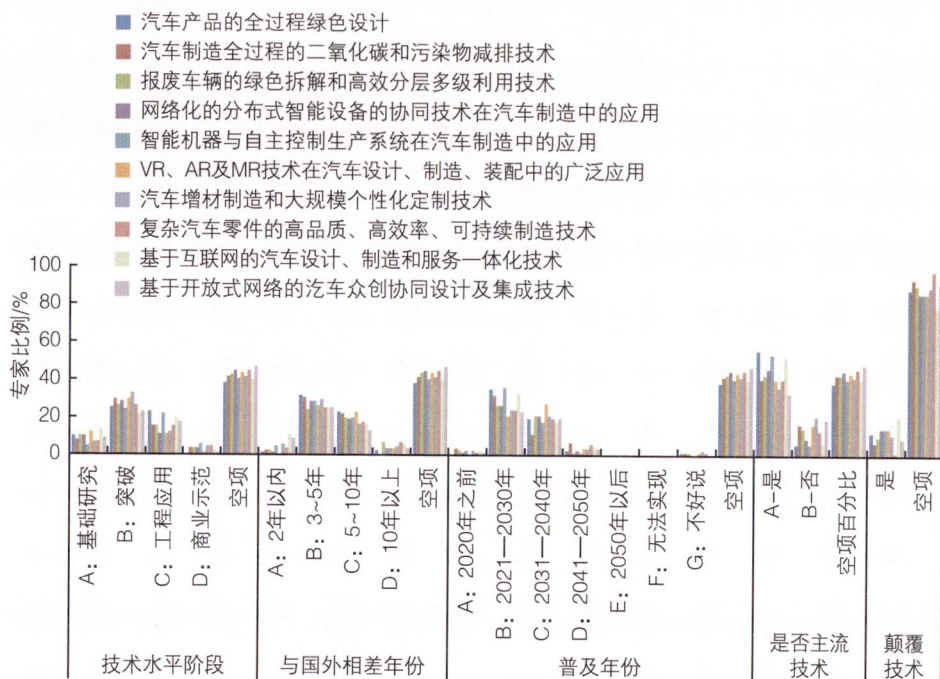

图例：
- 汽车产品的全过程绿色设计
- 汽车制造全过程的二氧化碳和污染物减排技术
- 报废车辆的绿色拆解和高效分层多级利用技术
- 网络化的分布式智能设备的协同技术在汽车制造中的应用
- 智能机器与自主控制生产系统在汽车制造中的应用
- VR、AR及MR技术在汽车设计、制造、装配中的广泛应用
- 汽车增材制造和大规模个性化定制技术
- 复杂汽车零件的高品质、高效率、可持续制造技术
- 基于互联网的汽车设计、制造和服务一体化技术
- 基于开放式网络的汽车众创协同设计及集成技术

图 4-9 汽车制造领域技术预判

（四）汽车材料领域

调查显示，在汽车材料技术领域，低成本碳纤维制造及应用技术（成本降低80%以上）、高集成化的碳纤维复合材料占车身重25%以上混合多材料车身设计及应用技术、高性能铝合金循环利用技术（100%回收率，力学性能提升200%）是未来汽车和经济社会发展较为重要的3项技术（图4-10）。

目前，低成本碳纤维制造及应用技术（成本降低80%以上）、高集成化的碳纤维复合材料占车身重25%以上混合多材料车身设计及应用技术、高性能铝合金循环利用技术（100%回收率，力学性能提升200%）已处于商业示范阶段，但中国与国外先进水平相差10年以上。接近40%的专家认为3项技术将在2050年前后实现大规模商业普及（图4-11）。

（项目）

低成本碳纤维制造及应用技术
高集成化碳纤维混合多材料车身设计及应用技术
高性能铝合金循环利用技术
碳纤维结构材料与储能材料一体化集成设计与应用技术
碳纤维等复合材料高值回收及应用技术
低成本可再生生物基汽车材料
具有自修复、自清洁、可记忆等功能的智能材料技术
低成本、高性能镁合金制造及应用技术
超高强度钢制造与应用技术
低成本、高性能玄武岩纤维制造与应用技术
刚度同铝材相当的玻纤复合材料制造技术

重要度指数

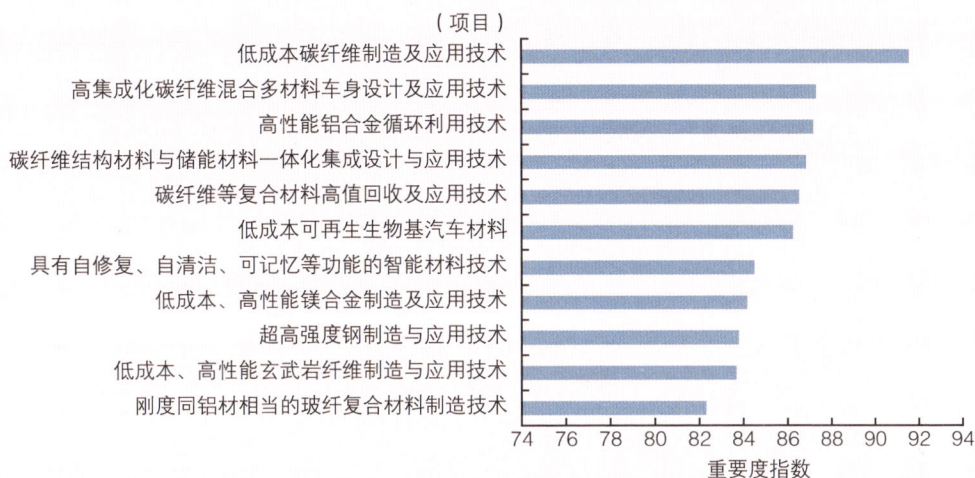

图 4-10　汽车材料领域关键技术项综合重要度指数

■ 超高强度钢制造与应用技术（拉伸强度2500~3000兆帕，密度下降10%）
■ 高性能铝合金循环利用技术（100%回收率，力学性能提升200%）
■ 低成本、高性能镁合金制造及应用技术（成本与钢相当、合金可用性提升4倍）
■ 低成本碳纤维制造及应用技术（成本降低80%以上）
■ 碳纤维等复合材料高值回收及应用技术（碳纤维50%以上再生回收）
■ 碳纤维结构材料与储能材料（器件）一体化集成设计与应用技术
■ 高集成化的碳纤维复合材料占车身重25%以上混合多材料车身设计及应用技术
■ 低成本、高性能率武岩纤维制造与应用技术
■ 刚度同铝材相当的玻纤复合材料制造技术
■ 低成本可再生生物基汽车材料
■ 具有自修复、自清洁、可记忆等功能的智能材料技术

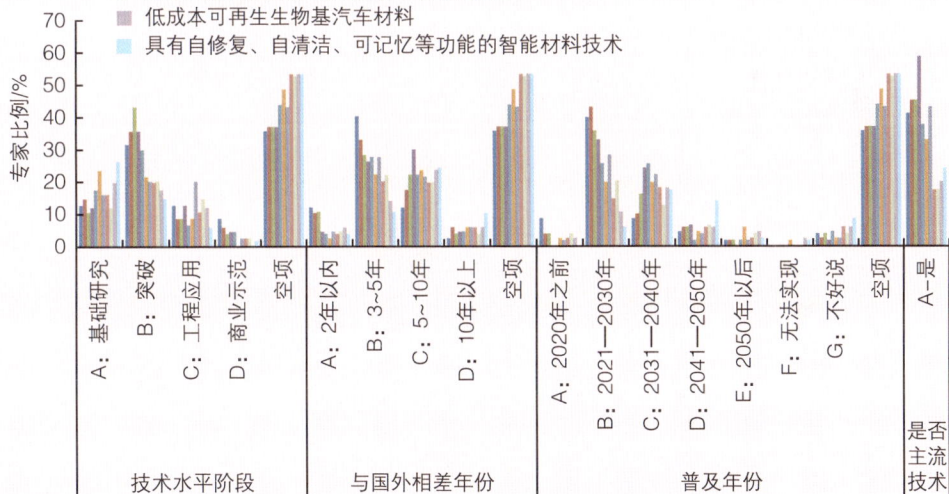

专家比例/%

技术水平阶段

A：基础研究
B：突破
C：工程应用
D：商业示范
空项

与国外相差年份

A：2年以内
B：3~5年
C：5~10年
D：10年以上
空项

普及年份

A：2020年之前
B：2021—2030年
C：2031—2040年
D：2041—2050年
E：2050年以后
F：无法实现
G：不好说
空项

是否主流技术

A：是

图 4-11　汽车材料领域技术预判

139

（五）关键技术综合重要度

本次调研综合考虑技术本身重要度、经济重要度、社会进步重要度，以及专家熟悉程度的不同权重，形成影响未来汽车出行 42 项关键技术的重要程度排序（表4-2）。

表4-2　42 项关键技术综合重要度排序

排序	子领域	关键技术项	综合重要度指数
1	能源动力领域	超高能量密度新体系动力电池技术（能量密度≥ 1000 瓦时 / 千克）	94.65
2	智能网联领域	高度安全、零事故无人驾驶技术	93.74
3	能源动力领域	基于分布式可再生能源、智能电网互动融合的纯电动汽车技术	93.55
4	智能网联领域	智能驾驶汽车的人工智能技术	93.48
5	汽车制造领域	智能机器与自主控制生产系统在汽车制造中的应用	92.71
6	智能网联领域	自动驾驶汽车的信息安全保护和信息安全保障技术	92.12
7	汽车制造领域	汽车产品的全过程绿色设计	92.02
8	汽车材料领域	低成本碳纤维制造及应用技术（成本降低 80% 以上）	91.92
9	智能网联领域	支持无人驾驶的智慧公路关键技术	91.81
10	智能网联领域	自动驾驶汽车共享出行技术	91.75
11	智能网联领域	全域无人工干预无人驾驶技术	91.65
12	智能网联领域	智能驾驶汽车的全时互联与大数据处理技术	91.28
13	能源动力领域	基于可再生能源制氢的燃料电池汽车技术	91.07
14	能源动力领域	超低碳大规模制氢技术	90.94
15	汽车制造领域	基于互联网的汽车设计、制造和服务一体化技术	90.60
16	汽车制造领域	汽车制造全过程的二氧化碳和污染物减排技术（汽车制造循环的碳排放比 2015 年降低 80%）	89.87
17	智能网联领域	商用物流运输车队自动驾驶技术	89.69
18	智能网联领域	无人驾驶绿色节能环保技术	89.66
19	汽车制造领域	网络化的分布式智能设备的协同技术在汽车制造中的应用	88.67

续表

排序	子领域	关键技术项	综合重要度指数
20	能源动力领域	新型电力电子技术	87.81
21	智能网联领域	高效换乘与接驳无人驾驶技术	87.42
22	汽车制造领域	汽车增材制造和大规模个性化定制技术	87.17
23	汽车制造领域	复杂汽车零件的高品质、高效率、可持续制造技术	86.87
24	汽车材料领域	高集成化的碳纤维复合材料占车身重 25% 以上混合多材料车身设计及应用技术	86.62
25	汽车材料领域	高性能铝合金循环利用技术（100% 回收率，力学性能提升 200%）	86.45
26	汽车材料领域	碳纤维结构材料与储能材料（器件）一体化集成设计与应用技术	86.04
27	汽车制造领域	虚拟现实（VR）、增强现实（AR）及混合现实（MR）技术在汽车设计、制造、装配中的广泛应用	85.97
28	能源动力领域	感应式高效率快速充电技术（无线充电）	85.69
29	汽车材料领域	碳纤维等复合材料高值回收及应用技术（碳纤维 50% 以上再生回收）	85.63
30	汽车材料领域	低成本可再生生物基汽车材料	85.30
31	能源动力领域	高效线控传动技术	85.26
32	汽车制造领域	基于开放式网络的汽车众创协同设计及集成技术	84.79
33	汽车制造领域	报废车辆的绿色拆解和高效分层多级利用技术	84.72
34	汽车材料领域	具有自修复、自清洁、可记忆等功能的智能材料技术	83.11
35	汽车材料领域	低成本、高性能镁合金制造及应用技术（成本与钢相当、合金可用性提升 4 倍）	82.71
36	能源动力领域	超级节能内燃机技术（热效率大于 60%）	82.34
37	汽车材料领域	超高强度钢制造与应用技术（拉伸强度 2500 ~ 3000MPa，密度下降 10%）	82.24
38	汽车材料领域	低成本、高性能玄武岩纤维制造与应用技术	82.10
39	能源动力领域	绿色可再生生物燃料技术	80.75
40	汽车材料领域	刚度同铝材相当的玻纤复合材料制造技术	80.38
41	能源动力领域	基于灵活燃料的插电式混合动力汽车技术	77.39
42	智能网联领域	无人驾驶飞行汽车技术	76.77

统计发现，综合重要度指数在 90 ~ 100 的共计 15 项技术，其中，智能网联相关技术占比接近 50%（图 4-12），说明智能网联技术群对未来汽车发展影响十分重要。

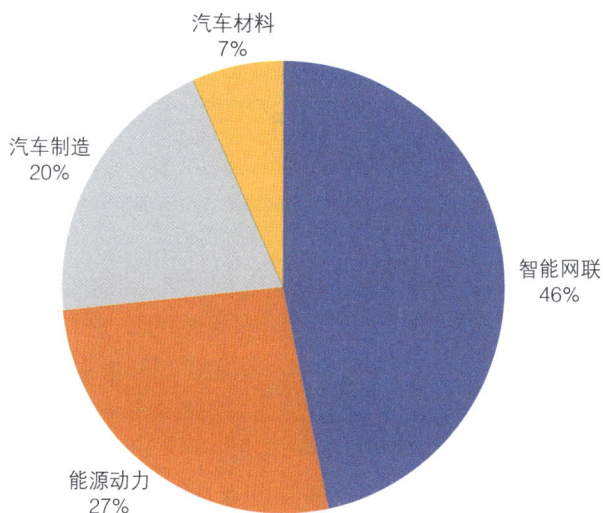

图 4-12　各领域技术重要度指数在 90 ~ 100 的占比情况

第二节
影响未来汽车发展十大关键技术

根据本章第一节对 42 项关键技术的重要程度的专家调查结果，本报告分析和展望对未来汽车发展重要程度最高的 10 项关键技术。

一、超高能量密度新体系动力电池技术

在能源制约、环保压力的大背景下，全球新能源汽车发展迅速。动力电池作为新能源汽车的能量储存装置，其性能的优劣直接影响新能源汽车的市场应用和普通消费者的接受度，如安全性、比能量、能量密度、比功率、寿命以及成本等。普及应用新能源汽车的关键是要实现其经济性与使用的便利性与传统燃油汽车相当，提升经济性和使用便利性是未来相当长一段时间内新能源汽车发展的主要方向。发展高性能、低成本的新型锂离子电池和新体系电池是新能源汽车动力电池发展的主要方向。新型锂离子电池采用高电压 / 高容量正极材料、高容量负极材料和高压电解液替代现有锂离子电池材料，电池成本、比能量和能量密度具有明显的优势，能够大幅度提升新能源汽车经济性和使用的便利性，但需要解决耐久性、环境适应性和安全性等关键问题；新体系电池包括锂硫电池、锂空气电池、固态电池等，预计具有更低成本和更高的比能量，目前尚处于基础研究的发展阶段。预计 2020

年新型锂离子电池实现规模化应用，2030年新体系电池实现实用化。

以高安全、高比能、长寿命、低成本为总目标，以电池材料研发为核心，以能量型和能量功率兼顾型动力电池产品为重点，以先进制造技术装备为保障，远近结合，统筹推进新型锂离子电池和新体系电池的研发和产业化。

发展锂硫电池、金属空气电池、固态电池等新体系电池，大力发展金属锂、硫／碳复合电极、空气电极、固态电解质等新材料，解决相关科学基础问题、工程基础问题。基于新体系电池的动力电池产品实现实用化，纯电动汽车具有与传统燃油车相当的行驶距离，经济性具有竞争力。

（一）锂硫电池

锂硫电池（图4-13）被认为是最有发展潜力的下一代高能量密度储能器件之一，其正极材料单质硫的理论比容量和比能量是目前商用锂过渡金属氧化物正极的5倍。理论比能量高达2600瓦时／千克，且单质硫成本低、对环境友好，目前主要

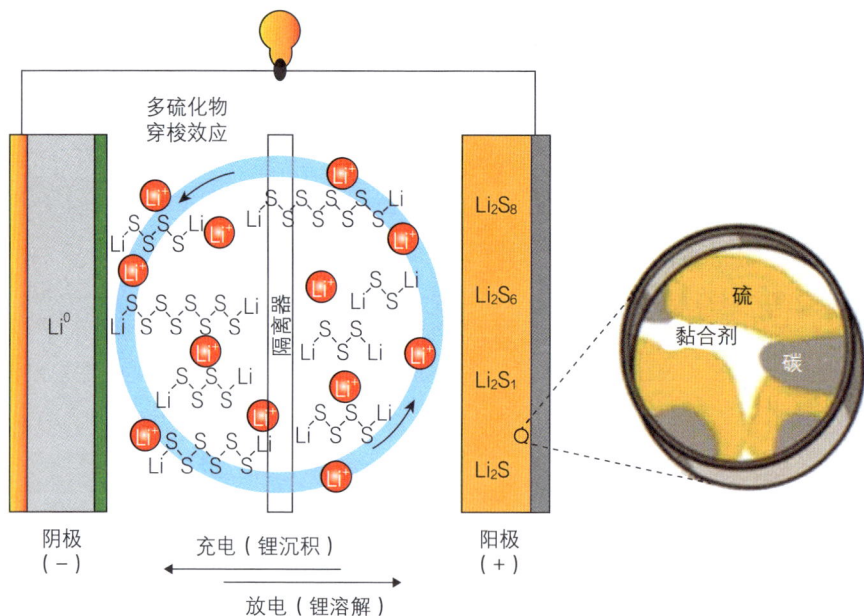

图4-13 锂硫电池工作原理

存在活性物质利用率低和循环性差等问题。开展高性能碳硫复合材料制备技术、高稳定性锂或锂合金负极制备技术以及锂硫电池制备技术的优化等,以满足新能源汽车长续航里程的使用要求。

传统锂硫电池的安全性与循环性能差是其面临的主要问题,这些问题严重影响了商业化进程。采用无机固体电解质取代传统有机电解液的全固态锂硫电池,能够有效抑制多硫化物的产生,从而消除其穿梭效应,并能大幅提高锂硫电池的安全性,是未来锂硫电池发展的重要方向。

(二)金属空气电池

金属空气电池以金属为燃料与空气中的氧气发生氧化还原反应产生电能,是一种特殊燃料电池。金属空气电池以活泼的金属作为阳极,具有安全、环保、能量密度高等诸多优点。具有良好的发展和应用前景,甚至被寄予厚望替代当前新能源汽车主要的动力电池类型锂离子动力电池。

金属空气电池可选用的原材料比较丰富。目前已经取得研究进展的金属空气电池主要有铝空气电池、镁空气电池、锌空气电池、锂空气电池(图 4-14)等。这几种类型的金属空气电池有的已经具备大规模量产的条件,有的还停留在实验室阶段,有的已经在电动汽车方面取得良好的应用成果,并即将大规模装载新能源车辆。

重点开展高效廉价氧催化电极制备技术研究、金属电极制备技术研究、高稳定性电解液技术研究以及防电解液挥发与碳酸盐化技术研究等。当前以锂空气电池为研究热点,重点突破锂金属

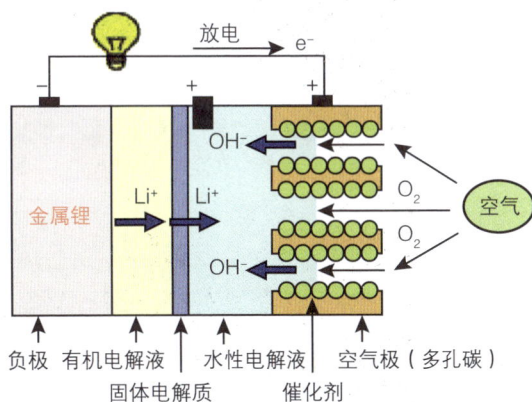

图 4-14 锂空气电池工作原理

/ 合金负极材料的制备技术，提高其在电解液中的耐腐蚀能力，突破廉价高活性氧催化材料制备技术以及空气电极微孔结构与三相界面调控技术，提升锂空气电池的工作电压与功率密度。

（三）固态电池

固态电池（图4-15）本质上具有不易燃烧、长循环寿命等优势。目前以固态锂电池为研究热点，其核心组成部分的固体电解质材料是实现固态锂电池高性能化的关键材料，正极材料决定了电池的能量密度，锂负极材料的稳定输出影响电池的循环稳定性，而界面反应则影响了电池的整体性能。研究离子在固体电解质本体材料中的输运机制，载荷子（离子和电子）在多相颗粒界面之间输运动力学机制，以及锂合金负极体积膨胀等科学问题，突破高稳定性、高离子电导率固态电解质的制备技术、高比能正极材料技术、锂负极体积膨胀抑制技术以及界面修饰技术，满足新能源汽车对高安全性、高可靠性动力电池的需求。

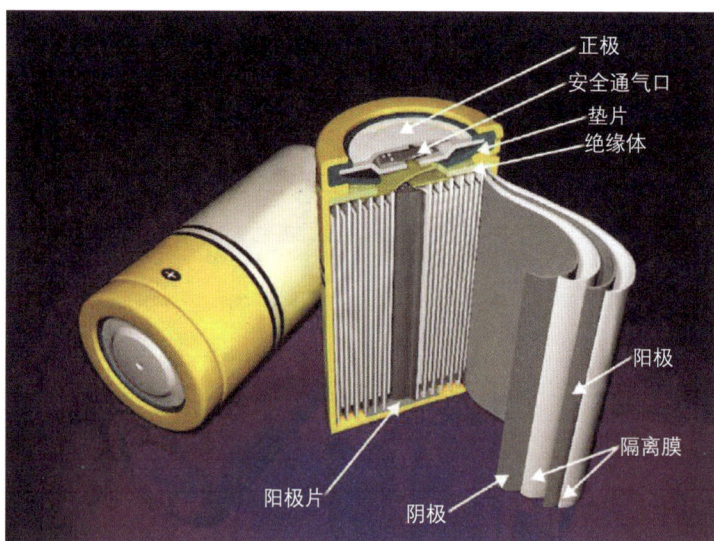

图4-15　固态电池结构

二、高度安全、零事故无人驾驶技术

随着汽车保有量的持续增长,由汽车引起的道路安全、交通拥堵、能源短缺及环境污染等一系列问题日益严峻。截至 2017 年年底,中国产销汽车超过 2450 万辆,年产销量再创全球历史新高,汽车保有量达到约 1.7 亿辆。与此同时,交通事故死亡人数连续多年位居世界前列,造成每年直接经济损失达 10 亿元人民币,远超欧美发达国家。为此,未来汽车产业需着眼于优先发展安全、节能、环保的新型车辆技术和提供多层次、高效率的交通出行方式。

智能网联汽车(表 4-3),可以提供更安全、更舒适、更节能、更环保的驾驶方式和交通出行综合解决方案,是城市智能交通系统的重要环节,是构建绿色汽车社会的核心要素,其意义不仅在于汽车产品与技术的升级,更有可能带来汽车及相关产业全业态和价值链体系的重塑。欧美地区发达国家均从战略高度上重视、在政策上加大对智能网联汽车的研发和产业化推进的投入力度,且在一些关键技术领域已经先行一步。特别是美国早已将智能网联汽车作为智能交通体系的重要组成部分进行国家层面的战略规划与技术性测试。

表 4-3 智能网联汽车等级划分

智能化等级	等级名称	等级定义	控制	监视	失效应对	典型工况
人监控驾驶环境						
1(DA)	部分驾驶辅助	通过环境信息对方向和加减速中的一项操作提供支援,其他驾驶操作都由人操作	人与系统	人	人	车道内正常行驶,高速公路无车道干涉路段,泊车工况
2(PA)	组合驾驶辅助	通过环境信息对方向和加减速中的多项操作提供支援,其他驾驶操作都由人操作	人与系统	人	人	高速公路及市区无车道干涉路段,换道、环岛绕行、拥堵跟车等工况

续表

智能化等级	等级名称	等级定义	控制	监视	失效应对	典型工况
自动驾驶系统（"系统"）监控驾驶环境						
3（CA）	有条件自动驾驶	由无人驾驶系统完成所有驾驶操作，根据系统请求，驾驶员需要提供适当的干预	系统	系统	人	高速公路正常行驶工况，市区无车道干涉路段
4（HA）	高度自动驾驶	由无人驾驶系统完成所有驾驶操作，特定环境下系统会向驾驶员提出响应请求，驾驶员可以对系统请求不进行响应	系统	系统	系统	高速公路全部工况及市区有车道干涉路段
5（FA）	完全自动驾驶	无人驾驶系统可以完成驾驶员能够完成的所有道路环境下的操作，不需要驾驶员介入	系统	系统	系统	所有行驶工况

如果将智能网联汽车与电动汽车相叠加（即智能网联电动汽车），在科学家总结的未来经济的 12 项颠覆性技术中，除了下一代基因组和先进油气开采这两项技术，其他 10 项技术都与智能网联电动汽车产生紧密的联系。从应用上看，智能网联电动车将成为移动互联网、物联网、云计算、能源存储、可再生能源等技术的应用平台；而从生产上看，自动驾驶汽车、3D 打印、先进材料、知识工作自动化、先进机器人等技术都是与智能网联电动车产业链高度直接相关的生产技术或材料技术。

（一）新型线控底盘

无人驾驶技术对车辆这一移动交通工具本身进行了重新定义。车内驾驶相关的一系列操作机构将被全新设计的人机交互接口所替代。出于安全设计，传统的单路串行机械电子控制系统，需要由互为备份的冗余系统所替代，其布置形式、监控措施、共用算法都将对线控底盘（图 4-16）提出全新的挑战，带来车辆机械与电控系统设计的全新变革，颠覆百余年来所形成的车辆底盘现有的形态。

图 4-16　新型线控底盘

（二）全域定位定姿

融合多种感知技术，在传统定位技术（卫星定位技术、航迹推算定位、SLAM 定位等）的基础上，利用道路基础设施所提供的标志与网联信息（图 4-17），构建适用于无人驾驶系统的全新的独立定位定姿模块，实现高可靠、高精度、高频率支持全天候、全地域的车辆位置与姿态信息反馈，是支撑无人驾驶的核心技术。

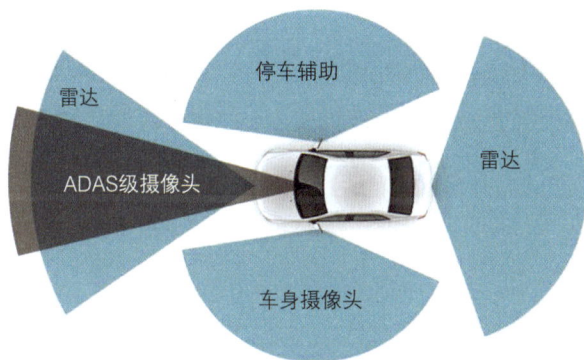

图 4-17　无人驾驶雷达探测

（三）态势认知与决策

依托多源多态传感器、互联互通控制器、云端大数据平台等装置，融合大数据驱动学习、人机协同增强智能和自组织群体智能等下一代人工智能技术，使运载工具实现交通态势准确认知、人车路一体化决策和控制等，实现下一代无人驾驶汽车的核心智能技术。

（四）数字云控设施

数字云控设施支持实现运载工具、行人、道路状态的有效感知与协同控制。利用多种基础设施传感器感知无人驾驶交通状态和路面状况，并借助运载工具与基础设施之间的全时空、全方位的数据交互，为实现无人驾驶道路交通系统的主动安全控制提供信息支持；基于远程云和边缘云计算能力，实现道路与交通参与者的协同控制。

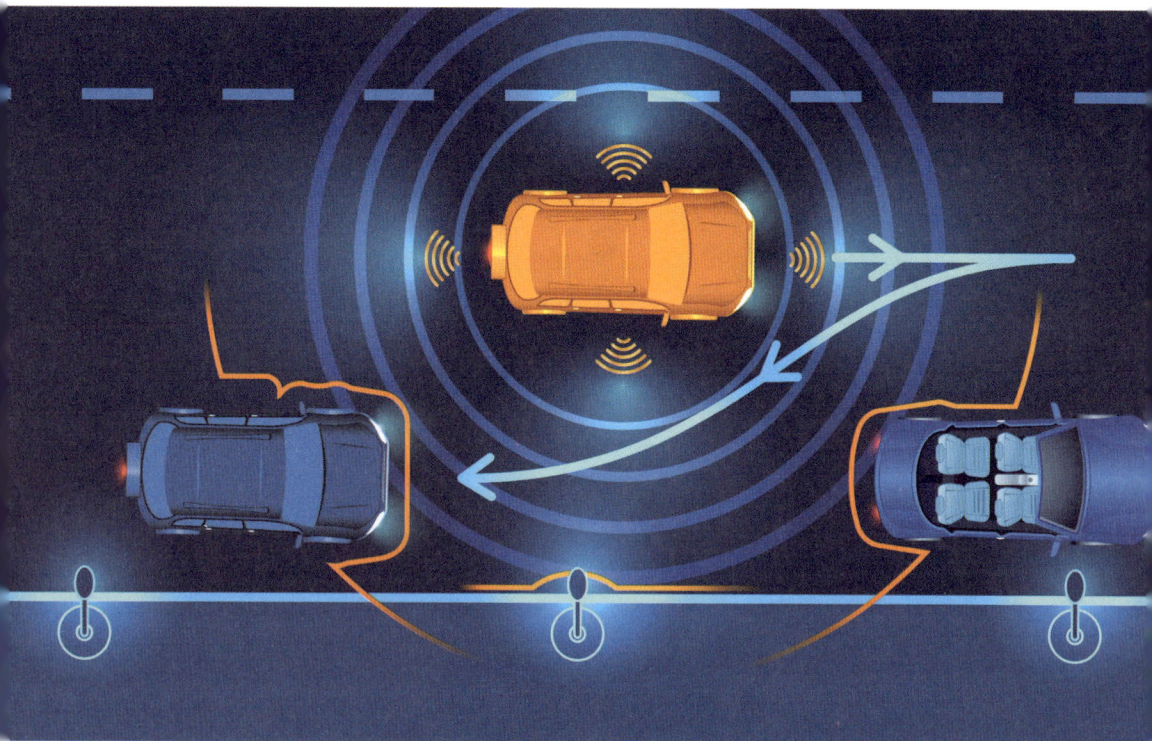

（五）车路协同技术

全方位实施车车、车路（图 4-18）和人车动态实时信息交互，在全时空动态交通信息采集与融合的基础上，开展车辆协同安全和道路主动控制，充分实现人车路的有效协同，保证交通安全，提高通行效率，从而形成的安全、高效和环保的道路交通系统。

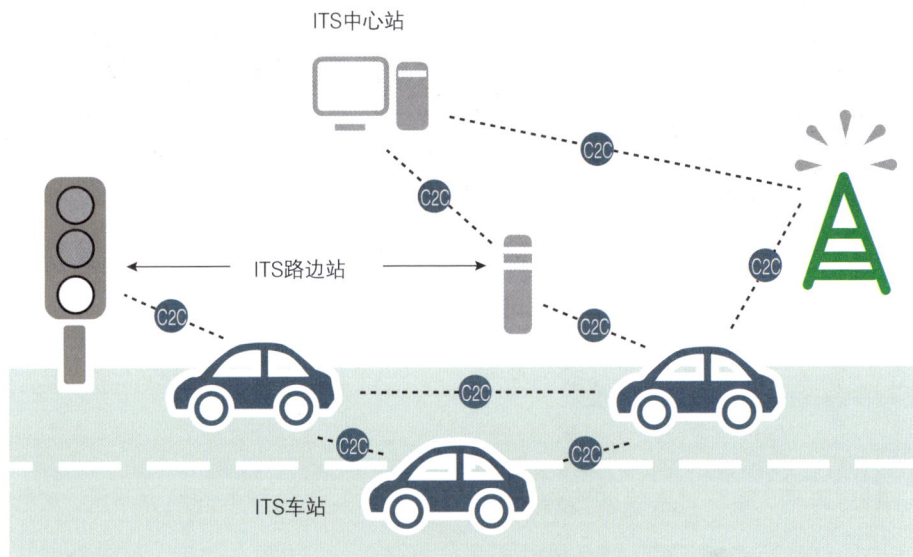

图 4-18 智能运输系统（ITS）的车路协同

（六）无缝通信技术

基于多模式自组织网络信息交互平台（图 4-19），实现实时、高速、可靠和大容量的数据通信和高效的通信控制和网络管理，为无人驾驶道路交通系统提供必需的数据支持。基于多模式自组织网络信息交互平台，利用运载工具和基础设施传感器获取各种交通和运载工具信息，实现对交通信息高效、准确、大范围和全时空的获取与融合。通信网络未来可能主要是"公网 + 专网"的叠加，以满足未来无人驾驶道路交通系统发展的需要。

图 4-19　网络信息交互平台

（七）大数据与人工智能

　　针对车辆、道路对象感知方法单一化、交通场景认知与推理能力不足、未形成多车协同体系架构等问题，结合可解释大数据驱动学习（图 4-20）、跨模态感知认知、人机混合智能和网联群体智能等人工智能基础理论，以无人驾驶道路交通系统为目标载体，突破自学习全域感知、类脑驾驶认知、人机增强共驾、多车自主协同控制等共性技术，满足无人驾驶道路交通系统的颠覆性需求。

图 4-20　大数据与人工智能

（八）信息安全

重点突破智能汽车终端安全、边界安全、网络安全和数据安全技术，建立基于分域隔离与纵深防御的安全控制架构、入侵检测框架与可信认证、通信交互框架与访问控制模型和数据生命周期管理与安全稳定存储能力，研究智能汽车终端芯片安全加密和应用软件安全防护，突破适用于人车路云协同的车用无线通信安全加密技术，研究基于区块链的去中心化的安全通信以及认证授权技术，开展面向智能汽车云控平台的数据加密、监控审计等安全防护，支撑智能汽车上路的安全运行。

三、基于分布式可再生能源、智能电网互动融合的纯电动汽车技术

随着全球能源危机与环境污染的日益加剧，发展电动汽车和清洁可再生能源发电系统被认为是保障永续能源安全、转型低碳发展模式的有效途径，受到广泛关注。然而，电动汽车充电、清洁能源并网发电给传统电力系统运行与控制带来了诸多不利影响，传统电网的脆弱性逐渐暴露出来，难以满足低碳节能的发展要求。智能电网技术（图 4-21）有机融合了先进通信技术、高级传感技术和灵活控制技术，具有自我管理、自我恢复、自我治愈等功能。智能电网环境下电动汽车充电设施与可再生能源发电系统在工作机理上具有良好的互补效益，通过智能电网技术实现二者集成应用有助于提高整体系统的综合效益：利用可再生能源发电可降低电动汽车对化石燃料的过度依赖，减少温室气体排放；利用电动汽车储能特性就地消纳可再生能源，协助解决间歇性能源并网问题。

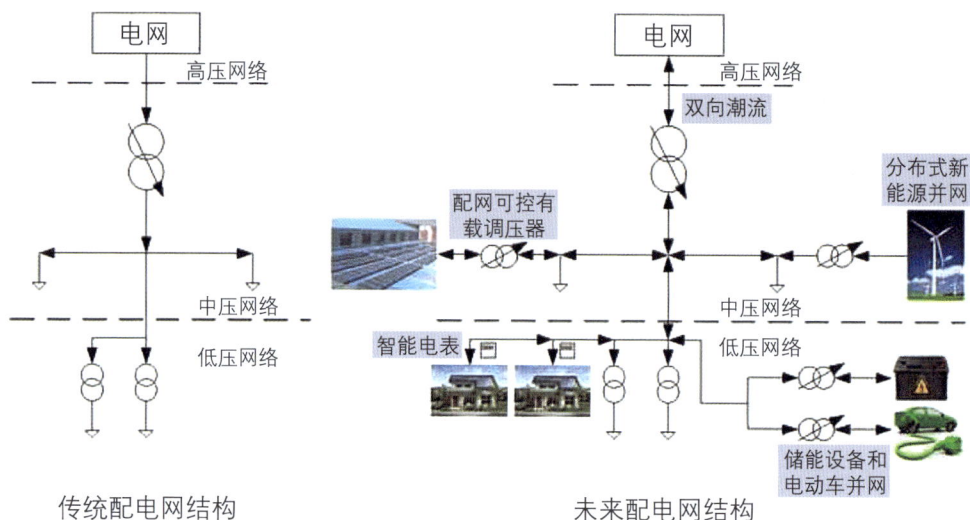

图 4-21　未来配电网结构

（一）V2G 技术

V2G(Vehicle-to-grid)，车辆连接电网技术（图 4-22）实现了电网与车辆的双向互动，是智能电网技术的重要组成部分。研究表明，与智能车辆和智能电网同步发展，可外接插电式混合电动车和纯电动汽车将在 20 年之内成为配电系统本身不可分割的一部分，提供储能，平衡需求，提高紧急供电和电网的稳定性。

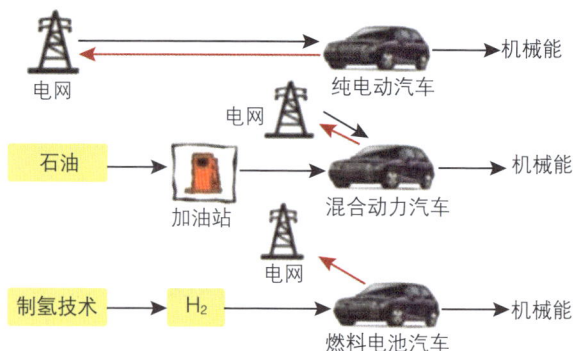

图 4-22　V2G 技术主要结构

应用 V2G 技术和智能电网技术，电动汽车电池的充放电将被统一部署，根据既定的充放电策略，电动汽车用户、电网企业和汽车企业将获得共赢。

第一，对电动汽车用户而言，可以在低电价时给车辆充电，在高电价时，将电动汽车存储能量出售给电力公司，获得现金补贴，降低电动汽车的使用成本。

第二，对电网公司而言，不但可以减少因电动汽车大力发展而带来的用电压力，延缓电网建设投资，而且可将电动汽车作为储能装置，用于调控负荷，提高电网运行效率和可靠性。

第三，对于汽车企业，电动汽车目前不能大规模普及的一个重要原因就是成本过高。V2G 技术使得用户使用电动汽车的成本有效降低，反过来必然会推动电动汽车的大力发展，汽车企业也将受益。

V2G 技术还使得风能、太阳能等新能源大规模接入电网成为可能。风能和太阳能受天气、地域、时间段的影响，不可预测性、波动性和间歇性使其不可直接接入电网，避免影响电网稳定。目前所建风力发电厂的 60% 以上能量都因为不够稳定而不能直接接入电网。通过 V2G 技术，可用电动汽车来存储风能和太阳能发出的电能，再稳定地送入电网（表 4-4）。

表 4-4 V2G 技术功能及效益

序号	功 能	效 益
1	削峰填谷，平抑电网负荷，减少对电网冲击	提高设备利用效率，降低电网运行成本
2	调节频率，根据电网需求进行调频	减少电网对发电机组的调频容量需求和支付的调频成本
3	旋转备用，在发电系统中提供同步容量	减少电网对发电机的备用容量需求和备用成本

（二）无线充电技术

电动汽车无线充电技术通过埋于地面下的供电导轨以高频交变磁场的形式将电能传输给运行在地面上一定范围内的车辆接收端电能拾取机构，进而给车载储能设备供电，可使电动汽车搭载少量电池组，延长其续航里程，同时电能补给变得更加安全、便捷。动态无线供电技术的主要参数指标有电能传输距离、功率、效率、耦合机构侧移适应能力、电磁兼容性等。因而,开发大功率、高效率、强侧移适应能力、低电磁辐射、成本适中的动态无线供电系统,成为国内外各大研究机构当前的主要研究热点。随着该技术的不断完善,同时结合中国智能电网的建设,其在电动汽车智能充换电服务网络方面的应用必将大大推动电动汽车的大规模应用。

整套电动汽车无线充电解决方案,不仅包括高效可靠的电磁部件、功率电子、系统集成等,还包括异物检测、活体保护及定位引导等重要的附属功能。其参考设计涵盖 3.7 千瓦、7.4 千瓦、11 千瓦及 22 千瓦不同功率等级,在工作范围内均能达到 90% 以上的系统效率。除传统的 CR 环形线圈外,还有 DD 形线圈结构。相比 CR 结构而言,DD 形更小更轻、效率更高、对准要求低、互操作性好、安全性更高。

(三)双向车载充电机技术

智能充电技术是提高电网智能化,实现电能优化利用、提高电力资源优化配置的基础,同时也是建设坚强电网,保证电力供应安全的保障措施。未来将全面掌握双向高效车载充放电机及系统优化控制技术,开发出系列化产品并实现产业化。

车载充电机发展呈现集成化趋势,车载充电机与 DC(直流电源)/DC 和电机控制器集成在一起,而中国除少数车企外集成度相对较低。另外,充电机与 DC/DC 及电机控制器甚至电机共用开关管、电容或绕组(电感)的新一代集成电力电子集成控制器是未来提高车载电力电子模块集成度和功率密度的方向。

开发具有 V2V、V2H、V2L、V2G 功能的双向充电机也是车载充电机的发展趋势,在满足车载电池充电功能的基

础上,扩展更多功能,实现车对车充电(V2V)、车对用电设备供电(V2L)以及车往电网馈电(V2G),满足不同场合需求,提高用户满意度。

(四)可再生能源发电运行控制技术

运行控制技术(图4-23)是含可再生能源的充换电站安全经济运行的关注热点,在满足基本充电需求的基础上,充分利用系统可再生能源发电,提高可再生能源与电动汽车综合应用的全局效益。现有充电设施与可再生能源的协调控制策略尚未完善,需要从技术角度分别研究主从控制、对等控制以及分层控制等多种策略在综合应用系统中的适应性。针对各种典型应用模式,结合可再生能源功率输出特性、充放电设施控制模式以及储能系统控制特性,搭建数字仿真模型,研究可再生能源就地消纳策略,分析实时消纳的可行性,探讨互动通信条件下规模化电动汽车调频调压服务的辅助效益。

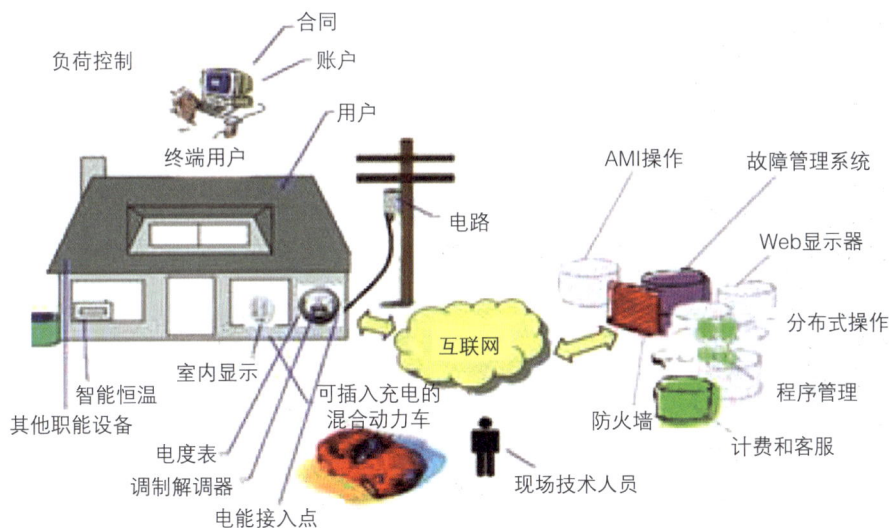

图4-23　发电运行控制技术

（五）充放电智能互动调度技术

电动汽车协同调度与综合应用系统运行控制是紧密关联的。为了协调规模化电动汽车入网问题，分层分区调度思想应运而生，其核心思想是将电力系统按照电压等级分成多个层次，将配电系统层分为若干小区域，由配电系统调度机构负责各区域内电动汽车与新能源的协同调度，配电系统调度机构作为单一实体参与输电系统调度。因此研究重点是配电系统各区域电动汽车最优调度问题。研究配电网侧电动汽车与可再生能源综合应用系统的协同调度问题需要综合考虑电动汽车、可再生能源、常规火电、虚拟发电厂并存的情况，引入小区内电动汽车时空分布特点，从低碳节能的角度提出配电网侧协同调度方案，分析不同调度方案对综合应用系统效能的影响。

四、智能机器与自主控制生产系统在汽车制造中的应用

伴随信息技术、网络通信技术、数字化技术、人工智能技术的发展，通过相关技术的带动与支撑，世界制造业由手工操作模式逐步向机械化制造、自动化制造、智能化制造模式转变。汽车制造是制造业的重要组成部分，汽车制造技术紧跟世界制造业发展潮流而发展进步，伴随世界四次工业革命，世界汽车制造业由小批量手工作坊式生产逐步向大批量流水线生产、柔性化、自动化、数字化精益制造、智能化绿色制造模式转变（图 4-24）。

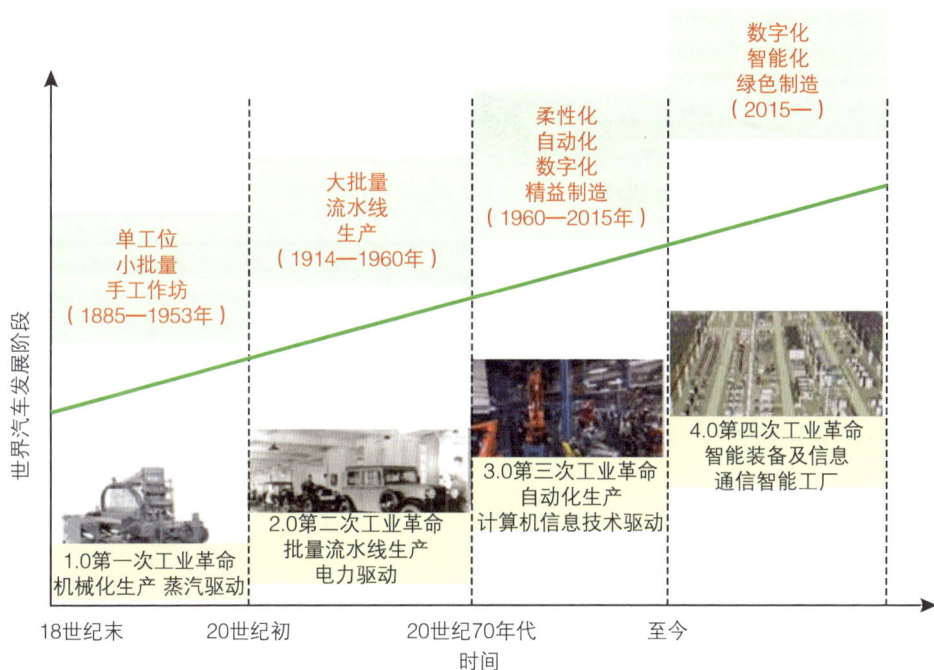

图 4-24 世界汽车制造发展的阶段

中国汽车制造业与汽车工业发达国家汽车制造业相比，虽然起步较晚，但汽车制造技术紧跟世界汽车制造技术发展步伐，由起步阶段的单一品种小批量半机械化生产，逐步发展为大批量流水线生产、多品种柔性化自动化生产、信息化精益

制造,在"中国制造 2015"国家总体制造规划的指引下,汽车制造业正逐步向智能化大规模定制方向发展。未来在国家政策的引领支持下,通过汽车行业的协同努力,相信中国汽车制造业一定会赶超世界先进水平,通过人工智能等相关技术的发展,汽车制造单元实现可自由重构,汽车制造向生态制造、个性化定制方向发展(图4-25)。

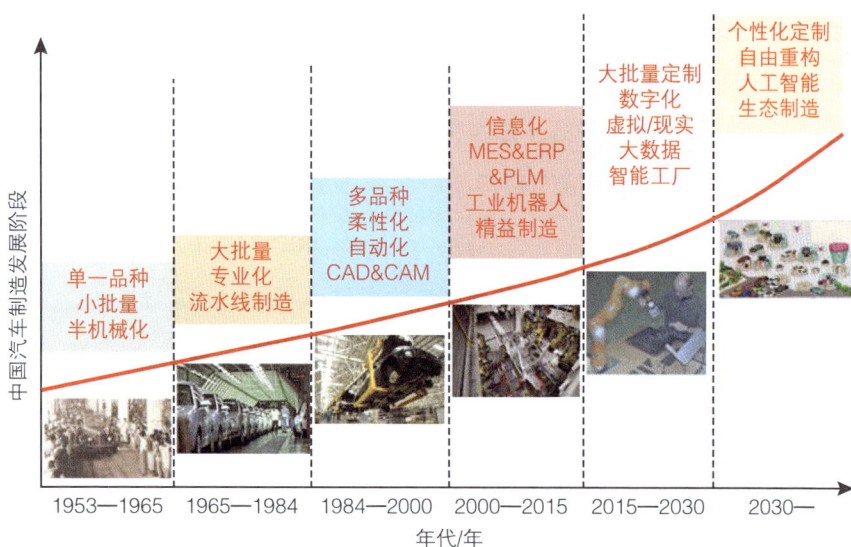

图 4-25　中国汽车制造发展的阶段

(一)汽车智能制造车间传感物联网络与大数据平台技术

　　以汽车制造车间为对象,研究网络覆盖制造过程全要素的实时感知与传输的关键共性技术,实现车间运行实际过程数字化,支撑车间实际运行过程的仿真、优化、实时控制,为车间综合智能管控提供支撑平台。关键技术主要包括①汽车制造车间感知网构建技术;②汽车制造车间网络信息安全控制技术;③面向产品生命周期的数字量流转与接口设计技术;④三维模型的海量工艺数据传输技术;⑤汽车制造过程的海量异构大数据组织技术。

（二）面向个性化定制的柔性制造系统规划与集成技术

智能制造的一个重要目标是能够根据用户需求实现产品的个性化定制生产，这在未来的汽车生产中体现尤为突出。研究面向汽车个性化定制的柔性制造系统规划、设计与集成技术，为汽车生产模式的变革提供技术支撑。汽车柔性制造系统的主要核心技术包括①柔性制造系统单元的模块化设计技术；②物料储存与搬运技术与装备；③柔性制造系统重构与任务切换技术；④柔性生产线的构型与设计技术；⑤可重构柔性制造系统的集成控制技术。

（三）虚拟现实与增强现实及其混合现实技术（VR/AR/MR）

重点研究虚拟现实、增强现实及其混合现实技术在汽车智能制造工厂过程与操作仿真、运行监控中的应用。支撑汽车制造车间／工厂虚拟与物理系统的融合。主要核心技术包括：①智能工厂的布局优化仿真；②智能工厂人体工程学仿真；③智能工厂的排序与平衡问题仿真；④智能工厂的自动物流仿真；⑤增强现实技术在汽车装配操作中的应用；⑥混合现实技术在汽车制造中的应用。

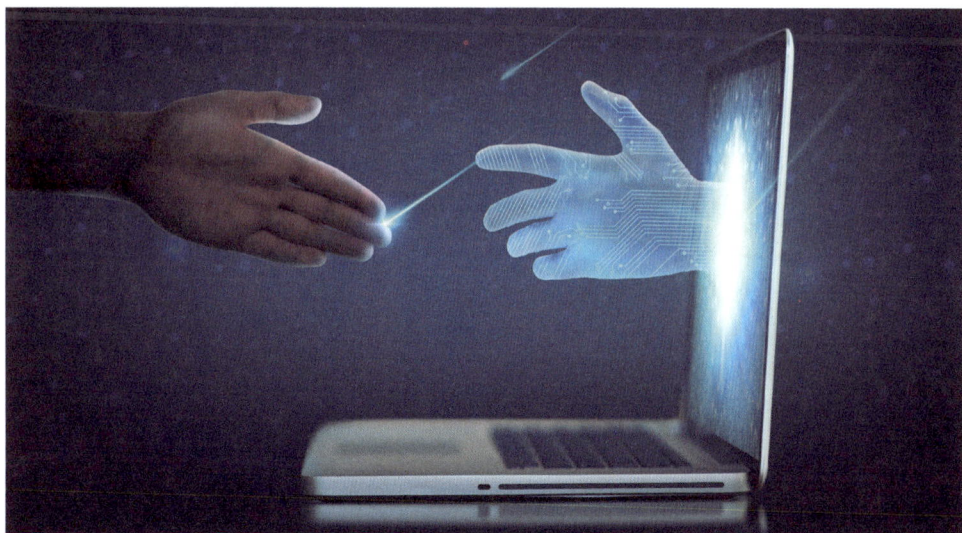

（四）汽车制造过程与工艺大数据技术及其应用

大数据在未来汽车设计、制造、服务和回收等全生命周期过程中将发挥愈来愈重要的作用。数据和智能决策是智能制造透明化生产的核心，研究汽车产业链上大数据技术及其应用成为汽车企业核心竞争力的关键。主要核心技术包括：①汽车制造过程和工艺大数据分析技术；②大数据可视化技术；③基于大数据的企业知识工程与创新技术；④基于大数据的制造过程与工艺优化技术；⑤大数据驱动的质量分析与控制技术。

（五）汽车制造智能综合管控技术

以汽车零部件制造和总装为对象，研究突破车间计划、质量、物流、安全等业务领域智能化管控的关键共性技术，支撑制造过程数据实时采集、分析、决策及反馈执行的闭环管理机制，实现由数据驱动的制造过程智能化管控，解决车间管控精细化程度低、数字化智能化水平弱、效率低等行业共性难题。主要核心技术包括：①车间自适应调度与排产技术；②大数据驱动的质量管控技术；③时空感知的车间

物流实时管控技术；④安全生产智能监控技术；⑤生产资源的平衡与再平衡技术；⑥ PLM/ERP/CRM/SCM/MES 无缝集成技术；⑦车间智能综合管控平台 iMES 系统开发。

（六）工业机器人技术及其在汽车智能制造中的应用

智能装备技术的发展将由部件发展模式向系统发展模式转变，机器人的设计和开发必须考虑和其他设备互联和协调工作的能力。汽车行业中机器人的设计和应用集中在方法、工具和步骤上，机器人技术的不断发展与应用让工厂降低成本，同时加强了质量管控以及提高了生产效率。

未来工业机器人将发展以下关键技术：

第一，轻量化、低能耗技术。随着碳纤维等新材料的出现以及关于弹性臂的研究，机器人臂轻量化将不断突破，有可能实现长期以来人们所追求的负载/自重比为1∶2的轻型机器人。

第二，精密驱动技术。开发耐高温及具有高效矫顽力的磁性材料，把力及力矩传感器、加速度传感器等和电机及驱动单元组合成新传感驱动单元，使机器人更加灵活、精确地完成各种复杂的工作。

第三，移动性能技术。目前的汽车行业机器人多为固定式六轴机械手，对机器人的应用局限于它本身的位置定位和工作半径，开发基于AGV与机器人结合等机器人移动技术，未来移动式机器人将使机器人具有"补位"意识，真正实现高效多能。

第四，嵌入式立体感知与安全技术。机器人在很长一段时间内存在着人机交互操作的危险性，所以在一定范围内布局和路径都受到一定约束。随着立体视觉传感感知技术的逐步成熟，将视觉传感系统嵌入机器人手臂中，通过对光源、相机、微处理器的整合，对图像进行滤波降噪处理、特征提取并将处理结果实时反馈至机器人抓手，可以实现机器人的3D自动抓取作业。

第五，通用标准研究。未来机器人发展做到同等负载水平机器人在不同应用硬件配置和软件应用具备很强通用性。软件上实现数据导入后即可实现机器人的更换应用，完成设备快速对接。编程语言和通信接口在内的各项技术都将在行业中统一标准。

第六，基于深度学习的双臂协作机器人技术。机器人通过头部摄像头、手部摄像头、力传感器等传感器获取工况信息，对数据进行预处理并进行融合后输入神经网络，通过不断尝试最终获取模型参数，完成复杂作业。在汽车制造装配工位具有很好的应用前景。

第七，基于人工智能的智能管理机器人。随着虚拟现实技术、室内地图自动重构技术、导航技术以及移动机器人技术的发展，智能服务机器人将走进工厂，替代人从事部分脑力活动，包括生产车间巡检、机器人工作班组管理、产品品质管理等。

第八，机器人仿生控制技术。在机器人技术和仿生学技术发展到一定程度后，人工肌肉驱动技术，新仿生材料、智能驱动材料，复杂物体抓持的仿生灵巧手的构型设计与操作技术将在机器人的汽车生产工艺中出现。

> 面向汽车零部件制造、装配、质量控制等环节，还需研发基于工业机器人的智能制造应用系统。

首先，机器人搬运与上下料系统。围绕汽车车身冲压、总装以及汽车发动机加工的制造过程，研制机器人末端柔性抓取、位置及操作感知单元，组建机器人搬运与上下料系统。

其次，机器人焊接与连接系统。重点突破机器人焊接力—位—电等参数综合检测、机器人涂胶路径和质量跟踪检测等关键技术，集成开发机器人焊接与连接应用系统。

再次，多机器人协同的在线检测系统。集成视觉传感检测、协同控制技术，开发多机器人协同的汽车零部件制造和总装质量的在线检测系统。

最后，编程技术。离线编程和拖拽编程。目前的编程语言仍然是供应商独立开发，各式各样。在今后的发展中，随着机器人控制器采用通用计算机已成为主流，机器人语言完全可以像计算机语言一样规范化，这将大大有利于系统集成，便于系统的编程、仿真及监控。

（七）传感器技术

要实现汽车生产过程的自动化、定制化作业，需要各种高精度数据传感器智能感知传感技术。在未来的发展方向中，需赋予传感器"智慧"职能，传感器不仅能完成识别、检测功能，还能对品质、安全、自动化等信息进行采集分析，这样需要开发具有数据存储和处理、自动补偿、通信功能的低功耗、高精度、高可靠性的智能型光电传感器、智能型接近传感器、高分辨率视觉传感器、高精度流量传感器等。主要研究以下技术。

第一，视觉检测技术。智能相机、三维激光等技术已经开始在汽车生产制造过程中逐步应用，将通过 3D 激光技术对车身三坐标检测、自动焊装孔位检测等实现在线检测。

第二，物联网 RFID 识别及可追溯技术。将汽车产品赋予"身份"，可实现全柔性生产及全生命周期（图 4-26）的可追溯。

汽车制造过程

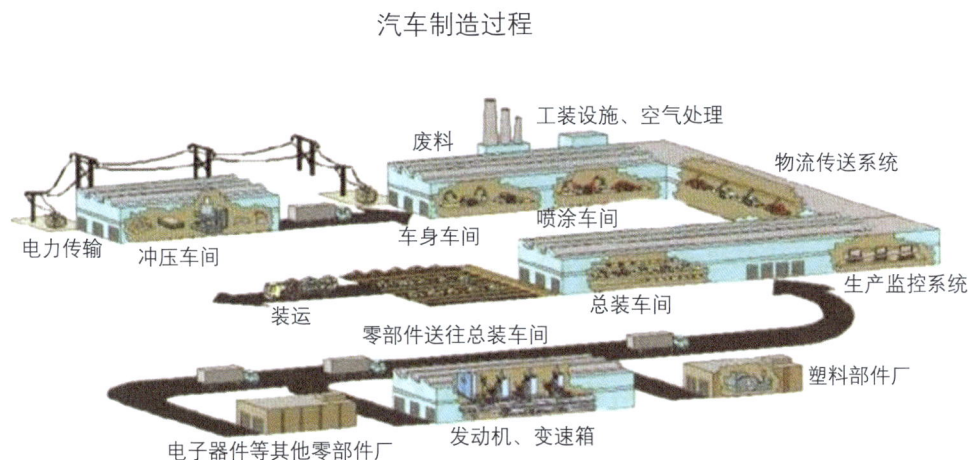

图 4-26　汽车制造全生命周期示意图

第三，安全传感技术。人机协作存在人机安全问题。光电传感器等在工作区域内划定安全范围，检测人机干涉的问题，确保人和设备的安全。

第四，传感器柔性自动化技术。汽车生产逐步走向多品种、小批量、定制化制造，传感器的识别功能能够很好地实现柔性化生产，对工件进行识别，对生产系统的数据进行感知，从而控制整个生产过程。

第五，自动导航传感技术。能对移动机器人的工作提供路径规划和引导。

第六，下一代仿生传感技术。传感器的进一步技术突破，将模拟人类视觉、听觉、触觉、味觉等传感技术，包括人工皮肤传感技术、肌电/脑电人体意图传感技术等。

五、自动驾驶汽车的信息安全保护和信息安全保障技术

汽车信息安全作为汽车发展的重中之重，在一开始就受到了电信行业、汽车行业、汽车电子设备行业以及互联网服务商的重视。现代车辆由许多互联的、基于软件的 IT 部件组成，为了避免安全问题，需要进行非常细致的测试。例如，刹车突然停止工作。然而，在汽车领域系统性的安全测试发现潜在的安全威胁并不是一个常规的流程。汽车中使用的智能联网系统沿袭了既有的计算和联网架构，所以也继承了这些系统天然的安全缺陷。随着汽车中 ECU（行车电脑）和连接的增加，也大大增加了黑客对汽车的攻击面，尤其是汽车通过通信网络接入互联网连接到云端之后，每个计算、控制和传感单元，每个连接路径都有可能因存在安全漏洞而被黑客利用，从而实现对汽车的攻击和控制。汽车作为公共交通系统的重要组成部分，一旦被黑客控制，不仅会造成驾驶者的个人信息和隐私被泄露，还会直接带来人身伤害和财产损失，同时还会导致品牌和声誉受损，甚至上升成为危及国家安全的社会问题（图 4-27）。

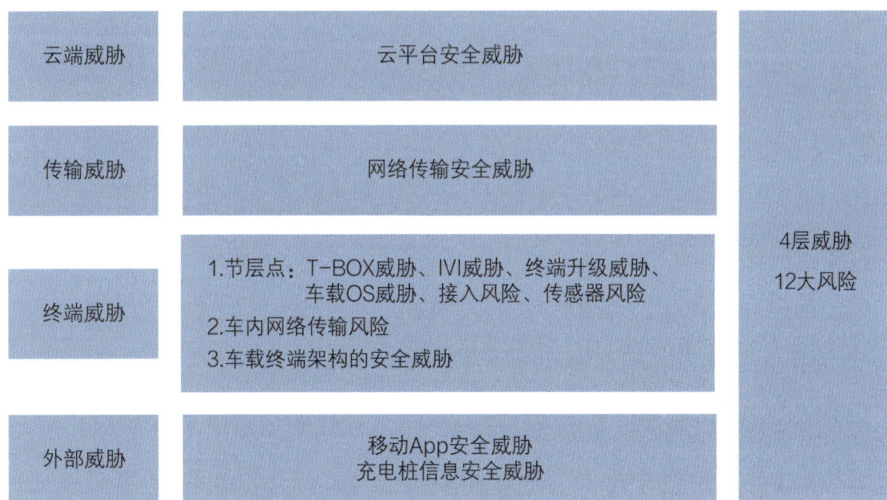

云端威胁	云平台安全威胁	
传输威胁	网络传输安全威胁	
终端威胁	1.节层点：T-BOX威胁、IVI威胁、终端升级威胁、车载OS威胁、接入风险、传感器风险 2.车内网络传输风险 3.车载终端架构的安全威胁	4层威胁 12大风险
外部威胁	移动App安全威胁 充电桩信息安全威胁	

图 4-27 智能网联汽车的 4 层威胁 +12 大风险

（一）车辆安全防护技术

1 可信操作系统安全

操作系统是智能网联汽车的核心部件，同时也是整个汽车系统的大脑，所有的应用程序都在操作系统之上运行，操作系统向上承载应用、通信等应用功能，向下承接底层资源调用和管理。当前主流的智能网联汽车操作系统分为两个方向：非开源和开源。非开源操作系统完全由车厂自己开发，比如宝马 iDrive（图 4-28）。开源操作系统主要有 Android、QNX 和 Linux。当前大部分汽车厂采用的都是开源方案，开源虽然能够极大降低开发成本，但其自身安全风险不容小觑，如已知和未知漏洞风险、安全和健壮性的缺失以及缺乏对操作系统行为的监控等。

图 4-28　宝马 iDrive 系统

2 固件安全

固件是指保存在具有永久存储功能器件中的二进制程序。在微控制器为核心的 ECU 中，固件主要用于实现 ECU 的全部功能，其不但提供硬件初始化、操作系统加载功能，同时也为上层软件有效使用硬件资源提供调用接口，因此是 ECU 系统的重要组成部分。

随着智能网联汽车的普及和智能化程度的提高，ECU 得到了广泛应用，而作为 ECU 核心器件之一的微处理器和微控制器也随之呈爆发式增长趋势。固件作为 ECU 系统的重要组成部分，以灵活、多样的存在形式更加方便了用户的使用，但同时也为汽车信息系统安全带来了极大的隐患。比如，通过提取 ECU 固件逆向分析代码然后反编译更改相应参数、向 ECU 固件插入恶意代码从而改变整个系统执行流程，或者使用未经厂商认证的固件程序进行升级等，这些都将威胁到智能网联汽车，并对驾驶员造成极大的安全威胁。

3 数据安全

智能网联汽车的数据不单单包括存储在 T-BOX（远程信息处理盒子）上的车辆数据，也包含存储在 App 端的用户数据以及存储在 TSP（汽车远程服务提供商）云端的用户与车辆全部数据。数据安全除了涉及数据的存储安全，也包含数据备份和数据传输安全，而这里主要讨论两方面的智能网联汽车数据安全防护问题：密钥存储安全和轻量级密码算法。

在密钥存储方面，针对 T-BOX 上的数据安全，考虑到可能发生的白盒攻击，当前的主流解决方案是软件白盒和硬件 eSE（车载嵌入式安全元件）芯片方案，将密钥通过预制或者动态下发的方式存储在白盒或者 eSE 芯片当中，所有加解密操作均在白盒或者 eSE 中进行，这样做可以有效预防白盒攻击，确保密钥安全，从而保障数据在 T-BOX 上的存储安全。除此之外，数据在传输的时候也要经过白盒或 eSE 芯片加密后进行，由此保障数据的传输安全。针对 App 端的数据安全，由于大部分手机都没有内置 eSE 芯片，因此当前主流的解决方案是软件白盒，通过软件白盒保证数据存储和传输安全。针对 TSP 云平台的数据存储安全，应该采用体系化的信息安全建设，从物理、网络、计算、存储、信息和应用等方面构建信息安全防御体系，并在管理方面将信息安全管理纳入考虑范围，以有效降低数据泄露等安全风险。

4 密匙安全

智能网联汽车除了要建立一套完整的密钥管理体系外，还需要在密钥存储方面做特别关注。保护数据隐私与机密性的通常做法是实施数据加密，在这种情况下合法用户需要访问的解密密钥同样必须予以保护，因为一旦密钥被泄露，加密数据的安全性将荡然无存。这对存储在不能被信任的 T-BOX 开源 Linux 操作系统和手机 Android 操作系统环境里的密钥来说，安全性更是无法得到保障。

解决在不被信任操作系统中保证密钥安全的方案是采用白盒系统，尤其是 Android 操作系统。白盒系统将密钥信息隐藏在加密库中，在程序运行的任何阶段密钥均以巨大查找表的形式存在，即只能输入明文得到密文，或者相反操作得到明文。在这样的场景下，入侵者无法得到隐藏在查找表背后的密钥，从而保证了信息的安全。同时需要支持动态密钥，保证在密钥库不变的情况下更换密钥，进一步提高密钥的安全性。

5 FOTA

智能网联汽车的 ECU 越来越多，代码行数也越来越多，软件在汽车价值中的占比不断提升，可开发周期却又被迫缩减，随之带来的则是潜在风险的加大。FOTA（终端无线升级）可以有效解决软件故障问题，不需要去 4S 店或者返厂，通过 FOTA 升级即可解决 90% 以上的软件故障。

虽然当前 FOTA 技术已经非常成熟，但升级过程的安全性仍然需要格外重视。智能网联汽车 ECU 升级时需要配合安全升级机制，通过数字签名和认证机制确保增量升级包的完整性和合法性；可按照时间、地区、设备数量等信息动态调整升级策略；在增量升级包传输过程中，通过通信加密保证整个升级包的传输安全，避免升级包被截获或者遭受中间人攻击导致升级失败。在智能网联汽车 ECU 升级过程中还需时刻监控升级进程，确保 ECU 升级后能够正常工作，同时需要具备相应的固件回滚机制，保证即使升级失败 ECU 也可恢复到原来状态，通过双重保护确保整个 ECU 升级过程的安全可靠。

（二）网络安全防护技术

1 网络传输安全

〔1〕 实施网络加密技术

数据在传输过程中，如果传输网络被攻击，传输的数据被篡改，就会影响数据的安全性，所以需要强化网络加密技术。基于网络的层次性结构，安全也应具有一定层次性。结合安全管理的内容，需要加强 TCP/IP 协议各个层次都实施加密技术，以便保证网络的安全性服务。另外，在网络加密结构设计中需要注意加密采用的密码体制，并注意选择适合网络的密钥。对网络接口层进行加密时，相邻节点之间需要加强在线传输的保护形式，加强加密的透明程度。对数据的运输层进行加密时，要加强对节点和传输数据的保护机制，对用户来说，加密操作要具有透明性。在源端用户以及目标用户之间传输数据时，加密操作则不能透明。

〔2〕 对传输信息实行安全保护策略

传输信息安全保护策略主要涉及分级保护，从技术角度出发实现对方案的设计管理，规范安全性。其中，需要具备一套完整的标准规范，严格落实安全保密体系，按照信息的安全程度划分网络，同时对网络的安全控制实行全面的保护与控制，加强网络安全监测，实现边界防护，强化内部

> 智能网联汽车的网络可分为车内、车际和车云网络。网络拓扑复杂多样，因此确保数据在网络传输时的安全性变得尤为重要。这是提高智能网联汽车网络安全性的重要保证。智能网联汽车网络传输安全主要体现在三个方面。

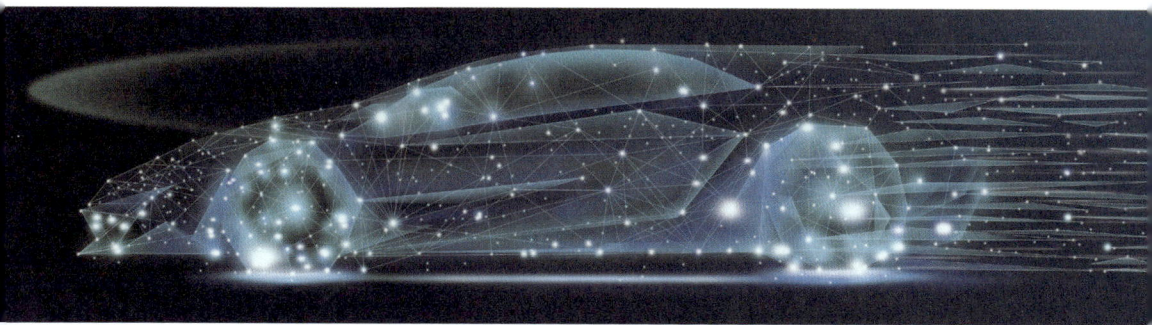

控制和安全保密策略，提高涉密人员的安全保护策略。此外，还需要加强对网络信息的安全管理，实现信息传输的有效性和安全性。

【3】 加强可信计算机的应用

建立计算机可信技术平台，从可信的基础性数据出发，以密码的形式，实现计算机网络系统的安全。另外，可信技术平台能够确保用户身份的唯一性、工作空间的完整性，同时也能够保证环境配置的安全性，从根本上阻止黑客的入侵，提高了数据传输的可信度。这种信任扩展到计算机系统中，能够确保网络环境可信性的增强，实现网络信息的安全传输。另外，在网络中传输信息还需要加强防火墙的应用，提高传输信息的可信性。

2 网络边界安全

由于智能网联汽车的极强移动性和网络种类的多样性与复杂性，网络边界已经消失殆尽，传统的边界安全解决方案已经不适用于智能网联汽车。在这样的背景下，传统边界安全正在向微边界甚至无边界安全方向转换。

智能网联汽车网络边界具备三个特征：安全边界的扩大、分散和不确定导致无法找出边界，从而造成边界隔离困难；可接入智能网联汽车的设备种类多，造成接入安全风险点增加；智能网联汽车身份验证困难。针对目前智能网联汽车边界安全的现状，可以在如下方面进行加强。

在车辆体系架构设计中,采用网络分段和隔离技术。对不同网段(如车辆内部不同类型网络,以及车辆与外部通信的移动通信网络、Wi-Fi 等)进行边界控制(如白名单、数据流向、数据内容等),对进入车辆内部控制总线的数据进行安全控制和安全监测。同时车辆端关键网络边界设备(如 T-BOX、中央网关等)需提供边界安全防护功能,比如采用车载入侵检测系统用于保护 ECU 安全,防止黑客针对 ECU 的攻击。

在终端设备接入智能网联汽车网络前,需要增加针对终端设备的认证机制,确保终端设备的可信性,避免未经认证的终端设备连入智能网联汽车,对智能网联汽车造成安全威胁。

在车云网络中,车辆与云通信除了采用安全接入方式(如 VPN 等)、对业务进行划分、通过不同的安全通信子系统接入网络外,还需要采用基于 PKI 或者 IBC 的认证机制对车辆和云平台进行双向认证,确保双方的合法性,从而保障整个信息接入与传输的安全。

(三)云平台安全防护技术

1 云平台安全

智能网联汽车 TSP 云平台的安全控制及合规模型以及新一代的自适应安全架构与通用云平台安全相似。

物理环境安全:在物理层,通过门禁系统、视频监控、环境监控、物理访问控制等措施实现云运行的物理环境、环境设施等层面的安全。

计算存储安全:通过对服务主机/设备进行安全配置和加固,部署主机防火墙、主机 IDS,以及恶意代码防护、访问控制等技术手段对虚拟主机进行保护,确保主机能够持续提供稳定的服务。

可信计算:保证硬件、软件系统的行为/执行安全,包括安全的输入输出、内存安全、远程认证等服务。

网络安全：在网络层，基于完全域划分，既要通过防火墙、IPS、VLAN ACL手段进行边界隔离和访问控制，也要通过 VPN 技术保障网络通信完整和用户的认证接入，在网络的重要区域部署入侵监测系统（IDS）以实现对网络攻击的实时监测和预警。此外，还要部署流量监测和清洗设备以抵御 DDoS 攻击，部署恶意代码监测和防护系统以实现对恶意代码的防范。需要说明的是，这里的网络包括了实体网络和虚拟网络，要通过整体防御保障网络通信安全。

安全管理：根据 ISO27001、COBIT、ITIL 等标准及相关要求，制定覆盖安全设计与获取、安全开发和集成、安全风险管理、安全运维管理、安全事件管理、业务连续性管理等方面的安全管理制度、规范和流程，并配置相应的安全管理组织和人员，建立相应的技术支撑平台，保证系统得到有效管理。

信息安全：实现数据的保护，从数据隔离、数据加密、数据防泄露、剩余数据防护、文档权限管理、数据库防火墙、数据审计方面加强数据保护，以及离线、备份数据的安全。

应用安全：保护应用的程序安全；通过 PKI 等机制对用户身份进行标识和鉴别，部署严格的访问控制策略；关键操作的多重授权等措施保护应用层安全；同时采用电子邮件防护、Web 应用防火墙、Web 网页防篡改、网站安全监控等应用安全防护解决方案确保特定应用的安全。

可信安全管理平台：包括建设并管理基于 PKI、身份管理等的安全基础支撑设施；管理平台综合利用成熟的安全控制措施，并构建良好的安全实现机制，保障系统的良好运转，以提供满足各层面需求的安全能力。

2 云平台可视化管理

智能网联汽车安全可视化管理是指将车辆内所有 ECU、固件、操作系统和应用的安全风险和威胁实时上报至厂商云平台，将整个车辆的安全态势呈现给用户，帮助用户快速掌握车辆安全状况，识别异常、入侵，把握智能网联汽车安全事件发展趋势, 全方位预警和感知智能网联汽车安全态势, 对所有智能网联汽车综合安全信息进行安全态势分析和安全事件预警。此外, 系统应提供全面的智能网联汽车威胁入侵检测分析功能, 支持多种图表的威胁和风险告警方式, 让威胁和风险一目了然, 并提供智能网联汽车安全威胁事件的详细信息, 同时支持自定义告警策略, 包括设置告警范围、阈值等。

针对智能网联汽车威胁的攻击行为及过程常常隐藏在海量数据中, 为了使用户捕捉到隐藏在数据背后的线索, 对潜在的智能网联汽车安全威胁进行监测及防范, 阻断智能网联汽车威胁源头, 保障智能网联汽车安全运行, 就需要对智能网联汽车数据进行多维分析, 并通过高效的交互挖掘分析工具, 将分散的信息要素进行集中、统计、检索、过滤、挖掘、分析, 实现线索的深度挖掘和智能分析, 帮助用户洞悉智能网联汽车安全的态势, 更加主动、弹性地应对复杂、未知多变的威胁和风险。

（四）新兴外部生态安全防护技术之移动 App 安全

智能网联汽车移动 App 主要承载了简单的车辆控制动作, 如开车门、开空调、开车灯、车辆打火启动等功能。近期通过移动 App（图4-29）直接攻击汽车的案例时有发生, 比如软件开发者借助任何一辆

图 4-29　智慧车管家 App

汽车前挡风玻璃上的 VIN 码, 便可通过手机客户端的身份验证, 获取车主身份及车辆充电量等信息, 并获得车内空调的操控权。类似攻击将随着移动 App 在智能网联汽车上的推广变得愈加频繁, 尤其是 Android App, 类似安全问题尤为突出。

智能网联汽车移动 App 安全涉及的范围非常广泛, 其生命周期可分为三大部分: 设计开发阶段、发布阶段和运维阶段。

设计开发阶段。移动 App 的安全, 需要从设计开发阶段介入, 即从框架、业

务、规范、核心功能模块等维度进行统一安全设计，使得整体安全框架可满足长远规划、可重用、标准化、可扩展和可整合等要求，使得代码工程符合通用安全原则，提升应用程序安全性，降低后期漏洞风险，降低运维阶段安全应急运维压力。

发布阶段。在移动 App 发布前需要对其进行必要的加固处理，解决移动端系统开源性（半开源性）带来的安全缺陷，通过反编译、完整性保护、内存数据保护、本地数据保护、SO 库保护、源代码混淆等技术的综合运用，保障移动 App 的安全性。

运维阶段。在移动 App 发布后需要对其运行状态进行监控，包括移动 App 在运行过程中的漏洞以及在分发渠道中的盗版。做到及时发现解决各类漏洞事件，防止潜在业务、资金和声誉损失。

（五）智能网联汽车生态安全检测

智能网联汽车本身是一个完整的生态系统，包括整车安全检测、车辆—TSP云平台—移动 App 间通信与业务交互安全检测、移动 App 安全检测以及 TSP 云平台安全检测，因此在进行安全测试的时候需要对这四个部分进行定期安全检查。

整车安全检测。车辆端安全检测主要针对 CAN（控制器局域网）总线协议、ECU、T-BOX 和 IVI（车载信息娱乐系统）系统进行。CAN 总线协议检测一方面需要对 CAN 协议一致性做判断，看车辆 CAN 总线是否符合 AUTOSAR（汽车开放系统架构）标准；另一方面需要对 CAN 总线同其他总线的操作性进行评估，以便了解 CAN 总线同其他总线的交互能力；同时需要对其健壮性做评估，判断在总线上发送干扰是否能够引起 CAN 总线的异常。ECU 检测需要对其硬件、固件、更新等方面进行检测，包括对硬件设计中的调试接口、硬件总线设计和电磁兼容性做评估；对固件的可逆性、可读性、防反汇编等方面进行检测，确保固件程序的安全；对 ECU 更新安全性实施评估，包括升级安全性、增量升级包认证和完整性校验、安全回滚机制等。T-BOX 和 IVI 安全检测可关注其硬件和软件两方面的安全检测。硬件安全主要关注核心器件安全、主板安全和接口的安全性；软件安全需要重点对数据存储安全性、防篡改、对外通信安全性、操作系统安全性等方面进行评估和检测。

图 4-30　车辆—TSP 云平台—移动 App 间通信与业务交互检测

车辆—TSP 云平台—移动 App 间通信与业务交互检测（图 4-30）。车辆与 TSP 云平台通信通过 T-BOX 实现，同时移动 App 也是通过 TSP 云平台与车辆进行控制交互。在这部分安全检测中，主要对三者之间通信和数据传输安全做评估，例如在通信过程中是否已经考虑到网络层安全（例如使用 4G 或 VPN），所传输的车辆命令数据是否已经经过加密处理以及传输数据的完整性校验，确保通信的三方是经过授权的，使黑客无法通过中间环节获取到这些车辆命令数据。此外，检测通信三方对双向通信认证的支持非常有必要。 移动 App 安全检测。移动 App 检测主要包括源代码、资源文件、数据存储、传输以及业务功能方面的安全检测，确保 App 在发布过程中的安全性。

TSP 云平台安全检测。基本上和通用云平台检测类似，检测 TSP 云平台是否具有 OWASP Top 10（10 项最严重的 Web 应用程序安全风险列表）或者 CWE Top 25（25 项最危险软件错误）安全威胁。

六、汽车产品的全过程绿色设计

降低环境污染和提升资源利用率是绿色设计的两大驱动力，通过将绿色设计的理念融入工业设计，体现对环境的保护和对资源合理利用的重视。利用绿色辅助设计平台、选用环保型资源、采用可拆卸式模块化设计、改用绿色制造工艺、提高产品和回收再生的经济性，提升资源的利用效率降低环境的污染风险。所以绿色设计理念已成为产品设计发展的主流方向之一，在工业产品的全生命周期内做到人与自然的协调发展，为人类创造良好的生存环境。绿色设计可将产品全生命周期过程中产生的 70% 的环境污染、资源消耗在设计环节解决（表 4–5）。

表 4–5　传统设计与绿色设计对比

对比项目	传统设计	绿色设计
设计依据	根据用户对产品提出的功能、性能、质量及成本要求来设计产品	根据环境属性和产品的基本属性来设计产品
设计人员	基本上不考虑产品的环境属性	在产品构思和设计阶段考虑降低能耗，资源重复利用等环保要求
设计工艺	再制造和使用过程中很少考虑产品及零件的回收，仅仅考虑珍贵材料的回收	在制造和使用过程中考虑产品及其零部件的可拆性，可回收性，可降解性和无毒性
设计目的	为用户的需求而设计	为用户的需求和保护生态环境而设计，满足可持续发展要求
最终产品	传统产品	绿色产品及具有绿色标志的产品

（一）绿色资源设计

绿色资源设计是指在汽车设计选用原材料时考虑在满足性能的同时，优先选用环保性材料，避免选用对环境或人体产生不良特性的材料；优先使用资源丰富再生性强的材料；在设计中尽量采用新技术和新工艺，在制造中降低材料损耗，提升产品的高效节能性。

汽车有别于一般的轻工业产品。它的设计、生产周期比较长，所需的材料种类质量要求也比一般产品高，还十分注重产品的使用安全。所以，汽车的绿色设计应当要遵循几个原则：①汽车产品的原理设计与结构设计，要便于退役零部件的重用或补修，材料要综合利用，报废零件要便于材料分类处理；②合理使用原料；③考虑汽车产品使用过程中对环境的影响；④合理利用能源；⑤汽车产品制造工艺的合理性；⑥不可再生废物的利用。

从能源角度设计电力或清洁燃料的汽车，并且在其设计、制造、销售、使用到报废回收再利用等过程的整个生命周期内，将环境性能作为设计目标和出发点，力求汽车成为对生态和环境的影响最小、资源效率最高、能源消耗最低,在特定的技术标准下生产出来的绿色产品。因此,绿色汽车集新能源技术、高新材料技术、应用电子技术、环保技术、计算机技术和先进制造技术等现代高科技于一身,并成为无污染、健康、安全和节能的交通运输工具。

(二)绿色可回收设计

绿色可回收设计是通过可拆卸的模块化设计,将产品分成几个模块,方便装配、维修、拆卸、回收。传统的汽车设计单一注重产品的性能,很少考虑产品的回收利用性,导致有些产品在后期难以拆解维修容易造成整机报废、回收利用率低,造成资源浪费。绿色可回收设计在产品设计阶段考虑产品零件的通用性、制造阶段的可装配性、使用周期内的可维修性、回收阶段的可拆卸性再生性和处理成本等问题,在产品生命周期后期通过模块化的拆卸,将可再利用的零件转入其他产品使用,从而最大限度地提升资源利用率(图 4-31)。目前汽车厂商尽可能地采用

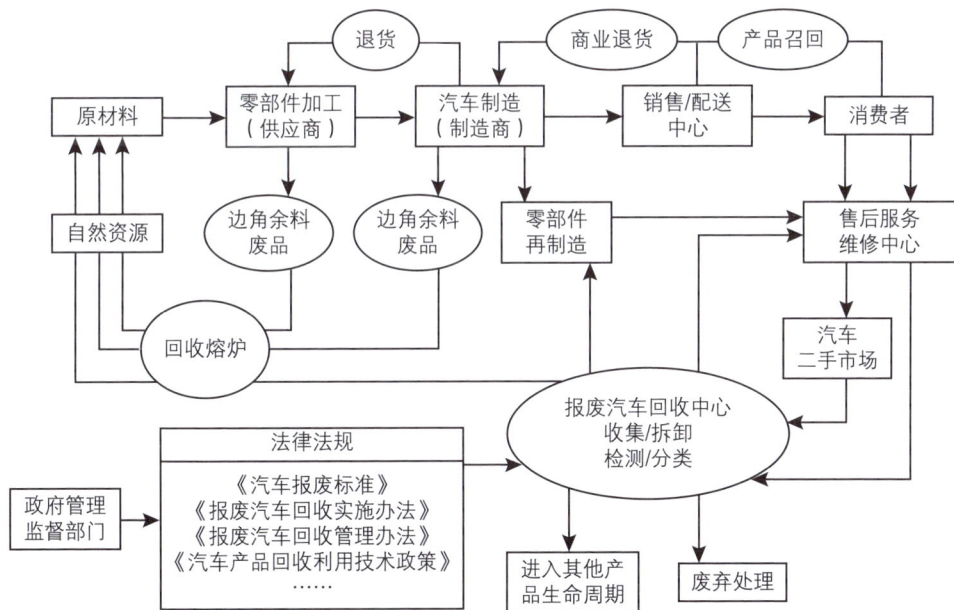

图 4-31 基于全生命周期的汽车回收体系框架

通用模块化设计，平台共用性较强，最大限度地使用新型材料，再生利用率达到约40%，日本汽车制造商正联合材料和零件供应商以及拆解商共同开发新技术，力争在 2025 年使汽车再生利用率达到 65% 以上。

（三）绿色制造过程设计

传统的设计人员需要进行大量计算、分析和比较，以决定最优方案，后期的制样分析测试、现场调试安装。绿色制造过程设计是在产品研发设计阶段，针对产品性能需求，将绿色设计融入资料的采集、整理、归档，形成设计指南，采用辅助设计工具如 CAD（计算机辅助设计）、CAE（计算机辅助工程）、CAPP（计算机辅助工艺过程设计）等，形成绿色设计环境，计算机完成设计信息的检索和分析计算产生评测结果，再对图形数据进行编辑修改，完成产品的开发设计；制造过程中采用 CAM（辅助制造系统）、FMS（柔性制造系统）实现加工、物料流和信息流的自动化、采用先进制造工艺，减少资源浪费和环境污染。

（四）绿色汽车全生命周期评价

生命周期评价是对产品或服务"从摇篮到坟墓"的全过程的评价；是一种系统性的、定量化的评价方法；是一种充分重视环境影响的评价方法；同时也是一种开放性的评价体系（图 4-32）。

汽车生命周期评价包括生产工艺 LCA（生命周期评估）、零部件 LCA 和整车的 LCA 等。其中整车的 LCA 最复杂，也最具代表性。汽车作为一种复杂的工业产品，在原材料加工阶段使用多种工业材料，制造过程分布在多个厂家，使用周期比较长。因此，汽车的 LCA 具有过程复杂、数据收集难度大、生命周期阶段不完整等特点。从循环经济的观点出发，汽车产品生命周期评价不仅要求在汽车报废后应尽可能地回收可利用的零部件和材料，而且要最大限度地利用在汽车全生命周期中各

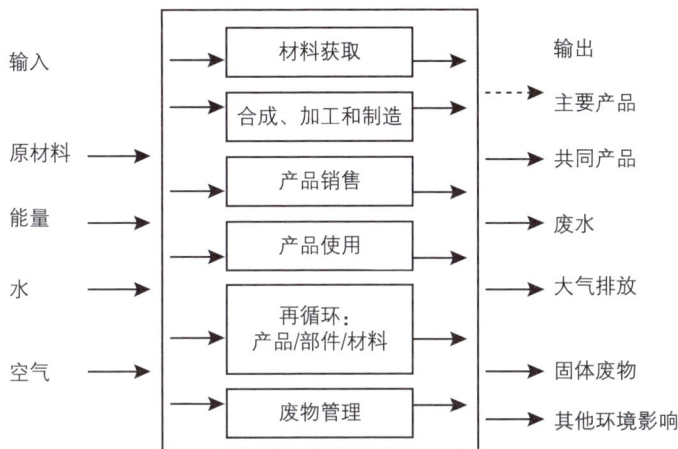

图 4-32 生命周期清单分析（LCIA）的基本步骤

阶段的能量和材料，使这些资源重新回到汽车全生命周期的各阶段或源头参与汽车的生命周期循环，或参与其他产品的全生命周期循环（图 4-33）。

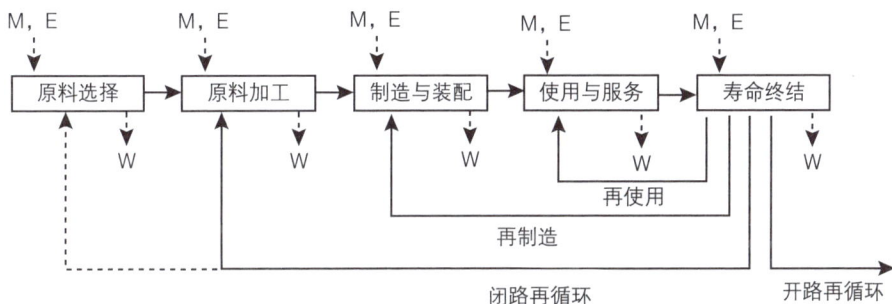

图 4-33 汽车产品生命周期简图

M、E - 分别为投入过程和分配的原料和能源
W - 从生产、过程和分配中产出的废物（液体、气体和固体）

随着市场的日益成熟和相对饱和，汽车生产竞争更多地依赖产品性能与技术内涵，加强产品全生命周期绿色管理，对提升企业竞争力至关重要。据了解，目前欧美各大著名车企都在积极开展汽车生命周期评价（LCA）研究，分别制定了各自的生态设计方法和指标体系。

推动汽车全生命周期绿色发展，是以绿色发展理念引领汽车产品设计、生产、使用、回收等环节，为此，需要制定汽车产品生态设计评价标准，开展汽车绿色设计产品评价，支持汽车制造企业绿色改造，推动汽车绿色制造技术创新和产业化的应用示范，推进汽车领域绿色供应链的建设。

七、低成本碳纤维制造及应用技术

碳纤维是一种比铝轻、比钢强、比人发细和含碳量＞90%的纤维状碳材料。碳纤维具有高的拉伸强度（2～7吉帕）、高的压缩强度（＞3吉帕）、高的拉伸模量（200～900吉帕）、低的密度（1.75～2.18克/立方厘米）、耐高温、抗烧蚀、耐腐蚀以及高的导热和导电性、低的热膨胀系数、自润滑和生物相容性等优异性能（图4-34）。

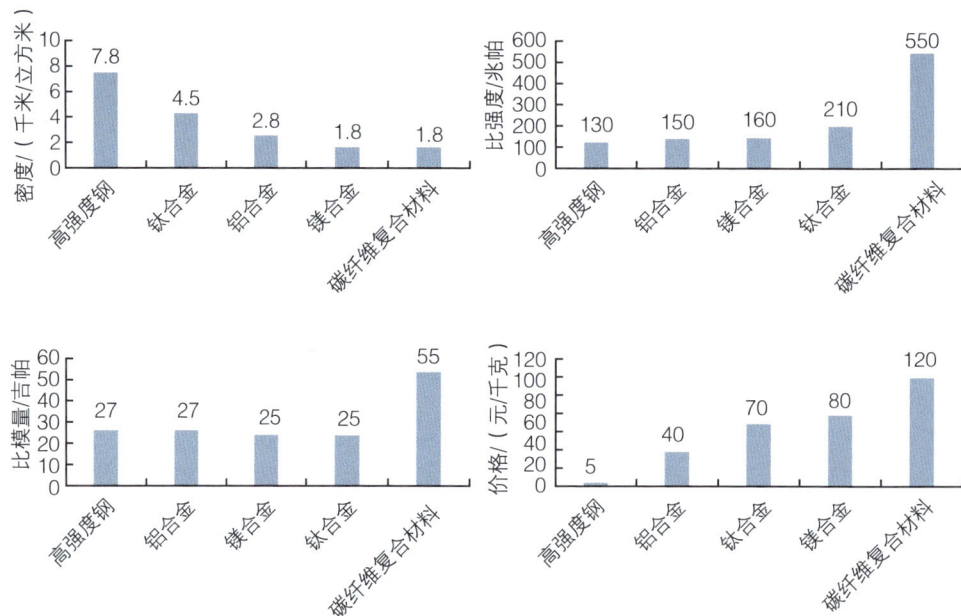

图4-34　各材料性能及成本对比

数据来源：《车用碳纤维复合材料性能及成型工艺》

随着社会经济的不断发展，碳纤维的市场需求越来越大。然而高昂的碳纤维生产成本，限制了碳纤维的普及应用。低成本高性能碳纤维是开拓碳纤维应用领域的关键环节。要将碳纤维复合材料大规模普及应用到汽车领域，势必对碳纤维产业链所有环节制备技术以及制造工艺提出更为严格的要求，低成本是其能成功商业化应用的必然出路。目前，汽车用碳纤维复合材料成本高达 400 元 / 千克，仅仅用于跑车、豪华车等相对小众市场，整体渗透率较低，而要普及到一般车型等大众市场，则需要其成本降到 60 ~ 100 元 / 千克，才具有现实可行性。

目前，随着复合材料技术的发展，原材料价格降低，制造工艺优化，成型周期缩短，复合材料在汽车零部件上的应用越来越多。特别是对于碳纤维增强复合材料来说，随着碳纤维价格逐渐下降，复合材料制造工艺的成熟，各大主机厂纷纷进行碳纤维零部件的开发，随着汽车领域对碳纤维复合材料的不断研究和应用，轻质、高强的碳纤维复合材料应用成本下降，碳纤维复合材料零部件的应用会越来越广泛。预计到 2030 年，碳纤维复合材料将成为汽车零部件轻量化的主流材料。根据碳纤及碳纤复合材料成本预测（图 4-35）和碳纤复合材料生产周期预测（图 4-36），2030 年以后，碳纤维复合材料无论成本还是生产周期都会大幅下降为目前的约 33%。

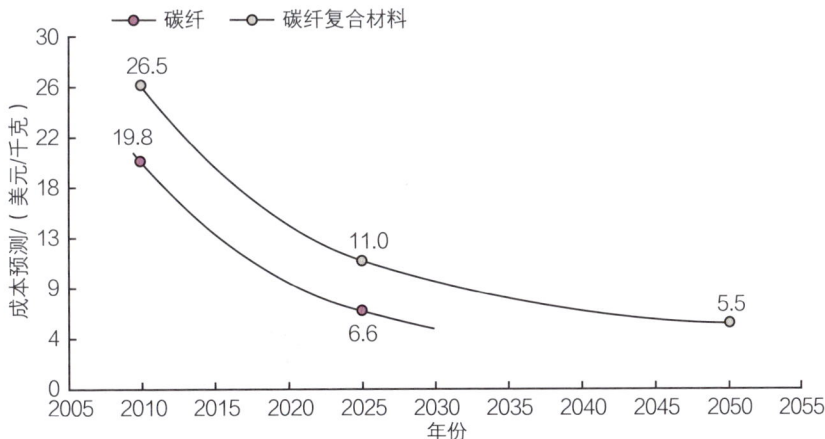

图 4-35　碳纤及碳纤复合材料成本预测

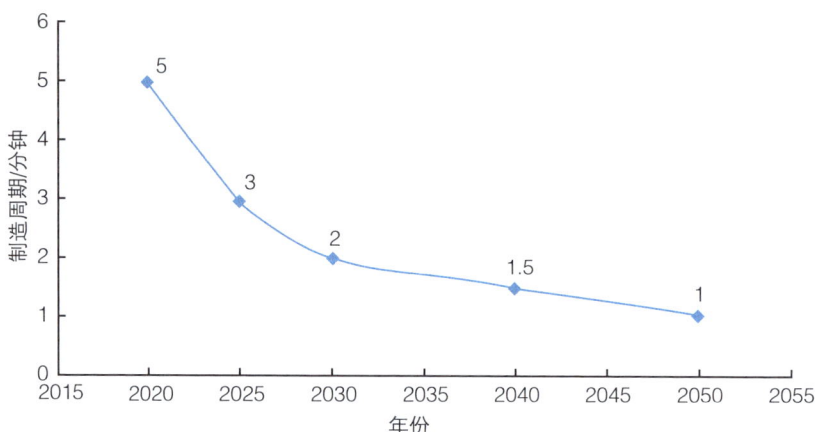

图 4-36　碳纤复合材料生产周期预测

（一）低成本碳纤维生产工艺

　　碳纤维的制造过程主要包括前躯体制备、预氧化、碳化以及表面处理等工艺过程，其各工艺阶段的生产成本比率如图 4-37 所示。毋庸置疑，改进和优化预氧化、碳化等工艺方法和条件，可以降低碳纤维的生产成本。然而，前躯体在所有的工艺过程中占了 50% 以上的生产成本。因此，要实现 10 美元 / 千克以下的低成本碳纤维，开发廉价、可替代的原材料与前躯体被认为是实现低成本碳纤维的最有效途径之一。

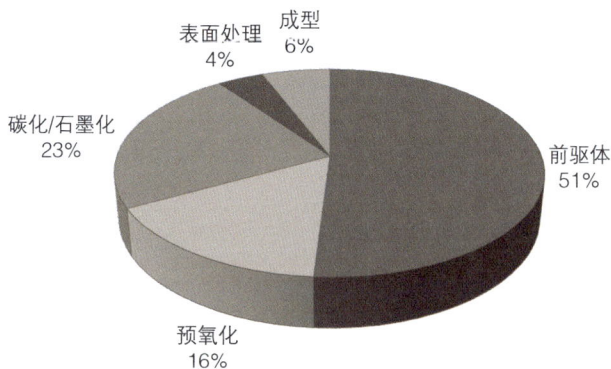

图 4-37　碳纤维生产过程中各工艺阶段的生产成本比率

首先，研究发展廉价原丝技术。高性能碳纤维中原丝成本占总成本的 40%～60%，降低原丝成本是降低碳纤维价格的有效方法。美国橡树岭国家实验室在美国能源部的支持下，正在进行以木质素为前驱体制备碳纤维原丝的技术研究，已经研制出了实验室制品，但还不具备批量化生产的条件。

其次，开发新的预氧化工艺。预氧化约占碳纤维总成本的 15%～20%，而且时间较长。目前研究方向主要是采用新的预氧化技术降低成本，缩短预氧化工序时间，如采用等离子体技术代替传统的低温预氧化技术。

最后，研究发展新的碳化技术。碳化工序占碳纤维总成本的 25%～30%，而且对碳纤维的质量影响较大。美国橡树岭国家实验室采用微波碳化技术取得了很好的效果，是今后发展的方向。

（二）复合材料直接在线混合成型技术

为解决传统注塑和模压成型低效率、高成本和高能耗等工艺缺点，德国、美国和法国分别开展了长纤维增强热塑性复合材料直接在线模塑成型（LFT-D）技术的研究，研发出了短流程、高效率、低能耗和低成本的成型工艺与装备，如在线注射成型工艺和在线模压工艺。在线注射成型适用于制造小型件和复杂零部件，在线模压成型一般用于尺寸较大、形状简单的产品。长纤维增强热塑性复合材料在线模压产品现已被宝马、奔驰、奥迪、马自达等汽车企业广泛地应用于后背门内板、仪表板骨架、前端模块、底护板、备胎舱支架、发动机气门室罩盖、机油盘等汽车关键零部件（图4-38）。在线模压成型可以实现产品减重30%以上，是实现汽车轻量化的有效手段之一。

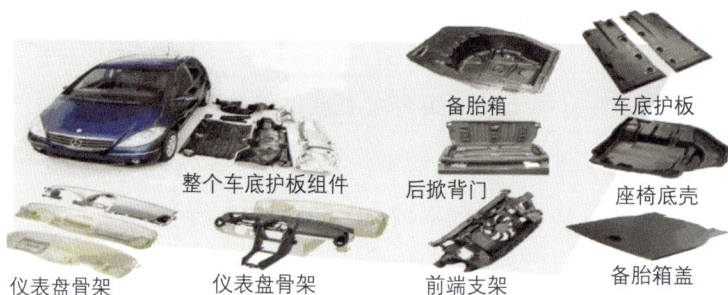

图4-38　在线模压成型生产的典型汽车零部件

（三）低成本碳纤维在汽车领域的应用

《汽车轻量化技术路线图》提到，到2030年，加大低成本碳纤维在汽车领域的应用，重点在碳纤维发动机罩盖、碳纤维混合车身、碳纤维座椅、碳纤维后备箱盖、碳纤维后防撞梁、碳纤维传动轴等产品上的应用。

碳纤维行李箱盖（图 4-39）。福特汽车公司为燃料电池汽车开发出一款碳纤维复合材料行李箱盖。这不仅降低了整车质量，并且将碳纤维材料在车身外覆盖件上的应用可行性又推进一步，也成为该车亮点之一。

碳纤维混合车身（图 4-40）。宝马全新第六代 7 系所有创新都始终贯穿着车辆整体轻量化的概念，是宝马核心产品中第一款实现将工业制造的碳纤维材料、高强度钢材和铝材完美组合应用到车身的车型。这种独树一帜的车身结构被称为"高强度碳纤维内核"，不仅优化了车身质量，增强了车身的强度和抗扭刚度，还具有舒适的驾驶体检。

碳纤维传动轴（图 4-41）。和普通的碳纤维传动轴相比，碳纤维传动轴优势明显。由于碳纤维传动轴比普通传动轴更轻，转动惯量更小，因此引擎动力输出时在传动轴上损失减小，能有效提升输出效率。同时，由于碳纤维传动轴质量轻，更有助于整车减重，能提升车辆的操控性能。此外，用碳纤维传动轴还有一个优点，就是由于强度高所以比普通传动轴能够承受更高的扭矩，适合更大扭矩输出的车。奔驰 SLS AMG、日产 GTR35、阿斯顿马丁 Vulacn 也采用了碳纤维传动轴。奔驰 SLS AMG 采用碳纤维传动轴连接 V8 引擎与 AMG Speedshift DCT 7 前速双离合变速器相连，最大限度的平衡了前后轴的质量分配。

图 4-39 福特燃料电池汽车碳纤维后行李箱盖

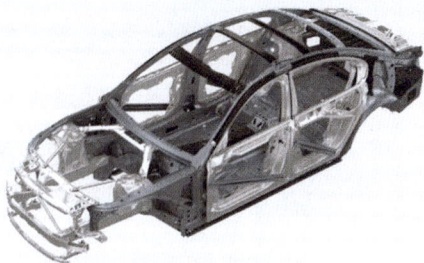

图 4-40 宝马 7 系碳纤维核心的车身结构

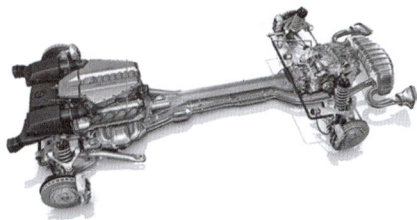

图 4-41 奔驰前速双离合变速器

八、支持无人驾驶的智慧公路关键技术

2018年2月，交通运输部发布《关于加快推进新一代国家交通控制网和智慧公路试点的通知》，在江苏等9个省份开始试点。未来，通过建设智慧公路构建人车路协同综合感知体系，将有力支撑自动驾驶的应用。

目前，浙江省正在建设一条"智能、快速、绿色、安全"的"超级高速公路"。该路线位于杭州、绍兴、宁波三地的杭绍甬高速公路，全长161千米，将构建大数据驱动的智慧云控平台。这一平台通过智能系统（图4-42）；车辆管理，可以有效提升高速公路运行速度，支持无人驾驶和无线充电。近期目标是通过智能化和容错设计来提升道路系统的安全性，将事故危害程度降到最低，实现全天候快速通行。远期计划将基于高精定位、车路协同、无人驾驶等综合技术接入系统，实现"零死亡"。相较于普通的高速公路，超级高速公路更智能、更智慧、科技感十足。不仅能够提高速度，安全性能更高。如若超级高速公路能够如期完工并运营，自动驾驶汽车上路便指日可待。

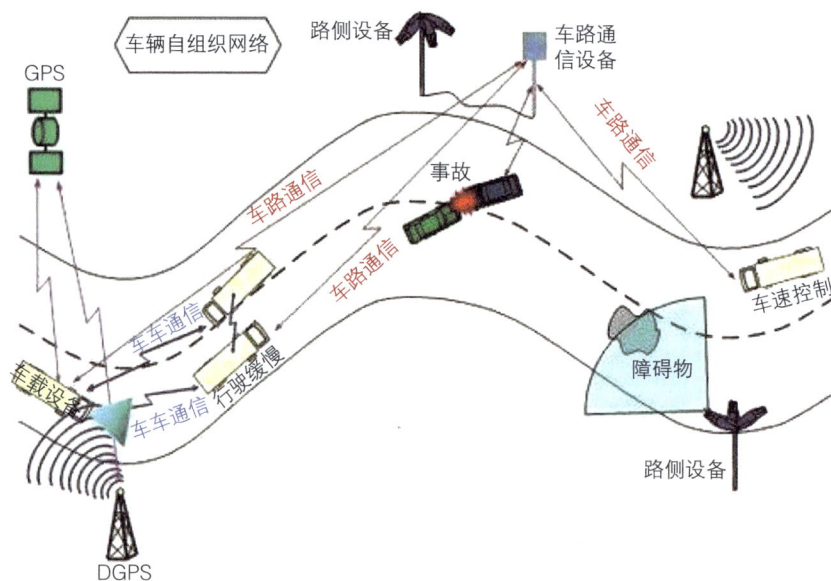

图4-42 智慧公路系统

（一）基础设施数字化技术

基础设施数字化、智能化是大势所趋。应用三维可测实景技术、高精度地图等实现公路设施数字化采集、管理与应用，构建公路设施资产动态管理系统，全面提升道路智能感知监测这样便能针对重点路面、桥梁、涵洞、边坡智能监测感知应用，减少人工值守，提升智能监测预警水平，统筹各类智能感知应用，并基于智慧公路云 GIS 实现可视化展示与分析，打造"可视、可控、可测"交通基础设施安全状态综合感知、分析及预警平台，便于综合监管及决策。未来，桥、公路、隧道可以自动感知，自动分析安全状况，出现问题及时报警。也就是说，再也不会出现桥断了、隧道塌了、路断了，还开过去的情况了。

（二）路运一体化车路协同技术

基于高速公路路侧系统智能化升级和营运车辆路运一体化协同，利用 5G 或者拓展应用 5.8 吉赫专用短程通信技术，提供极低延时宽带无线通信，探索路侧智能基站系统应用，开展车路信息交互、风险监测及预警、交通流监测分析等。

智慧公路 5G 信号是标配。5G，作为第五代通信技术，其理论下载速度可达 1.25 吉字节每秒。以 5G 网络为基础，汽车可以与周围汽车、信号灯、建筑甚至道路实时交换数据信息。对于无人驾驶而言，影响巨大。

通过 5G 蜂窝无线通信网络，智能驾驶可以实现人、车、路、云的低延时，高稳定性的物网联架构。让"V2P、V2I、V2V、V2N 等多路通信同时进行"成为现实，让"远程驾驶""无人车编队"成为可能。

基于 5G 网联技术，网联感知将给予车辆更高的安全性；网联 OTA（空中下载）会增加乘用车自动驾驶系统的更新速度；网联自动驾驶与手机终端结合将给网约车推广助力；网联自动驾驶车队给自动驾驶进入物流的垂直的应用实现阶段性突破。5G 网络是能提供 20 吉字节每秒速率，延时仅仅 1 毫秒，每平方千米 100 万个连接，网络稳定性可达 99.999% 的下一代蜂窝无线通信网络。

智慧公路两侧，将架设 5G 通信技术设备，提供极低延时宽带无线通信，构建人车路协同综合感知体系，全面支持自动驾驶。也就是说，汽车、驾驶人、乘客可以在路上无限制使用 5G 信号网络，一点都不卡，出行变得更加方便。试想，无人驾驶电动汽车在高速路上以 140 千米每小时的速度飞驰，没有急停急刹，安全平稳，自己在后座上拿着手机享受 5G 上网冲浪，喝着汽车上的自动加热的咖啡，那是多么奇幻的事。

（三）北斗高精度定位综合应用技术

建设北斗高精度基础设施，实现北斗信号在示范路段（含隧道）的全覆盖，使灾害频发路段实施长期可靠的监测与预警；探索开展基于北斗高精度定位的高速公路通行费收费应用研究，强化技术储备。构建基于北斗的高速公路应急救援一体化管理系统，实现车辆人员的迅速定位与救援力量的动态调度和区域协同。

1 高精度定位系统

高精度定位技术。研究开发新型原理的高精度定位技术及传感器，提升单车定位精度，研究协同全国北斗地基增强系统的建设，开展车载北斗高精度定位系统技术的研究、应用和推广，提高全面联网条件下车辆的高精度定位能力，增强北斗动态高精度定位下的稳定性和抗干扰性。同时，降低全模组成本，满足云端网联与地图匹配的发展需求和智能网联汽车各个阶段的精度需求。

高精度定姿技术。结合先进的惯性导航

技术和多源传感器的联合感知，开展车载高精度车身姿态测量技术的研究、应用和推广，全面提升动态定姿精度，提供实时、连续可靠的车辆行驶状态及航向角、俯仰角、侧倾角等车身姿态信息，满足智能网联汽车控制系统的要求。

多源辅助定位和新型定位技术。开展基于多传感数据融合的多源辅助定位研究，重点研究基于地理源信息、双目摄像头、雷达、车载惯性导航等多源传感器以及通信基站的辅助定位技术，实现大数据的合理存储与实时处理，满足智能网联汽车对于高精度定位的快速性、稳定性等需求。同时研究低成本新型原理的高精度定位方法，例如无通信条件下基于高精度地图、环境感知及特征匹配的车辆行驶状态下的厘米级定位等。

北斗车载导航量产级应用。第一步，结合多模导航，提升车载导航服务稳定性，赢得市场和用户的认可，实现自主独立导航，功能和产品上逐步替代 GPS；第二步，全面开展新一代北斗（全球导航卫星系统）和高精度定位定姿系统（POS）的开发，结合导航软件和地图的适配性，同时充分利用北斗系统通信功能，实现互动式网联系统和产品开发，形成完善的量产化产品，全面提升基础产品产业链（包括导航天线、终端芯片、板卡等）的质量水准，使其达到国际先进水平（图 4-43）。

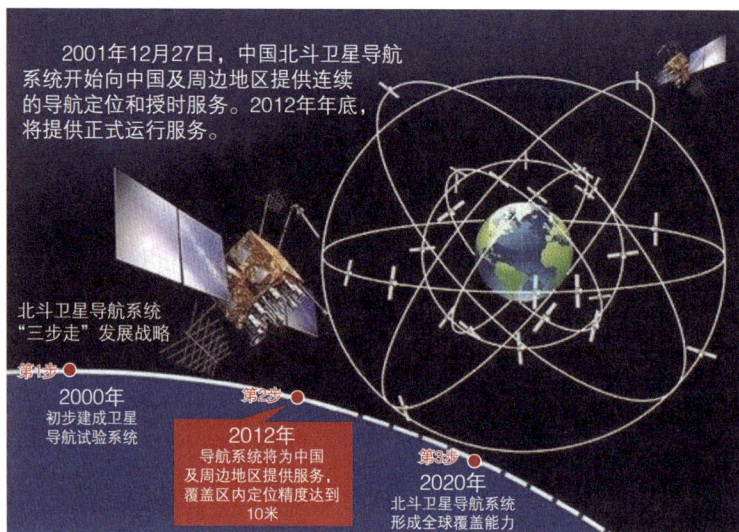

图 4-43　北斗车载导航量产级应用

预计到 2030 年前后，实现北斗高精度定位、多源辅助定位及其他新型定位定姿技术的深度融合，无通信条件下定位精度仍然保持在厘米级，同时具备室内外无缝定位能力，满足智能网联汽车完全自动驾驶阶段的感知和认知需求。

2 高精度地图

【1】 理论研究

电子地图供应商与大学及研究机构合作，就高精度地图及定位关键技术开展基础研究，与汽车厂商、系统集成商深度合作，完成高精度地图与无人驾驶的技术对接，确立高级辅助驾驶高精度地图（ADAS Map）和高精度地图（HAD Map）数据的数据模型，推进高精度数据采集式样、交换格式和物理存储的标准化。

【2】 规模化生产

在满足采集精度和可靠性的前提下，提高数据采集、制作工艺水平和自动化程度，实现高精度地图数据的规模化生产。大力推进高精度地图数据采集设备和制作工艺的国产化水平，重点突破激光雷达、全景摄像头、惯性测量装置（IMU）、全球卫星导航系统等设备和高精度地图的编辑平台软件，逐步提升高精度地图生产制作的自主率。

【3】 综合化试验

协同高精度定位定姿系统及多传感器融合技术，逐步形成完善的智能网联汽车认知和感知系统。进行多气候条件多道路工况下的实车路测，建立高精度地图精度和准确性的测评体系。借助车联网、云平台及数据众筹，实现高精度地图的增量更新。

【4】 未来地图探索

与北斗导航系统、雷达/视觉系统、车辆控制器局域网总线系统等实现深度信息融合，基于物联网、云技术以及 5G 技术等实现高精度三维地图的实时、自动增量更新。全面收集地理、气候、道路、车辆和行人的实时动态数据，包括位置、交通以及预测信息等，在静态高精度地图基础上，实现驾驶外部环境的高和实时表达。

2030 年，实现高精度地图生产自动化及标准化，提供动态三维高精度地图，并实现动态高精度地图的快速更新、数据发布和智能化应用，满足高度自动驾驶和完全自动驾驶智能网联汽车的感知和认知需求。

九、基于可再生能源制氢的燃料电池汽车技术

在分布式制氢方面，2020 年为分布式制氢达到商业化指标要求的关键节点。在这一阶段，通过优化电极结构以及碱性电解技术、碱介质回收技术的开发，进一步降低电解水成本和能耗，提高综合效益，形成加氢站分布式制氢布局。在此基础上，进一步开展高耐受性关键材料及部件的开发验证，研究电堆实际工况下控制策略以提升电堆寿命。2020 年后继续开发低成本、高效率的电解水分布式制氢技术，主要包括固体高分子、固体氧化物分布式制氢技术，提高分布式制氢装置的氢气产量，满足氢燃料电池汽车市场需求。

在大规模集中制氢方面，首先，立足现有的产业结构，以实现高附加值利用为目的，实现焦炉煤气、工业副产氢纯化制氢，通过重整制氢技术和高效、低成本氢气分离技术的开发及应用，将焦炉气、工业副产氢所含的大量碳氢化合物转化为氢气，将分散的焦化厂升级为制氢网络，提供氢能源。其次，研究基于可再生能源和先进核能的低成本制氢技术，重点突破太阳能光解制氢和热分解制氢等关键技术，建设示范系统；突破高温碘—硫循环分解水制氢及高温电化学制氢，完成商业化高温核能分解水制氢方案设计。最后，研发新一代煤催化气化制氢和甲烷重整 / 部分氧化制氢技术。

利用太阳能生产氢气的系统有光分解制氢、太阳能发电和电解水组合制氢。对太阳能制氢的研究主要集中在热化学法制氢、光电化学分解法制氢、光催化法制氢、人工光合作用制氢和生物制氢。

（一）可再生能源制氢技术

1 电解水制氢技术

电解水制氢（图 4-44）是一种高效、清洁的制氢技术，其制氢工艺简单，产品纯度高，氢气、氧气纯度一般可达 99.9%，是最有潜力的大规模制氢技术。特别是随着可再生能源发电的日益增长，氢气将成为电能存储的理想载体。碱性电解水制氢是目前非常成熟的制氢方法，目前为止，工业上大规模的电解水制氢基本上都是采用碱性电解制氢技术，该方法工艺过程简单，易于操作。电解制氢的主要

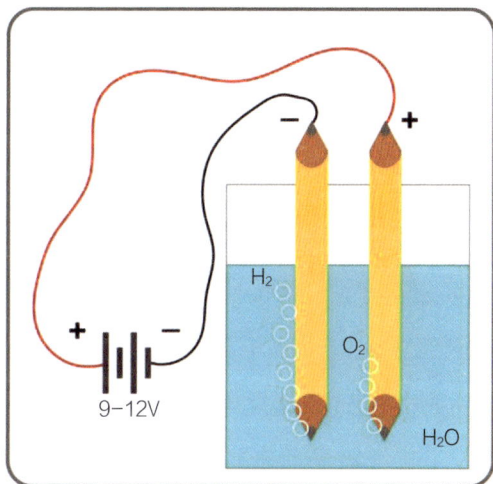

图 4-44　电解水制氢技术原理

能耗为电能，每立方米氢气电耗为 4.5 ~ 5.5 千瓦时，电费占整个电解制氢生产成本的约 80%。固体聚合物电解水制氢具有适宜于变工况运行及频繁启停操作、体积小、质量轻及模块化操作等特点；高温固体氧化物电解水制氢在高温下电解水蒸气制氢，从热力学方面，较大程度地降低了电解过程的电能需求，从动力学方面，显著地降低电极极化，减少了极化能量损失，电解效率高达 90%以上。

2 热化学法制氢技术

太阳能直接热分解水制氢是最简单的方法。就是利用太阳能聚光器收集太阳能直接加热水，到 2500 开尔文（3000 开尔文以上）以上的温度从而分解为氢气和氧气的过程。目前，科学家已研究出 100 多种利用热化学循环制氢的方法，所采用的催化剂为卤族元素、某些金属及其化合物、碳和一氧化碳等。热化学循环法可在

低于 1000 开尔文的温度下制氢。制氢效率可达约 50%，所需热量主要来自核能和太阳能。为了适应未来大规模工业制氢的需要，科学家正在研究催化剂对环境的影响、新的耐腐蚀材料，以及氧和重水等副产品的综合利用等课题。许多专家认为，热化学循环法是很有发展前景的制氢方法。

3 光电化学分解技术

典型的光电化学分解太阳池由光阳极和阴极构成。光阳极通常为光半导体材料，受光激发可以产生电子空穴对，光阳极和对极（阴极）组成光电化学池。由于电解质的存在，光阳极吸光后在半导体带上产生的电子通过外电路流向阴极，水中的氢离子从阴极上接受电子产生氢气。半导体光阳极是影响制氢效率最关键的因素。工作时，使半导体光吸收限尽可能地移向可见光部分，减少载流子之间的复合，以及提高载流子的寿命。

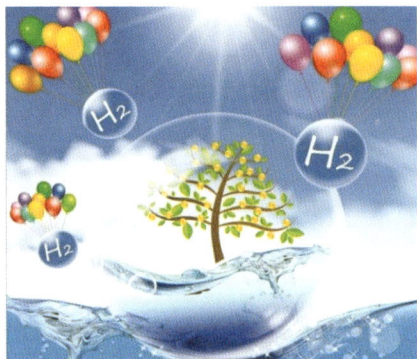

（二）新型燃料电池核心材料

燃料电池的主要研究方向如下：新型低铂或非铂催化原理及催化剂研究；超高分散度的纳米粉体浆料制备技术基础、高化学和机械稳定性固体电解质开发及质子传导机理研究；高性能及低成本气体扩散层开发及传质机理研究、金属双极板低成本耐蚀导电改性层研究；无残余应力的多维度微尺寸金属薄板精密成型技术研究；密封介质的电堆密封机理及其结构可靠性研究；车用金属—空气燃料电池系统及燃料再生的关键科学问题和技术研究。

（三）电堆组件性能提升技术

高功率密度金属双极板制造工艺和测试评价：高功率密度金属双极板的制造工艺关键技术包括冲压、密封、焊接和涂敷技术；高性能低成本膜电极（MEA）的制造工艺关键技术研究；高功率密度电堆用的扩散层（碳纸、碳布）、复合膜、低铂催化剂的制造工艺关键技术；全尺寸单电池流场与流体分配的优化技术；电堆结构、组装工艺及电堆一致性保障技术；实现电堆无外增湿的关键技术；电堆衰减机理与耐久性提升技术。

（四）空压机组件、氢气再循环泵等关键辅助系统零部件

小型化、低功率高速压缩机是实现高功率密度燃料电池的关键核心零部件。以气浮轴承、磁浮轴承、陶瓷轴承等无油高精密承载部件为传动部件的透平式高速压缩机是目前研究的重点方向，其难点在于轴承、叶轮及控制器的设计和加工；氢气循环泵是提高氢气利用率、阳极水管理的核心部件，高效的氢气循环装置能极大地改善系统性能，提高系统经济性。

（五）高比功率燃料电池发动机

研发高功率密度、低成本燃料电池电堆关键技术；开展高功率密度、低成本、模块化燃料电池发动机（图 4-45）的设计、集成，以及控制系统和关键工艺技术的开发；研究发动机及其关键零部件的检测与评价技术。

图 4-45　燃料电池发动机

（六）长寿命燃料电池发动机

开展燃料电池发动机的总体布置和模块化结构集成设计技术的研发、全尺寸电池单体和电堆研发；开发燃料电池辅助系统（包括空气系统、氢气系统和热管理系统）和燃料电池发动机控制系统；开展发动机系统集成与关键工艺技术的研发；研发核心部件及整机的测试与评价技术。

十、基于互联网的汽车设计、制造和服务一体化技术

基于互联网的设计／制造／服务一体化是工业化与信息化高度融合（图4-46）的集中体现形式之一。随着互联网、大数据、云计算、机器人、人工智能等信息技术的快速发展，全球实现了产品设计、制造、服务的异地协同，基于统一标准格式的数据传输、大数据计算、共享等服务增强了资源的有效配置，满足了用户的大规模个性化定制的要求，基于网络的产品设计、制造、服务一体化成为制造业发展的必然趋势。

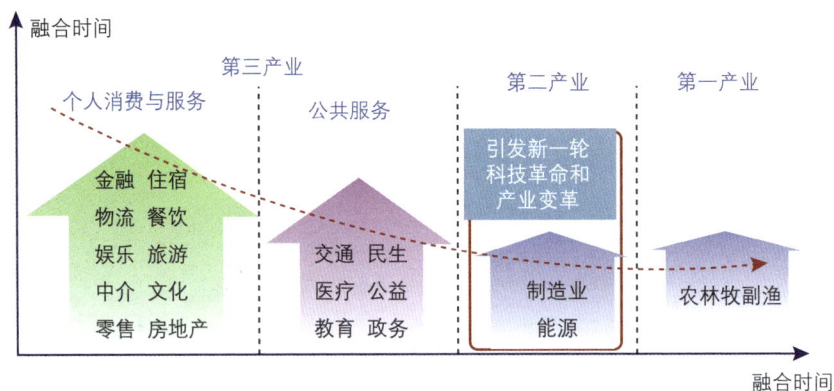

图4-46　互联网与相关行业的深度融合

制造业的全产业链构成和产品研发、营销与使用的全过程正在发生革命性的变化,高效率/低成本和分布式/个性化正在悄然改变传统的大规模生产模式,制造商可通过互联网获取产品在整个运行期间内的性能参数海量数据,并通过大数据分析推动产品性能优化和全生命周期健康管理,这是设计制造理念的重大突破,也是设计/制造/服务能够实现一体化的基础。

把握当前新技术革命工业化和信息化高度融合的特征,结合《中国制造 2025》的技术方向,通过实施基于"互联网 +"的设计/制造/服务一体化示范工程,建立基于"互联网 +"的设计/制造/服务一体化协同工作平台,实现异地多厂所并行协同的联合研制模式,全面应用数字化设计、制造、服务的创新技术和智能技术,促进和带动中国汽车制造业的跨越式发展和产业升级(图 4-47)。

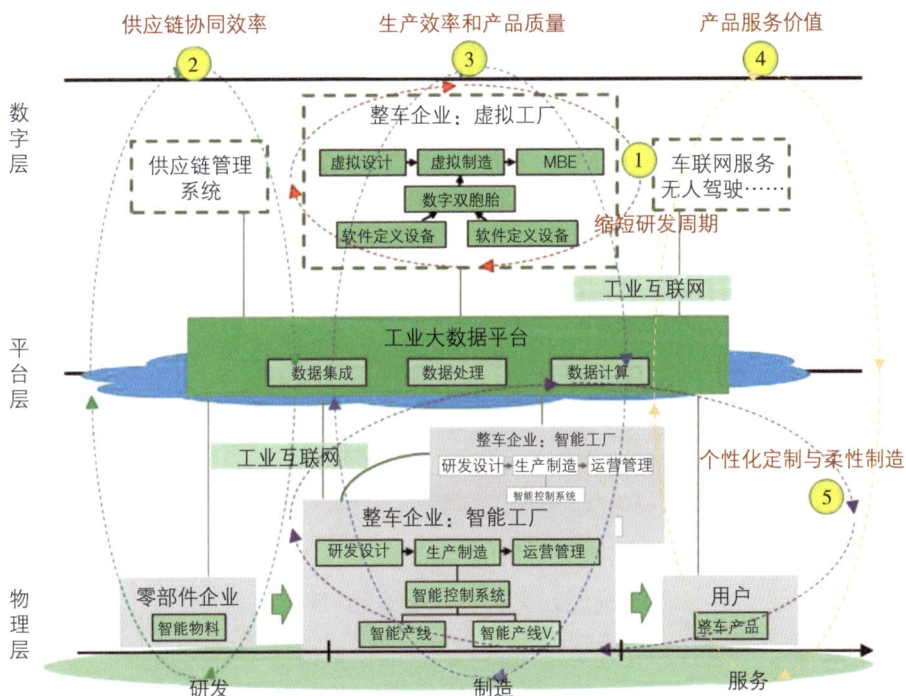

图 4-47 中国汽车产业数字化转型战略转型

世界先进国家已将汽车产业的发展蓝图确定为要实现基于网络的设计、制造、服务一体化的数字模型。如，德国工业4.0清晰定义了基于互联网的智能汽车、设施及制造服务的信息物理融合系统，明确了从汽车机电一体化到智能驾驶信息物理融合推进时间表。欧盟计划到2050年形成一体化智能和互通互联汽车的交通区。中国第一汽车集团公司等汽车企业建立了设计、试验、仿真、制造、客户服务等各种类型的应用系统平台，一定程度上实现了产品的设计系统与制造系统的集成，降低了成本，缩短了产品研发及制造周期，提高了企业的核心竞争能力；部分企业利用企业内部网络实现了设计系统与制造系统的集成，并利用车联网与通信技术部分实现了车辆行驶数据实时采集分析、车辆远程诊断等。

> 汽车产品设计／制造／服务一体化工程是以相关的大量关键技术为支撑的，这些技术既包括传统的汽车设计、制造、服务技术，也包括信息化、智能化等新技术。

（一）一体化设计技术

> 一体化设计技术，包括数字化建模技术、协同设计、网络化敏捷设计等。研究开发和应用全三维数字化模型（model based definition，MBD）定义、面向制造的设计（DFM）、区域化模块化设计、关联设计、产品架次精细化构型等先进的数字化设计技术，以全面提升产品设计的效率和质量。

基于模型定义的全三维设计，将产品的设计定义、工艺描述、属性和管理等信息附着在产品三维模型中，在典型制造业设计过程全面实行MBD，以三维模型为基础，实现几何和非几何信息，包含尺寸信息、公差要求、加工制造要求、检验要求等在三维模型上的表达，并使全三维模型成为设计、分析、制造和服务的唯一依据。贯彻面向制造的设计（DFM）理念，完善全三维设计支持工具集，精细化设计模型。综合应用先进的区域化、模块化设计和关联设计方法，提高产品研制效率和质量。将产品划分为区域和模块，实现产品结构的扁平化管理，提高总体、结构、系统等专业的设计并行能力。通过采用关联设计技术，大大减少工程设计过程中的协调与迭代时间，提高协调效率和设计迭代效率，缩短设计周期。

实现产品研制的构型管理。从对数字样机设计结果的管理发展到对设计过程的管理，实现从基于文档的管理向基于产品结构的管理转变，实现面向架次的产品构型管理；准确高效组织产品研制活动中产生的数据及复杂的逻辑关系，实现产品结构状态、有效批次、零部件模型及相关软件的状态管理和有效控制。

积累三维建模方法，拓展模型在制造下游的应用能力。三维实体模型是特征定义与运算的过程，该模型的数据量、可维护性是评价建模方法的重要指标；进一步加强设计建模知识的积累，建立一整套涵盖各类构件、细化到特征定义、具有良好操作性的完整的设计建模指南和规范，使 MBD 工程应用实施具有更加扎实的基础。

（二）一体化制造技术

1 云制造

一体化制造技术主要包括云制造、虚拟制造、资源优化管理等。

云制造（图 4-48）是在"制造即服务"理念的基础上，借鉴了云计算思想发展起来的一个新概念。云制造是先进的信息技术、制造技术以及新兴物联网技术等交叉融合的产品，是"制造即服务"理念的体现。采取包括云计算在内的当代信息技术前沿理念，支持制造业在广泛的网络资源环境下为产品提供高附加值、低成本和全球化制造的服务。

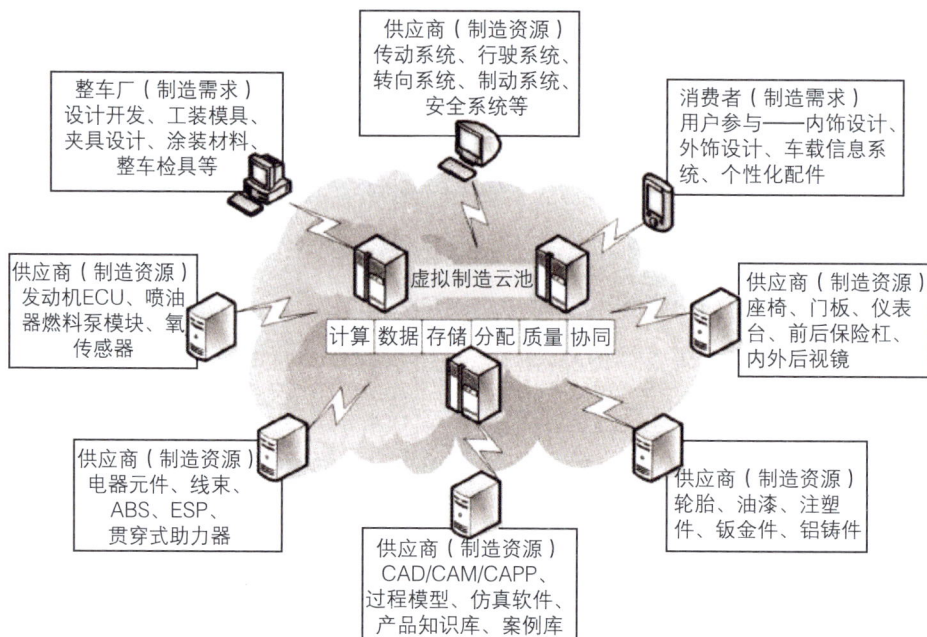

图 4-48 汽车制造云池的资源共享模式

2 虚拟制造

虚拟制造技术（virtual manufacturing technology，VMT）（图 4-49）是以虚拟现实和仿真技术为基础，对产品的设计、生产过程统一建模，在计算机上实现产品从设计、加工和装配、检验、使用整个生命周期的模拟和仿真。在 VMT 的关键技术中，除上述高性能计算机系统软硬件设备之外，还包括实时三维图形系统和虚拟现实交互技术。利用实时三维图形系统，可以生成有逼真感的图形，图像具有三维全彩色、明暗、纹理和阴影等特征。虚拟现实是一种交互式的先进的计算机显示技术，双向对话是它的一种重要工作方式。就虚拟现实交互技术而言，人是主动的，具有参与性，而不再是观众，有时甚至还充当主人的角色。汽车的设计过程中，会遇到一系列问题，如其形状是否符合空气动力学原理，内部结构布局是否合理，等等。在复杂管道系统设计中，采用虚拟技术，设计者可以"进入其中"进行管道布置，并可检查是否发生干涉。

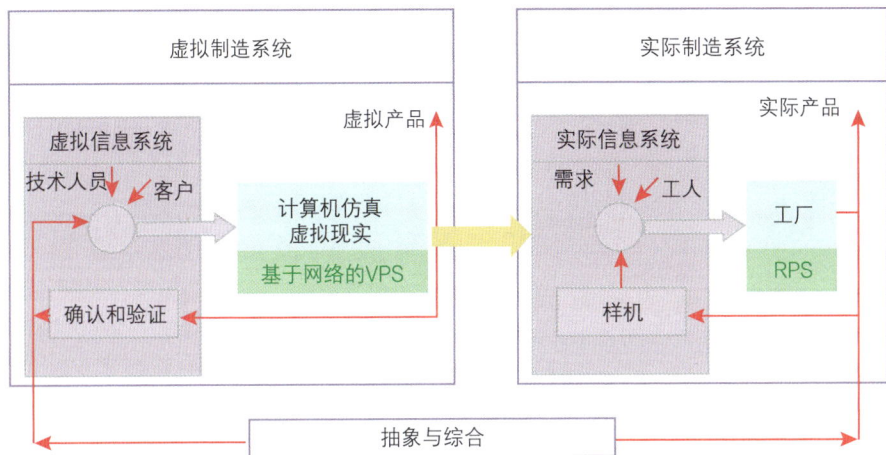

图 4-49 虚拟制造与实际制造

目前，德国所有的汽车制造企业都建成了自己的虚拟现实开发中心。奔驰、宝马、大众等公司的报告显示，运用虚拟制造技术，以"数字汽车"模型来代替木制或铁皮的汽车模型，设计发动机、车体、电气线路等，建立了三维模型，并进行了碰撞分析和运动分析等，还进行了模拟数控加工和质量检验等，大大缩短了设计周期，降低了设计成本，可将新车型的制造时间从一年以上缩短到约 2 个月，开发成本最多可降低到原先的十分之一。

(三)基于"互联网 +"的协同服务平台

全球化的优势企业协作、虚拟企业、动态联盟是当今世界制造业的总体发展趋势，作为基于"互联网 +"的设计、制造、服务一体化发展的支撑，重点产品研制将广泛应用联合研制模式和并行工程工作方法，参研单位以 IPT（集成产品协同组）的组织形式开展型号并行协同研制。为全面实现异地多厂所并行协同的联合研制模式，需要建立基于"互联网 +"的网络协同工作平台（图 4-50）。通过协同工作平台，支持多厂所联合协同研制模式和并行工程的组织实施，形成以产品为导向的开放式异地协同设计 / 制造 / 服务一体化体系，建立健康管理体系和在线的产品支援

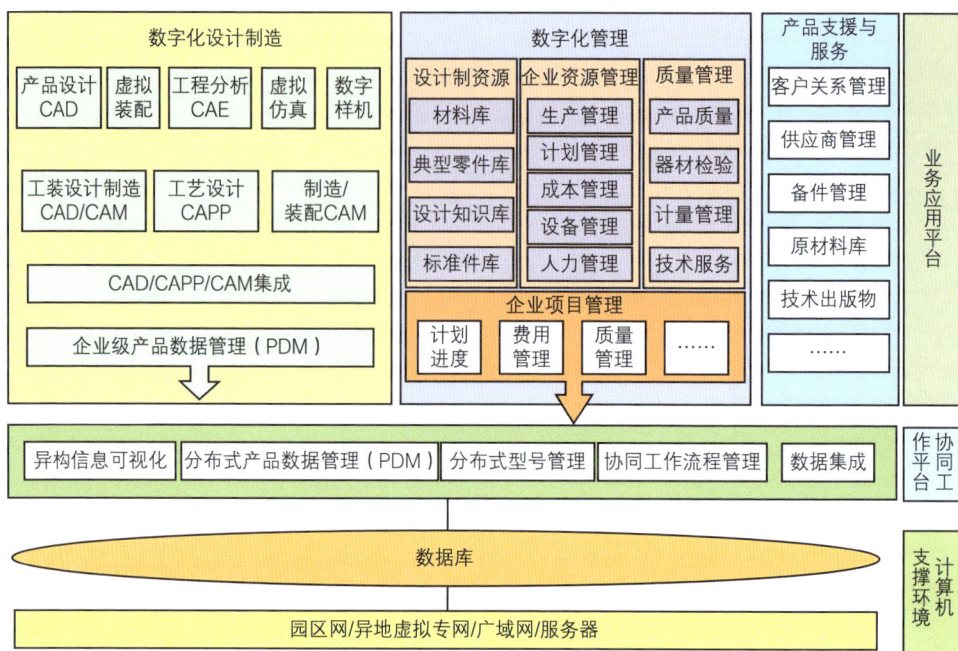

图 4-50　基于"互联网 +"的协同研制模式架构

和客户服务系统,实现全生命周期网络化、智能化、柔性化综合保障。

　　基于"互联网 +"的协同工作平台将支持采用联邦式数据模型的分布式产品定义及异地信息共享,支持大型复杂的项目管理、异地协同工作、异地工作流管理、异构信息可视化、异构信息系统应用集成等功能。

第五章
未来汽车出行场景与展望

>>>

过去的 100 年，人们对车的需求经历了从纯粹的交通工具过渡到舒适驾乘，再到智能出行体验几个阶段（图 5-1）。19 世纪 70—80 年代，卡尔·本茨设计的三轮汽车是世界上最早的汽车雏形，带给人们更多的是观念的变化。福特汽车公司在 20 世纪初开发出 T 型车流水生产线，汽车大批量生产，家庭轿车普及。随着时代的进步，人们对汽车有了更多的诉求，希望驾驶过程中得到更加舒适、愉快的体验。同时，技术的发展也使汽车朝更加智能化方向发展。到 2049 年，电动、智能、网联等技术推动汽车进入革命性的转折点，而汽车的产品形态与服务也将发生变革，这将是怎样的一幅美好场景？

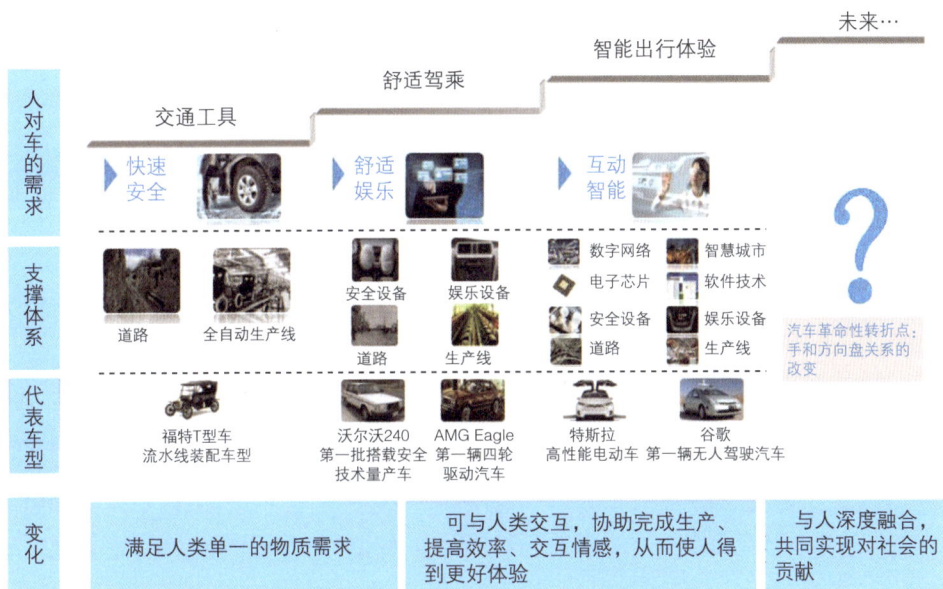

图 5-1 过去 100 年汽车演化过程与趋势

在第四次技术革命的深刻影响下，利用汽车出行将演变为由技术和需求双轮驱动，且受到经济发展、产业政策、能源等因素影响（图 5-2），呈现几个特征：①技术创新驱动出行智能化，并最终形成以无人驾驶为主导的新一代出行方式；②能源变革推动出行电动化，并形成"电动汽车 + 分布式能源 + 智能电网"的新一代交通能源供给格局；③安全高效低成本出行需求促进智能共享一体化变革。

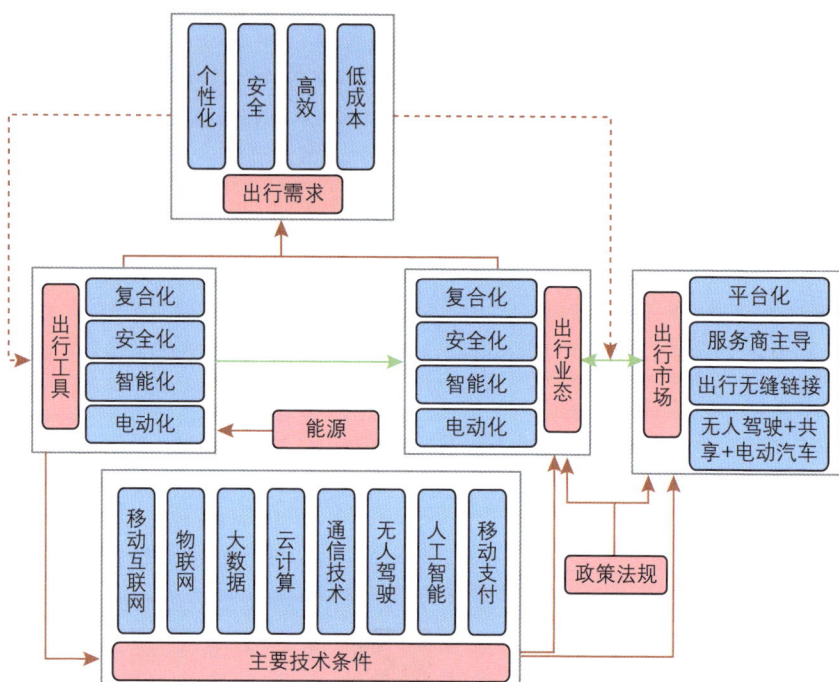

图 5-2　未来出行演变逻辑

未来出行发展趋势：①出行观念。从拥有到使用的转变，代替私家车的共享出行将成为未来出行的主流；②出行工具。从内燃机向低碳出行工具和复合化解决方案转变；③出行方式。个性化、公共化、服务化成为主流，多样化出行是未来出行的重要特征；④出行服务。未来出行将由出行服务商主导，无缝衔接是主要方向，公共交通成为主流，定制化服务将成为重要补充；⑤未来出行将更加智能化。全路况无人驾驶，车辆高度安全，无人驾驶＋共享出行是未来出行的终极形态。

第一节
未来的汽车产品形态和服务

一、新能源汽车成为未来出行变革的重要载体

随着传统燃油汽车发展带来的能源消耗和环境污染等问题日益凸显，未来汽车将向使用电能、氢能的新能源汽车过渡。因此，新能源汽车将逐渐占据主导，成为未来的主要车型。新能源汽车不仅替代传统燃油车，它更是第三次工业革命的支柱性、引领性产品，可以大幅度降低人们对化石能源的依赖，减少排放，有利环境。垂直一体化的汽车产业链将会被打破，汽车产业将广泛吸纳信息化、网络化、智能化以及新能源、新材料、先进制造等各方面的新发展，成为众多产业融合创新的一个平台。汽车产业还将提供多样化的服务，成为新服务的载体，将重塑道路交通模式，促进建设智慧城市。

　　近年来，中国新能源汽车市场快速发展，但由于基数较小，市场规模依然较小。截至 2019 年年底，中国新能源汽车保有量接近 400 万辆。与此同时，中国传统燃油汽车保有量已突破 2.6 亿辆。据预测，中国传统燃油汽车在 2030 年以前仍将占据较大市场份额。节能汽车是指以内燃机为主要动力，综合工况燃料消耗量优于下一阶段目标值的汽车。如果中国能大量普及节能汽车，对减轻环境、能源压力将具有显著作用。

　　在节能环保形势日益严峻的挑战下，发展节能汽车，对政府、企业和用户都是一条较好的途径。在此背景下，中国节能汽车市场规模不断扩大，有力带动了汽车平均油耗的持续下降。根据《汽车产业中长期发展规划》，到 2020 年，新能源汽车新车年销量占汽车占汽车总销量的 10%，新能源汽车保有量达到 500 万辆，到 2025 年，新能源汽车新车年销量占比达 20%。具体而言，到 2020 年，自主节能汽车产品市场份额达到 40%；节能商用车新车油耗接近国际先进水平，乘用车新车平均油耗优于 5 升 /100 千米；拥有明星车型与明星车企，节能汽车销量排名前 10 的企业达到 5 家，自主产品 PP100 质量水平与合资品牌相当。到 2025 年，自主节能汽车产品市场份额达到 50%；商用车新车油耗达到世界先进水平，乘用车新车平均油耗优于 4 升 /100 千米；节能车销量排名前五的企业达到 3 家，自主产品美誉度超过合资品牌，拥有具有世界先进水平的节能商用车，商用车整车出口达到 20%。

　　新能源汽车的大规模发展是有效缓解中国能源与环境压力，推动汽车产业技术创新与转型升级的重要战略举措。近年来，中国新能源汽车呈现快速发展态势。2015 年，中国新能源汽车销量超过 30 万辆，成为全球第一大新能源汽车市场。未来，中国新能源汽车市场将进一步快速扩张。到 2030 年，纯电动和插电式混合动力汽车、燃料电池汽车、智能网联汽车等将成为主要车型。从具体目标来看，到 2020 年，中国自主新能源汽车年销量将突破 100 万辆，市场份额超过 70%；形成数个进入全球销量排名前 10 的明星车，新能源客车实现规模化出口，整车平均故障间隔里程达到 2 万千米。到 2025 年，与国际先进水平同步的新能源汽车年销量 300 万辆，自主新能源汽车市场份额超过 80%；产品技术水平与国际同步，拥有 2

家在全球销量进入前 10 的一流整车企业,海外销售占总销量的 10%。

　　未来,纯电动汽车和插电式混合动力汽车产量和保有量的占比将迅速提升,随着一些汽车企业的国际知名度迅速提升,一些产品走出国门,将赢得较好的国际美誉度。2020 年,中国纯电动汽车和插电式混合动力新能源汽车年销量占汽车行业总销量比例将达到 7% ~ 10%,累计保有量将达到 500 万辆。2025 年,中国纯电动汽车和插电式混合动力新能源汽车年销售占汽车行业总销量比例将达到 15% ~ 20%,累计保有量超过 2000 万辆;自主品牌纯电动和插电式混合动力汽车产品技术水平与国际同步。2030 年,中国纯电动汽车和插电式混合动力汽车年销量占汽车行业总销量 40% ~ 50%,累计保有量超过 8000 万辆;自主品牌纯电动汽车和插电式混合动力汽车在国内市场占绝对主导地位,主流自主品牌企业的关键技术国际领先。

　　氢能燃料电池汽车对于保障国家或地区的能源安全、减少碳排放抑制气候变化具有重要意义。对于中国,还要解决城市交通机动化带来的环境污染问题、实现汽车产业从大到强的战略。中国发展氢能燃料电池汽车的总体目标是到 2030 年实现百万辆氢能燃料电池汽车上路行驶,到 2050 年,氢能燃料电池汽车与纯电技术共同实现汽车零排放。具体而言,2020 年,中国将实现氢能燃料电池汽车规模化示范运行,示范车辆达到 1 万辆。2025 年,中国将实现氢能燃料电池汽车技术的推广应用。商用车达到万辆规模,乘用车规模达到 10 万辆。2025 年,制氢、加氢等配套基础设施基本完善,燃料电池汽车实现区域小规模运行。2030 年,中国将实现氢能燃料电池汽车的大规模推广应用,燃料电池汽车规模超过 100 万辆,氢气来源 50% 为清洁能源。

　　随着传统燃油汽车发展带来的能源消耗和环境污染等问题日益凸显,未来汽车产品将向使用电能、氢能的新能源汽车过渡。因而,新能源汽车将逐渐占据主导地位,成为未来的主要车型。

　　生物燃料,太阳能汽车以及核能汽车等有可能会替代部分纯电动汽车、插电混合动力汽车以及燃料电池汽车。

生物燃料汽车由于其源头植物的光合作用能基本平衡掉生物燃料制造和使用过程中的 CO_2 排放，使用生物燃料也比普通燃油排放更清洁。生物燃料汽车发展需要克服原料产量有限、水资源消耗高以及运输成本高等问题，未来只会是电动汽车发展的一种补充。太阳能汽车的发展需要解决提高太阳能转换效率，有效处理废弃物等问题，支撑其电池系统的光伏材料和电池器件结构未来会进一步改善，太阳能汽车仍是未来汽车探索发展的重要路径之一（表 5-1）。

表 5-1　未来各类新能源汽车产品

类　别	产　品	量产情况
电动汽车	新能源主流产品（BEV和PHEV），技术相对成熟，电池包括锂硫电池与固态电池等	已经上市
氢燃料电池汽车	清洁无污染、成本高，发展潜力中等	进入量产阶段
生物燃料汽车	燃料效率高、发展潜力高，例如酶生物燃料电池、微生物燃料电池等	进入量产阶段
太阳能汽车	清洁，能量转化率低，成本高，发展潜力中等	不确定

二、未来汽车产品具备完全自动驾驶功能

随着汽车产业的成熟和普及，汽车大规模使用带来的交通拥堵愈发严重，汽车尾气带来的环境污染也逐渐影响了人们的生活环境和空气质量，应用计算机视觉、深度学习和知识图谱技术的智能化环保驾驶方式为解决经济问题和社会问题创造良机。

智能网联汽车集中运用了汽车工程、人工智能、计算机、微电子、自动控制、通信与平台等技术，是一个集环境感知、规划决策、控制执行、信息交互等于一体的高新技术综合体。

无人驾驶技术实现后，人们将从每时每刻都要聚焦于驾驶车辆的情况中解脱出来，车辆将自动带你去你想去的地方，并且不必担心安全问题，因为智能化的汽车将会像"司机"一样专业。传感器是汽车的眼睛，能够时刻观察周围的环境和自

身的状况，保证不与其他物体发生碰撞，精准地避开障碍物和突如其来的行人，稳定的行驶在车道上不发生偏移。同时根据周围状况的改变，比如遇到雨雪天、雾霾天或者地面湿滑不平整，车辆会自动调整行驶情况，不会发生颠簸、刹车失灵等问题，保证优质的行车体验与安全。

车载计算器是车辆的大脑，具有庞大的数据处理的能力，通过大数据挑选最合适的行车路线，并且能够妥善计划下一步，处理未来的问题，比如什么时候应该进行燃料补充、去哪停车最方便等。在用户下达指示之前就已经将可能出现的情况梳理完毕并且给出方案。此外，车载计算器还支持用户各种办公和娱乐活动，提供行程以外的各种服务。

智能驾驶核心依靠感知探测一定范围内障碍物，并依据已设置好的路线规划实施驾驶行为，各式车载雷达、传感器、辅助驾驶系统和高精地图可以实现驾驶、车和路的交互与融合。车载雷达可探测路肩、车辆、行人等的方位、距离及移动速度，视觉传感器用来识别车道线、停止线、交通信号灯、交通标志、行人及车辆等信息，定位传感器用来实时获取经纬度坐标、速度、加速度、航向角等高精度定位，车身传感器通过整车网络接口获取诸如车速、轮速、档位等车辆本身的信息，高级辅助驾驶系统（ADAS）实时收集车内外的环境数据以及时察觉潜在危险，高精度地图实现地图匹配、辅助环境感知、路径规划。

完全自动驾驶或无人驾驶是智能驾驶的最高形态。对于具备完全自动驾驶功能或无人的未来汽车产品而言，基于驾驶行为的大数据和人工智能产品，可以快速提升汽车在非熟悉地区的自动驾驶水平，联合高精度车载地图，提供个性化的具有指导意义的路径规划服务，对于全社会，将提供智能交通和共享出行服务。无人驾驶传感器系统，包括远程和近程感知的多源异构传感器，包括不限于超声波雷达、毫米波雷达、激光雷达、高精度定位和惯性制导、高精度数字地图等。无人驾驶多源异构传感器信息融合处理系统，主要是并行计算能力强大的GPU，甚至可能是量子计算机，能够和人工驾驶对道路环境的感知能力相媲美。通过5G等高带宽、低时延通信技术实现万物互联实时通信，能够使汽车实时感知远程道路和气象信

息，实时动态更新高精度数字地图。使汽车同时具备实时近程和远程环境感知能力，支持不同时空尺度下的环境感知、路径规划和决策控制，实现高可靠度的自动驾驶。具备人工智能深度学习能力的车载无人驾驶控制系统，能够模拟人类的学习，除了能够根据知识库进行判断决策，还能够探索未知或扩展的环境和场景。其信息处理、模式识别、规划、决策判断的智能超过人类的平均水平，能够胜任自动驾驶控制的要求。

作为无人驾驶汽车控制的后台支持系统，功能强大的云端计算系统能够通过低时延通信技术和车载终端通信，提供交通和气象信息辅助，能够应答车载无人驾驶控制系统无法识别的场景，进行辅助感知和决策。无处不在的无线充电网点为无人驾驶电动汽车自主充电提供了可能，无人驾驶汽车只要驶上地面无线充电装置，无须插拔充电电缆即可完成自主充电。

智能网联汽车在提高行车安全、减轻驾驶员负担方面具有重要作用，并有助于节能环保和提高交通效率。研究表明，在智能网联汽车的初级阶段，通过先进智能驾驶辅助技术有助于减少约 30% 的交通事故，交通效率提升 10%，油耗与排放分别降低 5%。进入智能网联汽车的终极阶段，即完全自动驾驶阶段，甚至可以完全避免交通事故，提升交通效率 30% 以上，并最终把人从枯燥的驾驶任务中解放出来。由于具备完全自动驾驶功能，未来的汽车产品将更加安全。人、车及交通环境会达成一体化协同控制，智能化辅助驾驶系统将最大限度地辅助甚至替代驾驶员完成常规驾驶操作，为驾驶员提供诸如 ACC、AEB、FCW（防撞预警系统）等车辆纵向、横向自适应控制，交通事故降低。汽车之间、汽车与北斗系统和周围设施等通过云端互联，与自动巡航相结合可以避免交通事故。由于汽车采用主动安全回避系统（比如当电脑发现两车即将相撞之际，瞬间释放非接触式缓冲作用力，比如超导磁场、高压空气等），加上自动驾驶的双重保险，将交通事故降低到百万分之一。驾驶员通过人体佩戴设备操控汽车行驶，汽车通过联网设备收集道路数据，通过传感器实时测量道路实况，减少交通事故的发生。即使在碰撞、翻车、失控等无法避免的前提下，未来汽车产品仍然能够通过备用手段（如高强外壳、舱内海棉填充等）确保乘车人的安全。车辆具有全方位主动和被动安全系统，车辆的智能安全及多车的自动驾驶安全（例如防碰撞）等可实现。此外，未来汽车产品还可以进行自我故障诊断，通过与汽车服务部门的互联，做到预防维护（比如夜间自动去维护保养），杜绝行驶中的故障。

为了适应无人驾驶技术，城镇道路标准化程度会提高，将建设成为适应无人驾驶的智慧公路，能智能控制车辆流量。汽车之间、汽车与导航系统和周围设施等通过云端互联，通过 5G 网络，汽车与云端进行实时通信，云端向车端实时更新高精度动态地图，卫星定位信号覆盖每一个角落，车辆利用高端精度地图实现高端精度定位，驾驶者通过佩戴特定设备操控汽车行驶，汽车通过联网设备收集道路数据，通过传感器实时测量道路实况。道路设施主要起智能网联作用，无人驾驶车上主要是感知层和执行层，而车机决策层起到辅助或备份作用。5G 技术的发展将极大促进 IoT（包括汽车互联与无人驾驶）的快速发展。

汽车制造产业链重构。传统燃油车以发动机、变速箱和传动系统作为其主要核心零部件，机械结构复杂。而无人驾驶汽车则以电机、电控、电池和各类传感器为核心零部件，结构相对简单。在未来出行体系中，具有自动驾驶功能的电动汽车会逐渐替代传统燃油汽车成为主流，面对此次变革，传统燃油汽车零部件体系面临崩塌，而无人驾驶汽车零部件体系则会被推入产业链顶端，所衍生出的二级零部件企业和上游相关原材料企业也会从中受益进入汽车产业链，整个汽车产业生态体系面临重构（表5-2）。

表5-2 传统汽车与无人驾驶汽车结构对比

传统汽车		无人驾驶汽车	
传动系统	离合器、变速箱、驱动桥等	信息终端/传感系统	雷达、摄像头、通信芯片、GPS等
发动机系统	供油系统、冷却系统、增压系统等	中央决策	整车控制器、电机控制器、电池管理系统、IGBT等
其他系统	排气系统、油箱	执行器	刹车和油门、电子稳定系统、电动助力转向、减速器等

资料来源：作者整理

三、未来汽车是超越交通工具的智能移动终端

汽车是新技术应用的重要载体。随着信息通信、互联网、大数据、云计算、人工智能等新技术在汽车领域的广泛应用，汽车正由人工操控的机械产品加速向智能化系统控制的智能产品转变。汽车产品不仅仅局限于车辆本身。基于V2X和云端数据存储、处理等相关技术，车辆的外延得到极大拓展。基于大数据的车辆智能化管理、控制和应用将成为未来车辆的重要技术突破。控制云端化、信息网络化、动力传动线传化将成为汽车产品的关键技术特征。

未来汽车将与外界实现充分信息交换，即V2X，具体包括V2V、V2R、V2I、V2P等。V2V表现为汽车能够感知周围车辆的状况，这是智能驾驶的前提。V2R的实现可以保证汽车感知道路信息，帮助驾驶员选择路线，而对城市道路而言，路况较为复杂，自动驾驶还需要V2I、V2P。V2I包括车辆与道路中的红绿灯，公交站，立交桥等基础设施信息关联。对于V2P而言，如今人手一部手机，可以轻松实

现与汽车的交互通信。整车厂会对汽车互联大数据进行整合和分析，以进行针对性的汽车研发和售后管理。

未来的汽车产品在一定距离范围内可以互联信息，了解彼此的出行目的及路线，可根据道路情况，适当调整车速和出行路线，对来往车辆进行避让，并且自动识别红绿灯信号，出行快捷无拥堵。基于智能网联系统云平台，未来的汽车产品能够实现共享汽车、交通管理、共享车位、能源补给、用户信息五大方面的系统化运作。基于物联网而融合多项技术的汽车，包括无人驾驶、智能交通、自助刹车、自动泊车等技术都会在汽车上得到体现。便捷式自动化能源补充，可以快速直接对汽车进行能源补充，例如非接触式充电或者利用太阳能的新型材料技术产品。

相比传统汽车，未来汽车产品将摆脱单一出行工具的属性，在产品形态、属性功能及应用场景方面发生革命性变化。未来汽车产品将采用碳纤维等新材料及3D打印、智能制造等新工艺，融合大数据、云计算、人工智能、移动互联、物联网等新一代技术，适应未来社会的复杂应用场景，围绕个性化、多样化等新型用户需求，提供高度智能化、便捷化的服务，形成新的业态。

汽车作为移动空间的前提是解放驾驶人员的手、脚、眼睛，这样汽车空间才有用武之地。这时的汽车不再是简单的交通工具，更像是移动的办公室或者住所，具备必要的通信及办公条件，可以在汽车中完成一部分工作或进行简单的生活。在汽车里，人们可以工作、学习，可以与远方的亲朋好友联系交流，可以访问互联网络，可以观看体育赛事、娱乐节目等。最优方案自动组合承载用户出行，顾客在上班或出行的路上可以上网也可以工作，同时也可以临时有自己独特的私密空间。汽车还可以自动驾驶到加油站或者充电桩进行能源补充，类似的场景还有清洁和保养。此外，掌握了车主驾驶行为的大数据，高精度的车载地图可以提供个性化的智能服务，例如，规避花粉的路径规划、新手路径规划等。又如，汽车了解车主最喜欢的烘焙店，它可以在车主早上出门工作前买回早餐，还可以接送孩子上学或者收取快递等，成为人们生活的私人助理。简言之，未来汽车产品提供的服务将超出传统汽车产业、移动出行与物流范畴，将人与家庭、能源、设施、工作无缝衔接，成为人移动的伙伴与助手。

四、未来汽车全产业链将依靠大数据进行连接

数据被称为21世纪的石油，人类已经进入大数据时代，大数据的挖掘利用也随之成为互联网经济新的价值增长点。随着新一代信息技术的不断突破，汽车产品正加快向智能和网联的方向发展，汽车正在逐渐成为一个渠道，正从交通工具转变为大型移动智能终端、储能单元和数字空间，汽车产业边界日趋模糊，互联网等新兴科技企业大举进入汽车行业。汽车产业链包括研发、生产、销售、使用、维保、回收等环节，各环节每时每刻均产生大量的数据，汽车大数据对于优化汽车产业链结构，实现汽车产业降本增效高质量发展具有重要意义。从种类看，大数据不仅包括传统的统计数据，还包括实时、连续发生的交易数据、行为数据、传感数据等。大数据时代，数据呈现出类型繁多，数据量巨大，碎片化传播等特点。大数据在汽车行业的运用，集中体现在对汽车生产制造、销售和售后服务三个领域。例如，汽车大数据可以使汽车行业市场精确定位，借助数据挖掘和信息采集技术，生产厂家可以拓宽汽车行业调研数据的广度和深度，从大数据中了解汽车行业市场构成、细分市场特征、消费者需求和竞争者状况等众多因素，挖掘汽车行业的市场需求、竞争情报，提出更好的解决问题的方案和建议，保证企业品牌市场定位独具个性化，提高企业品牌市场定位的行业接受度。还能够建立基于大数据数学模型对未来市场进行预测。对于产品开发，通过收集网络评论交互性大数据，如商家信息、个人信息、行业资讯、产品使用体验、商品浏览记录、商品成交记录和产品价格动态，建立网评大数据库，挖掘消费者的消费行为、价值取向、新的消费需求和企业产品质量问题，以此改进和创新产品，量化产品价值。在售后服务环节，通过数据打通配件生产、配件供应、线上导流、线下服务，建立一站式维保服务平台。总之，汽车产业从造车端到用车端的整个价值链条的各环节，都将持续产生数据并利用数据不断自我优化，从而与大数据紧密地联系在一起。

五、未来汽车来自智能制造

汽车制造将实现智能化。智能制造包括四个层次：①智能制造技术：是制造技术与数字技术、智能技术及网络技术的交叉融合；②制造过程的智能化：涵盖产品全生命周期的设计、生产、管理及服务的智能化；③产品的智能化：包括智能装备及智能家电等；④一种新的制造模式：定制化和个性化生产，具体体现为数字化车间和无人化工厂（智能工厂）。智能制造技术的应用包括：工厂和生产线规划仿真技术、自动控制技术、自动识别技术（RFID、条形码等）、自动化生产调度及物料配送技术（MES，SP等）。智能制造牵涉四个环节的智能化，即研发过程的智能化、产品的智能化、制造过程的智能化和服务环节的智能化。智能制造以智能工厂为载体，以关键制造环节智能化为核心，以端到端数据流为基础，以网络互联为支撑，可有效缩短汽车产品研发周期，降低运营成本，提高生产效率，提升产品质量，降低资源能耗。

未来，随着新一轮科技革命和产业革命的深化，汽车制造将发生革命性变化，突出表现为汽车制造过程的智能化和定制化。

随着智能制造的不断发展和车联网、智能网联汽车技术的进步，未来汽车销售的互联网化不会仅停留在销售渠道层面的融合，更有可能上升为供应链层面的深度融合，即个性化产品定制阶段。用户可利用该平台设计自己想要的车辆，并提前预付费用，平台会将车辆信息文件传输给汽车制造厂，利用3D打印技术由厂商完成生产，生产完成之后，汽车还会自动行驶到用户指定地点。例如，网上选择汽车的相关配置和配色、下单，汽车在定制化工厂生产并配送至目的地，而 4S 店将被汽车体验店取代。

六、汽车将赋予更强、更丰富的功能

　　未来私家车可从陆地飞向天空，潜入水下。它不仅是交通工具，更是一个智能机器，是人类身体的延伸。人们可以驾驶私家车去户外登山、滑雪、越野、探险、航天飞行。汽车具备公路、山地、低洼湿地等全路段通行能力，根据路面状况，比如市区、沙滩、河流可自动进行结构变形。同时可以用于更多人类不能接触的特殊情形，比如特种环境机械作业、医生急救、警察执行任务、灾害救援、大型牧场放牧等。因此，对拥有私家车的车主的要求将更为严格，车辆资格考试将会发生改变，除熟练掌握驾驶技能外，需要具备更强的身体素质和心理素质。

飞行汽车将成为现实。在拥堵的车流下，可以看到飞行汽车借助涵道式飞行器的升力腾空而起，以每小时超 100 千米的速度飞行。

　　未来将会出现能在水面行驶和潜水的汽车。汽车将没有内燃机，能源来自电池，车身质量极大减轻，增大排水量，从而获得足够浮力，依靠底盘两侧的螺旋式推进器能在水面上移动。车内配有呼吸器，足够人们在水下停留 1 天时间，能潜到水下约 500 米。

　　未来汽车将不再拘泥于目前汽车的外观，甚至可以随需求变换，如具备旋翼、双桨、履带、轮胎等，不再是现在的底盘加上 4 个轮子的长方形构造。

第二节
未来交通形态和出行模式

　　随着产品和服务的升级和发展，未来的交通出行场景也将发生深刻的变革，呈现新的形态。根据中国汽车工程学会联合相关机构进行的对国内 8 个城市的超过 12000 名消费者的调查，有 7527 名 (61%) 用户认为汽车共享出行将是最期待的未来出行场景。此外，不同交通工具实现无缝对接、无人驾驶、车辆电动化分别为用户居于第二、三、四位的期待 (图 1–59)。结合专家德尔菲法调查和专家研讨，提出如下七个方面的未来出行典型场景和模式。

一、全路况无人驾驶，车辆高度安全

　　到 2049 年，无人驾驶汽车将不仅成为人们出行的工具，而且安全性、便捷性及舒适性也得到进一步提升。未来无人驾驶的汽车与有人驾驶汽车混行于道路上。汽车出行最可能的场景是人们可以选择自主驾驶或是自动驾驶。自动驾驶汽车能够实现完全自动驾驶，不需要任何人工干预。

　　上下班通勤是无人驾驶汽车的典型使用场景。当人进入车辆识别区域时，汽车根据脸部识别系统自动打开车门。人进入车内，通过语音告知车辆目的地，对车辆行驶要求进行设置，选择不同车速和不同路线。此后，就可以把精力放在驾驶以外的事情上，比如查看工作日程安排、处理相关邮件或欣赏音乐等。车辆会根据路面交通动态信息，选择最合适的驾驶路线，乘客无须担心交通安全、堵塞等。行驶过程中，乘客可以通过修改目的地，指令车辆改变路线，可实现车与车、车与物的信息传输。乘客也可以取消自动驾驶功能，由自己人工驾驶。车辆具有全方位主动和被动安全系统，确保乘客完全安全。车辆到达后，系统自动计费可以选择月度账单支付。

车辆自动行驶过程中可实现车与车、车与物的信息传输。车辆在一定距离范围内可以互通信息，了解彼此的出行目的及路线，可根据道路情况，适当调整车速和出行路线，进行合理避让。到达目的地时，车辆会自动识别并测量已停泊车辆之间的空隙距离，这些信息被实时传送到电子停车地图中，车辆可以直接通过该地图找到空位，减少了寻找停车位的时间。

无论选择快速还是慢速模式，车辆行驶都可以达到航空级的安全。无人驾驶车辆搭载着乘客在错综复杂但井然有序的公路上行驶。联网的车辆根据实时上传的路况信息确定导航路线，对来往车辆进行避让，并且自动识别红绿灯信号。无人驾驶车辆对周围环境能一直保持 360° 无盲点的观察，也不会在驾驶过程中分心，反应时间也比人类短得多，无人车辆的反应距离可以下降到 0.2 米。并且，在碰撞、翻车、失控等无法避免的前提下，仍然能够通过备用手段 (如高强外壳、舱内海绵填充等) 确保乘车人的安全。

除了上下班通勤及一般的出行需要，无人驾驶在以下几个方面的应用领域也将获得大发展。

健康方面：当无人驾驶技术普及后，老年人和残疾人将受益最多。未来，老年人或残疾人可以无须家人陪伴，乘坐自动驾驶汽车去医院、保健场所或者老年人社区之家。车辆具有健康体检座椅，可以在乘车过程中体检，并与预约服务的医院联系。车辆将根据乘客要求，选择更平稳的驾驶模式。同时，在无人驾驶汽车上，配备了完善的车载健康检测设施，可以实时监控驾驶员和乘客的身体状况，并重点监测健康状况不佳的乘客，为其提供个性化的建议。

零售业方面：随着经济高增长，人均消费和总消费都在上升，网络销售大量增

长，零售业蓬勃发展。无人驾驶车辆有助于完成快件交付的最后一步——将货物送至客户家中和工作地点。

货运方面：无人驾驶车辆广泛用于长途运输，无人驾驶车辆因事故少、用人少且成本低，只要道路通行能力许可就可以在夜间运送货物，受到运输公司的欢迎，无人驾驶卡车被作为运输车队广泛使用。为了方便全自动驾驶车辆的运行，国家将为其在大容量的高速公路上设置专用车道。

长途旅行方面：休闲旅行市场相当强劲，到 2049 年，随着人民生活水平的进一步提高，旅行需求将越来越旺盛，尤其是长途旅行非常盛行。一些专门为长途旅行而设计的无人驾驶车辆出现，其安全行车地图涵盖大量目的地信息，而且能够发现旅途中的景点、美味餐厅及儿童活动设施。

二、流行智能化接驳的共享出行

未来汽车已经不是大部分个人消费者一定要私人购买的产品，而是按出行需求预订相应产品，并完全自动调度、自动驾驶到消费者需求接驳地点。人们使用汽车共享出行之前通过智能网联系统云平台输入目的地及需要到达的时间,根据个人偏好自动分配无人驾驶共享汽车并确定预计达到时间(1小时出行范围内误差在1分钟以内)。汽车到达前系统会自动提醒,并提供建议等车的位置。车辆达到后确认用户信息即可使用,车辆自动行驶过程中可实现车与车、车与物的信息传输,自动选择最佳行驶路线,并可接受下一位使用人的预约。到达目的地后系统自动计费,可以选择月度账单支付。汽车可实现自动充电、加油,同时全社会停车位实现共享化,共享汽车可充分利用共享车位资源。

各种方式的租赁业务将是商业模式的主流(图5-3)。

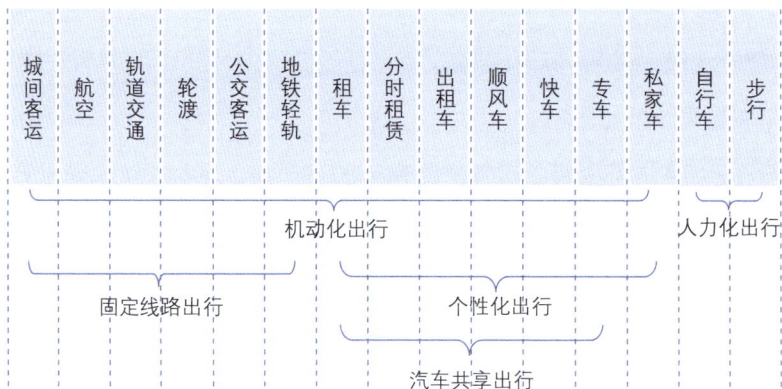

图5-3 汽车共享出行和私家车出行在社会主要出行模式中的位置和关系示意图

(一)共享汽车通勤、商务出行

用户可以通过手机或其他智能设备向共享汽车企业发出出发地、出发时间及目的地(多个)。共享汽车公司会根据个人喜好自动分配无人驾驶共享汽车并确定预计达到时间。在车辆行驶过程中,车辆会自动优化行车路线,计算行车时间,并报告乘客确认。车辆到达后,系统自动计费,可以选择月度账单支付,而车辆自动归入云调度平台待机,并接受下一个人的预约。

(二)共享汽车接驳

未来，公共交通仍然是中国大中城市居民的主要出行工具，租赁、共享、出租等多种汽车出行方式将会并存。日常出行的主要模式将会是干线公共交通（如轨道交通和大型公交车）+ 自动驾驶微型公交车（运营范围方圆 3 千米，不固定线路，将乘客从干线公交站接送到其要去的目的地）+ 共享自行车。

人们可通过移动终端呼叫无人驾驶汽车，并乘坐无人驾驶汽车到达目的地。大量的个人或小型出行工具在网络调度下按照需求提供短途门到门的接驳服务；中大型出行工具与个人出行工具实现不停车的接驳，实现城市内的大规模乘客运输。对于个体来说，"换乘"就是在运行中的车辆中从一个车厢到另一个车厢，整个通行过程中不需要停止、等待。同样，城际运输设备实现灵活编组的轨道或管道运输方式。车辆在行驶中，用户也可以随时修改目的地，指令车辆改变线路。对于 CBD 核心商业区，共享单车来完成最后一公里路的路程，共享汽车会将用户送到离目的地最近的有共享单车的地方，减少用户寻找单车的时间，实现换乘的无缝接驳。到达目的地后，根据行驶时间和里程计算费用，汽车完成这一单任务后，进行简单的自我清洁后，自动前往下一订单服务地点。

(三)共享汽车接机

乘客登机前通过类似现在手机的个人多功能智能系统预定接机车辆后，车辆开始自动监测航班动态，航班降落后乘客实时位置，并在最合适的时刻到达约定的登车点，乘客几乎同时到达。门扣手通过指纹对乘客身份进行最后验证后，后备箱开。到达目的地停车后，乘客通过电子支付支付车费、下车。车辆就近停车场停靠，或开始下一单业务。

互联网、云平台和大数据技术的飞速发展，促使智能化浪潮中的汽车产业弥补了传统汽车共享模式的不足，汽车共享服务模式将得到极大优化和提升。优化和提升的汽车共享出行服务基于"互联网＋"提供可捆绑汽车产品，即共享出行服务在卫星导航、位置服务、无线通信技术融合的基础上，云平台可对车主进行定位、数据分析、系统整合、实施共享出行等各项信息服务，并针对个性化需求进行实时准确响应，实质是基于大数据实行智慧出行，满足人们便捷和舒适的出行需求。

三、新能源汽车普及，绿色环保出行成为主流

从2020年开始，城市里穿梭的冒烟的内燃机汽车将逐步减少，取而代之的是低分贝的各类电动汽车。这类车辆基本上无尾气排放，对环境空气无污染。纯电动、插电混合动力汽车的比例会比较高，燃料电池汽车会有一定的比例，太阳能电池汽车将逐步投入产业化应用。

电池技术将有革命性的发展，燃料电池或核电池等新型电池将出现产业化应用，能量密度将高于现有化石燃料。类氢及离子类电池支撑汽车低碳出行，纯电动汽车将成为最主要的汽车类型，插电式混合动力汽车以及混合动力汽车会是补充车型，传统的内燃机汽车逐步成为历史。由于安全问题逐步解决，大尺寸、大空间的汽车，7座以下的轻量化车型能满足城市内出行需求。人们出行首选将是小型、轻量化的电动汽车。中巴、大于7座的乘用车比例将会减少。

燃料电池是最为清洁的汽车，电堆、制氢、储氢等复杂问题的解决使得2030年以后燃料电池汽车大行其道。特别是在商业客车、载重车辆领域具有较多的应用，主要用于长距离重载运输，不排除某些城市主要车型全部为燃料电池汽车。

电动汽车的发展，与绿色能源的发展相

辅相成。汽车的主要能源将来自光伏发电、风力发电、氢燃料，甚至出现可控热核聚变等能源。绿色能源的成本将低于传统能源，人们的出行成本大大降低，出行距离剧增。汽车与智能电网高度互动，汽车不仅是交通工具，还是移动能源，为能源的多样化提供的条件，汽车成为分布式能源的重要组成部分。

充电设施建设数量将超过加油站规模，在社区、医院、商场、高速公路、公园、酒店等停车的场所都会配有充电桩。快速充电装置可以支持1次充电续航1000千米以上，而充电时间在10分钟以内。

无线充电站定点的设置为稍长距离出行提供电能供给。光伏路面利用沿线电力供应和成熟的无线充电技术成为车辆的非接触式能量供应平台，根据车辆的运动状态可以实现动态式、半动态式以及静态充电。汽车成为能源互联网的载体（图5-4），电池箱配备无线电能接收装置，与有线充电配合使用。通过无线供电道路、车辆间的加速减速以能量交换的方式提高能量利用率。主干道沿途风电场、太阳能电场、核电厂以主干道线路来统一能量利用，同时路面成为能量收集平台、电力供给平台，可以沿途就地供电，满足城镇用电需求，解决输电难的问题。汽车内外都可驳接高能量，出行更自由，不需要刻意提高已经很高的能量效率，且可向外供能，整个途中，汽车不会停下加油充电，节省了用户宝贵的时间。

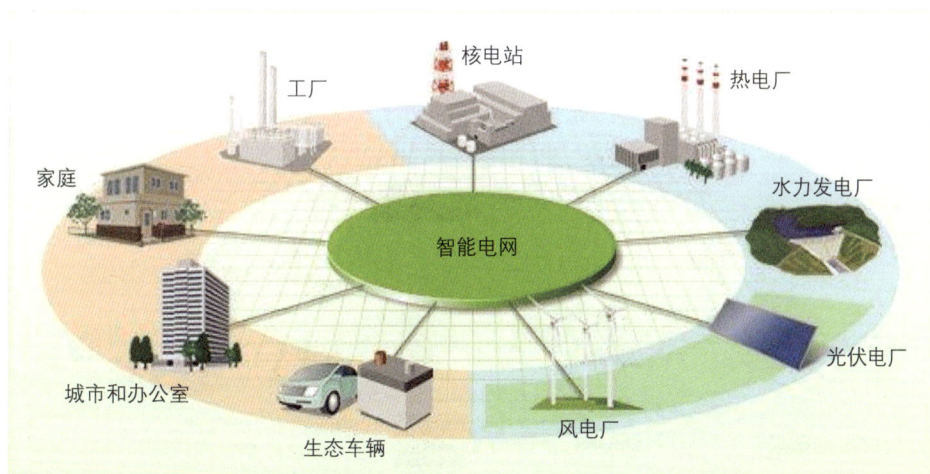

图5-4　分布式可再生能源＋电动汽车＋智能电网的能源系统

四、出行成为更美好、更智能的生活体验

到 2049 年, 智能化汽车将占很大比例, 随着人工智能的突破, 汽车会更加智能化、灵活化, 甚至可以变形为小型智能机器。驾驶者可通过人体佩戴设备操控汽车行驶, 汽车可与人进行具有语音对话。

未来的世界将呈现万物互联的网格化状态, 人将拥有独立大数据账号, 而汽车通过 V2X 成为重要的互联端口。汽车通过 V2X 实现与外界互通互联, 通过 5G 或更高速网络实现汽车与云端的实时通信, 云端向车端实时更新高精度动态地图, 卫星定位信号覆盖每一个角落, 车辆利用高精度定位、高精度地图, 结合高度人工智能, 在一定距离范围内可以实现互联, 了解彼此的出行目的地及路线, 并根据道路情况, 适当调整车速和出行路线, 进行合理避让, 使出行快捷无拥堵。V2X 技术使汽车通过联网设备收集道路数据, 通过传感器实时测量道路实况, 使车辆与云端大数据技术融合, 最终使车辆更加安全、舒适、节能。

与服务商互联(图 5-5), 能够进行远程的故障诊断, 自动完成维修保养; 与商场互联, 自动完成停车与接送, 提升用户购物体验; 与医疗设备互联, 及时掌握人

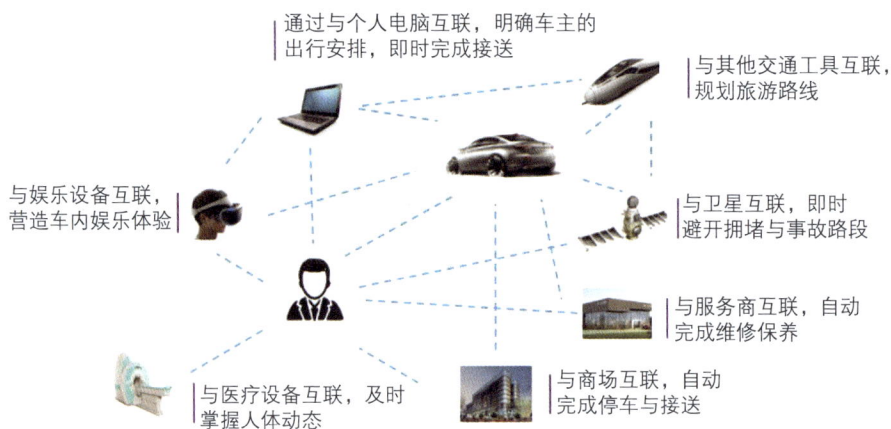

通过与个人电脑互联, 明确车主的出行安排, 即时完成接送

与其他交通工具互联, 规划旅游路线

与娱乐设备互联, 营造车内娱乐体验

与卫星互联, 即时避开拥堵与事故路段

与服务商互联, 自动完成维修保养

与医疗设备互联, 及时掌握人体动态

与商场互联, 自动完成停车与接送

图 5-5 未来汽车智能互联场景

体动态，保证用户在驾驶的时候状态良好，提高驾驶安全性；与个人电脑互联，明确车主的出发安排，即时完成接送。

　　未来的汽车操作起来将更加智能化，与现在的触屏操作相比，用户更多地通过声控系统进行车辆的操控，声音不仅可以控制连接车内设备，还可以控制卫星接收器联网。语音识别技术和人工智能技术相结合，能让汽车拥有"大脑"，在与人的交流上更上一层楼，不仅能够识别指令，还能进行智能互动，提升用户体验。

　　车内显示屏用于人机交互，由于自动驾驶技术的实现，用户不局限于驾驶汽车，而是可以着手去做自己喜欢的事情，只要不时注意系统是否正常运转即可。用户可以在车辆行驶的时候同时使用显示屏，通过显示屏可以操控车辆大部分设备，甚至是改变汽车的颜色，选择不同颜色的外观能够让用户有定制感。同时，显示屏还可以作为和手机有同样功能的智能移动终端，实现娱乐和办公功能，使车辆变成一个可以办公、娱乐和休闲的空间。

　　汽车成为人们家和办公室之外的第三空间，且与社会智能大交通和智能家居、日常生活联系在一起，实现灵活智能的工作方式，居家办公相当普及。在保证安全的前提下，汽车提供集娱乐、办公、商务、生活等智能互联一体化的解决方案。人们可以在汽车中从事工作、学习、娱乐等活动，如在汽车里可利用无线通信技术和网络技术开展文件传输、视频对话、会议交流等，让汽车成为移动办公室，无须担心交通安全；可进行生活方面的购物和支付，包括网上购物、停车等；可与远方的亲朋好友联系交流，可访问互联网；可观看体育赛事、娱乐节目等。通过汽车可获取各种信息、娱乐、预约、应急服务。信息包括车辆、路况、交通、导航、定位、气象、旅游、商场等信息；娱乐包括音乐、电影、游戏等；预约包括饭店、住宿、机票预约等；应急服务则包括道路救援、保险等；各种车载专用 App 不断开发出来，智能手机可和车载单元连接以实现信息互联。

　　人们可穿戴一些设备来更好地享受车载智能系统所提供的服务，比如戴在脖子上的项链，因为直接接触人体，能够随时检测体温，并根据体温的升高或降低自动调节环境温度、湿度等，提高用户舒适度。

声音识别系统能够识别多种声音，并根据不同的声音进行不同的操作，除用户发出的声音，可以识别轮胎和地面摩擦的声音，用来判断车辆情况和路况。用户可以主动发出指令让汽车为自己提供想要的服务，同时车辆也可以自主收集声音来进行车内和车外环境的判断。

五、私家车高端定制化，成为个人辅助工具

随着整车智能化以及用户市场共享化程度的逐步提高，未来汽车出行将出现两极分化。一是，完全自动驾驶共享汽车，利用智能交通系统直接预约，随叫随到，人们不再刻意追求汽车私有和奢侈，在外观造型设计、动力等方面向公共交通类型方向发展。二是，部分人将继续拥有自驾车，其中大部分是凸显个性的定制车，而不是作为交通工具的汽车。

汽车内部空间可以根据情境需要一键变换。如果在路上希望看一场电影，车内的内饰和设备将会变成电影院模式，在这种模式下，汽车的挡风玻璃会被电影屏幕遮挡，前后座椅会根据人的需要调到最合适的位置。如果在路上恰好有个视频会议，内部空间又可以切换为办公室模式，并自动下载打印所需要的会议文件。下班后，打算与妻子一起共进晚餐，车内空间又切换到浪漫的约会模式，根据车主的喜好播放合适的音乐，自动调整车内灯光到柔和的灯光。同时，未来的汽车座椅还具有按摩功能，可随时提供按摩服务，使身心得到完全的放松。

私家车车主主要以发烧友为主，由小众化的公司提供，也有车辆是车主自己改装车辆。这些车辆具有特殊功能，有专业公司提供，但价格高昂。这些汽车拥有可扩展、可收缩的模块化车身与动力系统，模块化设计减少装配件，某些关键承载件按标准进行平台化生产，发烧友可进行个性化组装，如外板 DIY 设计和制造，车主可以全流程参与产品的设计、研发，可以根据个人喜好选择车身颜色、内饰材质、轮毂尺寸等基本内容。

私人车辆也具有自动驾驶功能，这些车辆会重视乘车人员的感觉和需求。未来，当人们驾驶私家车在节假日远程旅行时，汽车可以由四座车弹性调整为两座车、多座车来满足人们每次出行时不同的人数的需求，汽车内部的各种设置可以折叠以节省空间，车内科技应用装备一应俱全，具有曲面电视、电动窗帘、智能控制大屏、航空座椅、游艇木地板等。也会根据家庭或者个人的兴趣，采用不同的内饰，展示车主的不同文化追求。车辆载有各种娱乐设施，可以在车内健身、唱歌等。车主在车上就可以通过远程控制关闭家中打开的空调和热水器。这些给人们打造了一个舒适、贴心的旅程。

随着人工智能的高度发展，私家车会成为人们生活的"私人助理"，成为人们越来越密不可分的一部分。它可以在车主早上出门工作前买回早餐，还可以接送孩子上学或者收取快递等。私家车还可以完成互助充电、私家汽车旅馆、汽车共享使用等，为车主创造的额外收入。

由于这些私家车极具个性化，将出现专门针对这些发烧友的移动工具制造商。这些制造商的关键能力是高端品牌的积累和塑造、汽车高精制造和科技创新能力、智能网联软硬件实力、满足高端消费者定制化需求的制造能力。该类企业在品牌、产品方面有很强的主动性，数量不会很多，或许会有新进入者，其数目肯定要少于现有的豪华品牌数量，不会量产，售价不菲，利润丰厚。

六、销售使用过程更加互联网化，更为便捷友好

未来汽车使用的车载系统也不再是传统意义上的数字化导航系统，而是建立在大数据和智能化基础上汽车智能配件，具有多种功能，带给人更多的购车、用车和售后服务体验。具体地可以实现以下方面的智能体验。

在未来全电商阶段，随着新车销售互联网化程度的不断深入和消费者汽车网购习惯的培育，较为理想的是"互联网＋新车销售"在渠道层面全面融合，即"全电商模式"。汽车电商平台在渠道中占据主导地位，不再依靠为线下经销商营销导流赚取佣金收益，而是承担主要销售任务，实现完全在线交易。传统的新车销售厂商实行转型，全面承接线上实体展示、用户体验和服务中心的职能，与汽车经销商及整车厂利益共享，打造完整的汽车生活生态圈。此外，随着智能制造的不断发展和车联网、智能网联汽车技术的进步，未来汽车销售的互联网化绝不仅仅停留在销售渠道层面的融合，随着智能制造和模块化生产技术的发展，更有可能上升为供应链层面的深度融合，即个性化产品定制。例如，网上选择汽车的相关配置和外观配色、下单，汽车在定制化工厂生产并配送至目的地，而 4S 店将被汽车体验店所取代。

未来汽车的发展可能颠覆现在的购车模式。由于互联网在汽车行业融合发展和自动驾驶技术的日益成熟，体验汽车不需要再到实体门店，而是在网上了解汽车信息，而逼真的虚拟技术，使得顾客在家里就可以通过网络完成对车辆的试驾体验，全方位掌握车辆的情况。在线上购买下单后，车辆会根据顾客的住址自行驾驶到家门口，足不出户就可以买到心爱的汽车。

这种无实体 4S 店的购车模式也化解了另外一个普遍存在的问题：经销商和整车厂之间的矛盾关系。目前，汽车行业内汽车供应商和经销商之间矛盾日益突出，并且难以解决。很多知名汽车品牌都出现过授权经销商拒绝提车、退网和要求供应商赔偿等渠道冲突事件。而互联网新型的购车模式是顾客直接向整车厂下单提车，中

间并不经过 4S 店等经销商,有效地解决了目前存在的复杂的整车厂和经销商的矛盾关系。

自动驾驶还将催生多种新兴商业模式,并颠覆旧的商业模式。比如,商家研发出购物系统平台,并搭载于车上,用户在车上可随时打开该系统挑选想要购买的东西,而汽车可根据订单内容,自动选择卖家并前往超市购买,并将购买的物品完好地交给车主。

新的商业模式也将出现在汽车售后服务中,每辆智能汽车都载有自我检测系统,以及售后服务商家信息,汽车会定期进行自我检测,并根据故障内容选择售后服务商家,并记录此次保养及评价,汽车自动完成支付。另外,汽车会分享相关商家信息到云端,以实现信息公平。

从未来发展趋势看,随着智能制造和零部件模块化技术的深层次推进,汽车维修保养的技术壁垒和垄断地位将被进一步打破,形成与互联网电商配套的专业维修保养企业,互联网对汽车后市场服务的改造会实现服务链的全面融合。同时,在以车主的多元化服务需求为中心的前提下,未来的汽车后市场服务将通过整合管理流程、优化系统资源,更多地与车主生活服务相关的休闲娱乐、餐饮服务等协同合作。另外基于互联网、云平台和大数据分析等技术,企业系统分析车主的全周期生活和消费行为,提供个性化服务和精准服务,打造一站式车主服务生态圈。

汽车从购买之日起就绑定了车载系统,在系统中形成专属的车辆账户。在这个账户中记录了关于车辆的所有信息,从车辆出厂时的配置、生产厂家和性能参数等信息,到汽车的每次保养维修都包含在内。其中对于汽车的保养维修信息,无论是更换机油还是零部件替换,车载系统的线上都记录了时间、地点、部件品牌和具体保养或维修部位,车主可以随时随地获取车辆的存续期内的所有信息,这样的信息记录也提供了相应的保养维修参考。例如,如果更换了大型部件,那么车辆在下一次出现同样故障时可以根据之前的配置进行相应的替换。而且有时候车辆的保养需要考虑以往维修的情况进行,而车载系统的线上记录无疑提供了很好的帮助。

另外，在车辆进行二次买卖时，合理评估车辆的综合状况就需要参考以往车辆的维修次数和维修类型，车载系统的智能化线上记录是自动更新的，不同于以往，车主可以故意隐瞒情况，为二手车买主准确了解车辆的可用效能提供有力的参考资料。

目前，车辆要想进行售后维护，车主通常需要开车到指定的售后门店，而很多时候这些售后门店需要接待大量的顾客，车主往往要排长长的队伍，以致大部分情况下在门店的等候时间远远超过了接受售后服务的时间。而未来智能化的车载系统使用则完全避免了这种情况，通过车载系统的线上服务，系统会自动帮车主预约可以提供售后服务的门店，反馈给车主具体时间段，同时系统会自动评估车辆故障部位，进行初步的评测然后上传给售后门店。线上系统自动匹配线下门店，车主在指定的时间到达门店不需要排队等候，大大节约了车主的排队等候时间，提高了服务的便利性。同时系统事先提供的故障信息也有助于售后门店提前了解顾客的情况，把握车辆的初步信息，有针对性地组织维修。未来汽车商业模式的主要变化趋势如图 5-6 所示。

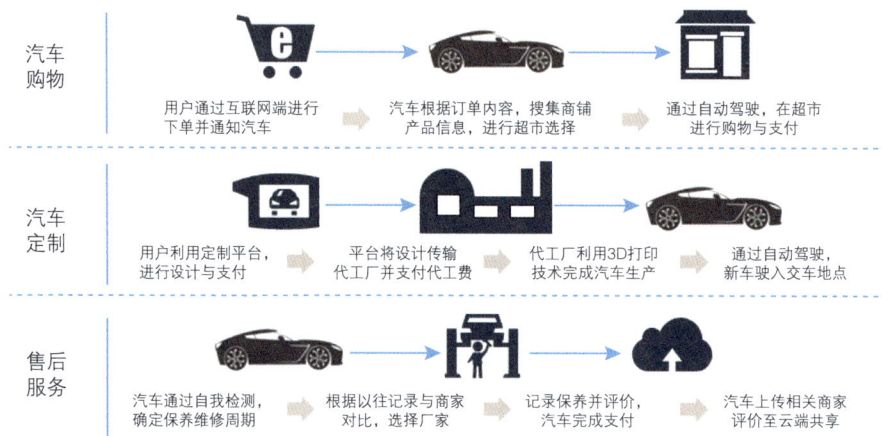

图 5-6　未来汽车商业模式的主要变化趋势

未来的车载系统除了满足安全性基本功能外，还需要兼具娱乐性。比如，通过记录车主在用车过程中的习惯，在适当的时间为车主播放满足其兴趣的音乐，或者根据每周末的行车轨迹为车主选择较为合理的休闲场所。甚至未来的车载系统还可以是一个生活服务平台。例如，在用餐时间结合车主的行车时间提醒车主用餐，在车主选择用餐后，车载系统根据车主的饮食习惯，结合所在地道路交通状况以及餐厅的在线综合评分，自动为车主甄选合适的餐厅，并且能根据大数据自动获取餐厅附近可以停车的地点和停车位数量，并提供停车费用等信息供车主选择。

七、全域交通出行，交通工具无缝衔接

到 2049 年，交通与通信等基础设施较好的大中型城市出行进入智能交通时代。未来交通与城市定位及发展规划紧密结合，通过云数据分析和城市资源分配，合理规划道路运输服务规划解决方案，交通系统与智慧城市互动，形成多层次、立体式交通形态，将形成智能、便捷、绿色的大交通体系，满足人们的高效、安全、便捷的出行。

未来出行场景将是飞机、高速铁路＋共享汽车＋公共交通＋共享单车等的混合出行模式，汽车出行作为其中的一环实现车辆预约共享、道路规划导航等。

城市内出行主要还是公共交通和共享汽车，租赁汽车、出租汽车等多种汽车出行方式并存，市区内将会以小型、微型汽车为主，共享单车作为短距离、个人出行的补充。低空飞行器会有一定的比例，但并不主要在市区飞行。

市外出行包括高铁、飞机加上汽车租赁。这种稍长距离的出行以 C 级及以上车型为主，车型可能是混合动力或氢燃料的车型，以豪华为主，配置自动驾驶功能，以商务出行和家庭旅行为主。而跨省、跨国的出行，通过信息共享和业务协同的智能交通系统，运输通道、枢纽、运输方式等资源优化配置，无人驾驶汽车与机场、地铁等公交枢纽接驳，用户换乘无须等待。

用户在出差返回时，乘坐飞机实现国与国之间的跨越，登机前通过类似现在手机的个人多功能智能系统预定接机车辆后，车辆开始自动监测航班动态，航班降落后跟踪乘客实时位置，并在最合适的时刻到达约定的登车点，时间被精确控制，乘客下机后可以在最短的时间内，步行最近的距离找到预订车辆。

在智能交通的场景下，汽车是移动的智能体，满足人们不同的需求和爱好，可出现自动驾驶和人工驾驶的复合场景，汽车属性将发生变化，驾驶操控性能已显得不那么重要（除部分喜欢驾驶的用户）。车与车、车与路侧设备及车与云之间可以实现实时通信，通过传感器、通信系统、网络等连接，互联互通，形成智能出行生态圈，所有车辆由云端统一调度。

未来的智能交通（图5-7），以先进的信息技术、数据传输技术、电子传感技术、卫星导航与定位技术、电子控制技术以及计算机处理技术等技术为基础，可实现汽车端、用户端和环境端的三端互联。汽车端是交通运输载体，包括私家车和公共汽车、轨道交通等，为智慧城市输入动态信息。用户端是交通工具的操作者、参与者，是连接驾驶舱内和外部的媒介。环境端由充电桩、路灯等组成，是城市内分布最广泛的物联网端口。

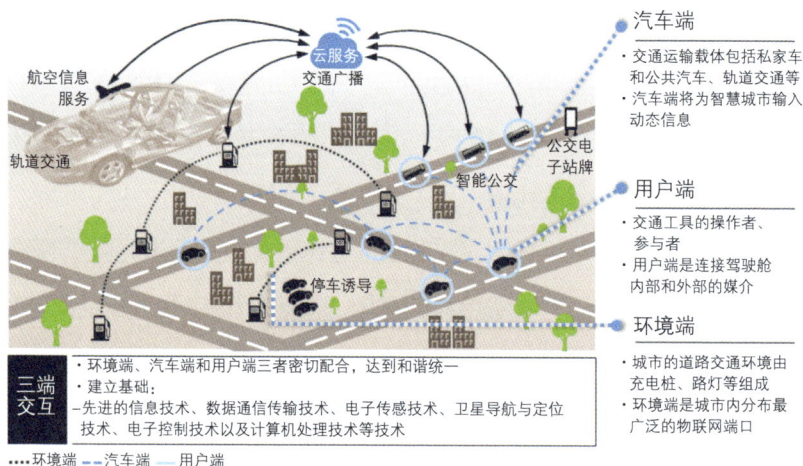

图 5-7　未来智能交通蓝图

普通道路已不堪负荷,将形成地下、路面、低空、海面的立体式交通,公路交通、空中交通、铁路交通等的界限逐渐模糊。空中轨道交通和飞行式汽车都将成为可能,高能量能源及整车轻量化汽车能够在一定高度和距离的飞行。低空飞行汽车得到部分推广和应用,部分汽车的时速将达到 300 千米 / 小时,低空飞行器也会有一定比例,但可能用在特殊领域,不会在市区飞行。

未来的交通方式,还将包括超级高铁(胶囊高铁),它采用磁悬浮 + 低真空模式,具有超高速、高安全、低能耗、噪声小、污染小等特点。超级高铁中整台梭子处于一个几乎没有摩擦力的环境中,以某种炮弹射装置发射出去,无间断地驶往目的地,运行速度最高可能达到每小时 5000 千米。尽管真空管道运输能够达到让人难以置信的速度,但是乘客却只能感受到很小的爆发加速力。

未来还会出现能在水面和水下行驶的汽车,汽车将没有内燃机,能源来自锂电池,车身质量极大减轻,依靠增大排水量获得足够浮力,依靠底盘两侧的螺旋式推进器移动。车内配有呼吸器,足够一个人在水下停留一天时间,这种汽车能潜到水下约 500 米。

城市分层利用,停车场地立体化。建筑物顶部作为飞行物停驻场,市域运河设水上巴士,地上分层做客、货、管道运输线,为不同的车辆设立专用车道,运输工具搭载着乘客、货物,高速驰骋在城市的分层空间中,这些载体纵横交错有序运行,而不会相互碰撞,安全系数极高,城市外围搭建高速轨道与其他城市连接,所有车辆由云端统一调度,交通有条不紊,公共资源得到最优、最高效率利用。

多层次立体式出行将成为主要出行方式。交通设施将会成为看不见的数字化基础设施。在未来约 20 年时间内,自行车、共享电动车、共享汽车,以及其他交通工具(包括高铁、飞机等)衔接更加顺畅,出行安排更合理,服务更有序。

第三节
未来出行对人们生产生活的影响

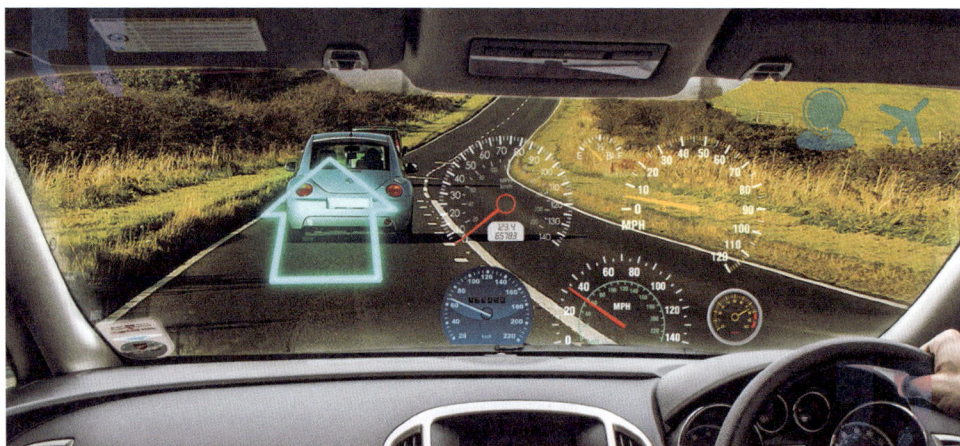

到2049年，中国社会将发生重大变化。从人口方面来看，中产阶级规模增加，将占据最大比例，这将带动服务行业的发展，另外，人口老龄化问题将格外突出。从消费方面来看，服务类需求增加，且更加注重个性化的设计和体验，女性消费者仍然是消费的主力军。从城市方面来看，人口城市化将导致全国超过三分之一的人口集中在长三角、京津冀和珠三角城市群，大城市居民仍然面临出行难题。从技术发展方面来看，信息化和智能化是主要发展方向，且各种新材料和新能源层出不穷。未来出行不仅将改变汽车行业的产业竞争格局，还将改变汽车产业的边界，使汽车在人类经济社会中的定位和作用发生深刻变化。

一、人们对车辆的认识与使用发生改变

随着人工智能、深度学习，车联网等技术的不断发展，智慧城市、智能交通将变为现实。未来，随着汽车实现完全自动驾驶，汽车成为人们家和办公室之外的第三空间，汽车的主要属性诉求在于乘坐舒适性、安全性。汽车不仅成为人们出行的工具，其安全性、便捷性及舒适性也得到进一步提升。汽车产品功能和使用方式正在发生深刻变化，由单纯的交通运输工具逐渐转变为智能移动空间，兼有移动办公、移动家居、娱乐休闲、数字消费、公共服务等功能。

随着共享汽车业务的发展，未来会涌现更多的提供共享出行的公司，包括互联网公司、传统车企等。汽车主机厂将会与互联网企业联手，互取所长，为用户提供更好的共享出行方案。同时，也将形成一个系统共享出行云平台，社会车辆、私家车、公务用车等都纳入该平台的监控体系，每一台车辆的状态都能被实时监控。通过平台，汽车可以智能化调度自身，得到最大化的利用。

新一代技术的应用和产业革命的推进，将催生一批新兴业态。对于汽车领域而言，平台经济和共享出行模式的出现，使消费者由购买汽车转向购买出行服务。随着各种专车和共享出行平台的用户越来越多，端到端（P2P）联接服务的信息成本越来越低，平台经济的双边市场活跃度越来越高，个人的出行服务需求得到更好的满足，使用时间和空间大量闲置的私家车资源得到更高效地利用。平台经济和共享出行除了提高社会资源的利用率，还显著改变了消费理念，消费者"用手机购买出行服务"的习惯逐步养成，对汽车产品本身的购买欲望越来越低。

显然，优化和提升汽车共享出行服务将显著提高汽车的利用率，保障社会整体的出行需求得到满足，提升出行便捷性和舒适性，从而改变整个社会的出行模式，使共享出行服务成为智能交通和智慧城市的重要组成部分。

汽车的所有权、使用权分离，轻资产效应使经营权为主导分配所有权和使用权，而不是所有权为主导。汽车消费的主要模式由一次性采购变为付费使用，由自有模式变为共享模式。交通出行的模式共享比例不断提高，大多数乘坐共享汽车，少数人员乘坐微型汽车出行。大部分消费者对汽车（轿车）的概念已经完全脱离身份象征的需求，大气、豪华已经不再是市场主流需求。大部分汽车将是租赁公司的资产，而非私人消费者的私人资产。随着无人驾驶汽车的普及，无人驾驶汽车将成为共享出行的主要载体。

共享出行模式将导致消费者由购买汽车产品转向购买出行服务。消费选择的转向，将使传统整车企业通过品牌控制市场的能力减弱。从汽车全寿命周期使用成本与购买出行服务支出费用来看，尽管购买出行服务的单次费用并不低，但与购买汽车的直接成本（购车费、税费、保险、加油充电、维修保养、停车过路和各种检验等费用）、间接成本（汽车购买和使用过程中的各种时间耗费成本、信息不对称和缺乏议价能力造成的各种商务损失）和社会成本（汽车资源闲置造成的资源、能源、环境、土地和城市基础设施额外支出）相比较，还是具有明显的经济和社会成本优势。从发展来看，消费者购买出行服务替代购买汽车的倾向会越来越明显，对汽车出行服务品牌的认知也会越来越强，这一趋势必然使得传统整车企业通过汽车产品品牌控制市场的能力弱化。

二、智能交通和智能车辆让出行生活更加丰富、更为自由

汽车新技术推动车联网数据服务、共享出行等生产生活新模式快速发展。

未来办公场所的改变。人们办公将不再局限于格子间，汽车在无线网络的覆盖下完全可以满足人们以前在格子间工作的需求，人们在上下班途中能够完成部分工作，提高办公效率。车载终端可以远程召开视频会议。传统的方向盘被挪到了汽车中部，乘客可以打开小桌板放笔记本电脑，座椅也可以旋转，车子内部的前方乘坐系统可以变成一个交互式的工作界面，满足会议的演示功能以及其他需求。考勤、审批、任务、项目管理在线一站式办公也将代替传统的沟通协作方式。

人们的工作时间由固定的"朝九晚五"变为弹性工作时间，人们可以按照最适合自己的方式工作，提高工作效率；企业将节约的办公室租金等运营成本作为额外

奖金回馈给员工，员工受到激励更加努力地工作。

　　智能交通生态系统可以根据上下班时间，智能地调整红绿灯时长。平时正常路况的红绿灯配置时长基本不变，加大了车辆的滞留时间，拥有感应检测器的路段，车流量大的方向绿灯随自动感应增长亮灯时间，对车流量小的方向则增加红灯亮灯时间，借此减少拥堵时间。还可以让上班族错开出行时间，避开高峰期。

三、未来汽车带来新的经济形态

（一）汽车制造商主导地位受到挑战

　　平台经济和共享出行模式的出现，使消费者由购买汽车转向购买出行服务。提供共享平台的服务商越来越活跃，消费者"用手机购买出行服务"的习惯逐步养成，对汽车产品本身的购买欲望越来越低。

未来的汽车产业生态系统中，出行服务供应商将占据汽车产业价值链的高端 (图5-8)，出行服务供应商可以接触各类用户、获取最大销售收入和利润。利用广大用户群体的网络效应，提出出行服务的市场新规则。出行服务供应商的竞争优势建立在为其目标用户提供定制化出行服务的平台、算法和智能基础之上。

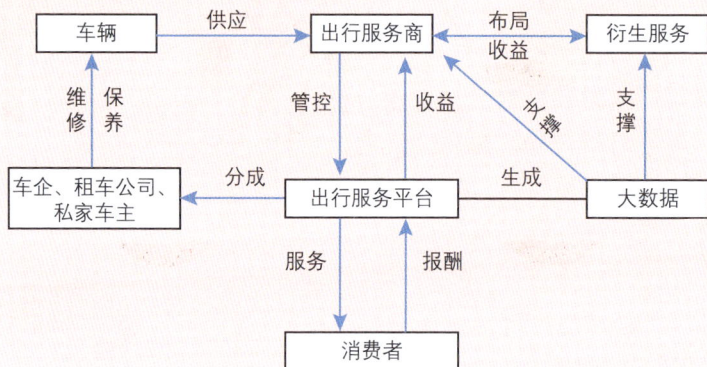

图5-8 未来出行服务供应商的地位

制造商的经营模式可能仅限于制造和销售车辆。大多数企业会向出行服务供应商销售汽车，或者更有可能出租汽车。这就意味着，只有汽车制造商的强势品牌才能在未来出行服务行业保持优势地位。对汽车制造领域的二级企业而言，创新的焦点将从产品转到工艺和制造技术上来。

从产品开发到制造工艺优化，汽车制造业务和服务业务的延伸最为明显。制造业务方面的创新举措通常针对工艺效率和制造优化。专注于汽车使用配套服务的企业方面，未来的汽车产业仍需要这些以软件和信息服务为主的企业提供支撑。收费系统、交通控制系统、电动车辆收费站、公共事业设施、停车场等有形和虚拟基础设施的运营商将成为出行服务供应商的相关业务伙伴。与通信行业网络运营商相似，智能交通系统供应商可以以寡头垄断结构运营发展，并从未来汽车产业生态系统中收获稳定可靠的销售收入。这些企业的产品能够预测需求、优化车队路线、最大程度减少污染、管控城市交通、防止交通拥堵等。此外，根据消费结构使用收费基础设施将成为一项重要业务。

汽车后市场产业萎缩。汽车的维修保养和保险将受到出行变革的强烈冲击。首先，因为电动汽车的结构相对简单，零部件数量相对传统燃油汽车大减，其维修次数也会减少，保养周期将增长。其次，无人驾驶技术由于通过车载传感系统感知道路环境，并通过精准计算来提高驾驶安全系数，可大幅减少因人员驾驶操作疏忽造成的事故，降低事故率。最后，如果没有事故，未来就不再需要支付因交通事故所造成的额外修车费用，汽车保险也将成为鸡肋，这会对传统的车险业务造成影响。根据相关预测，无人驾驶汽车将导致汽车责任险保费下降 75%。

（二）未来汽车大数据催生汽车数据经济

大数据将缩短研发周期。未来智能化汽车需要大数据技术（图 5-9）处理海量来自传感器和通信系统的信息，从而形成决策。这一过程需要采集大量的数据进行测试，而未来车厂通过大数据构建的场景库和相应的仿真测试可以大大降低无人驾驶车辆的测试周期，为产品安全认证和"上路考试"提供重要支撑。

图 5-9　未来汽车与大数据

大数据的反馈可帮助车辆实现按需设计和优化配置。海量的出行数据分析能够清晰地反映不同领域、不同场景的消费者偏好和需求，对车辆的设计形成反馈，可以帮助企业对不同的市场进行精准定位，实现产品的按需设计，减少不必要的功能和成本浪费。例如，基于通勤需要的车辆可以用电量为 100 千瓦时以内的车载电池，某一条公交线路的车辆需要电量为 40 千瓦时的车载电池，而另一条线路的车辆则需要 65 千瓦时的车载电池等。

大数据驱动制造智能化。未来汽车产业的智能制造需要大数据。未来汽车生产线需要具有模块化、自动化、智能化的功能以实现针对不同应用场景的小批量、个性化和定制化的产品生产，需要大数据计算来实现产品物料及数量匹配、生产计划以及不同产品生产顺序的优化设计，对产品生产线自动进行工位的平衡优化等。

（三）未来出行的闲暇产生更多出行消费

由于未来出行更多的是由无人驾驶汽车来提供，个人不再需要购买汽车和操控汽车，乘车出行时在车上将空出更多的时间用于休息、娱乐、工作、学习，甚至开网络视频会议。未来，汽车从交通工具变成大型智能移动终端、储能单元和数字空间，互联网与汽车的深度融合，使得安全驾乘、便捷出行、移动办公、本地服务、娱乐休闲等需求充分释放，为新的出行经济创造了条件。

未来汽车功能的变化，也为相关服务产业带来了新的发展契机，如车载广告的推送、在线购物、在线交易、网络会议、影视音乐等服务，以及汽车后市场相关服务等，各种无人驾驶汽车赛事服务、驾驶培训服务、汽车文化博览与传播等，这些未来衍生服务一方面帮助乘坐无人打发闲暇时光、满足人们物质与精神追求，另一方面可以更好地服务于未来出行生态的发展。

当无人驾驶汽车成为出行的主要交通工具时，不管是工作日的通勤还是周末出游，用户都可以趁着路上的闲暇时光，或处理要务，或休憩片刻，或观影听音乐。据相关统计，这种颠覆传统的出行方式每天可为用户节省约 50 分钟时间。节省的时

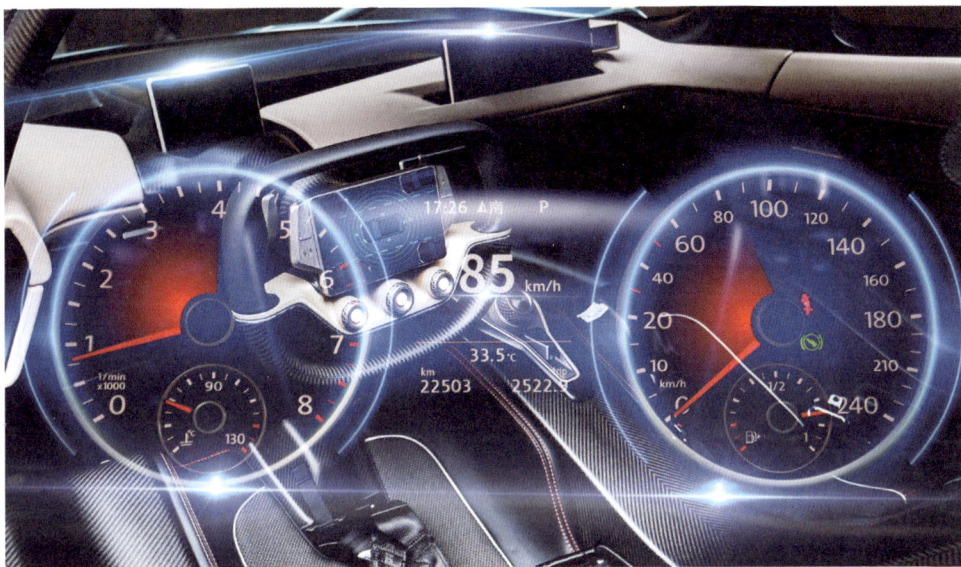

间成本为其他产业链的拓展创造了条件。据统计，一辆无人驾驶汽车内的乘客通过移动互联网使用数字媒体服务的时间多 1 分钟，每年全球数字媒体业务产生的利润将增加 50 亿欧元。

四、未来能源使用和利用方式发生巨变

无论传统燃油汽车与石油工业，还是电动汽车与电能供给，车辆技术一直与能源产业协同演进，燃料电池汽车需要与氢能产业协同发展。因而，随着汽车技术路线的变革，车用能源将发生变化。相应的，未来汽车产品的能源使用和利用方式也将发生巨变。

面对未来汽车产品，中国将建立起可持续的车用能源和能源互联网体系。在车用能源体系方面，首先，不断提高汽车燃油经济性和车用燃料品质。提高汽车燃油效率的先进技术要求车用燃料品质不断提高，石油化工行业应积极布局，推进化工设施的升级换代。其次，建立起完善的充电基础设施网络。电动汽车是中远期实现车用能源系统效率提高、能源供应安全改善和温室气体减排的关键支撑技术。应

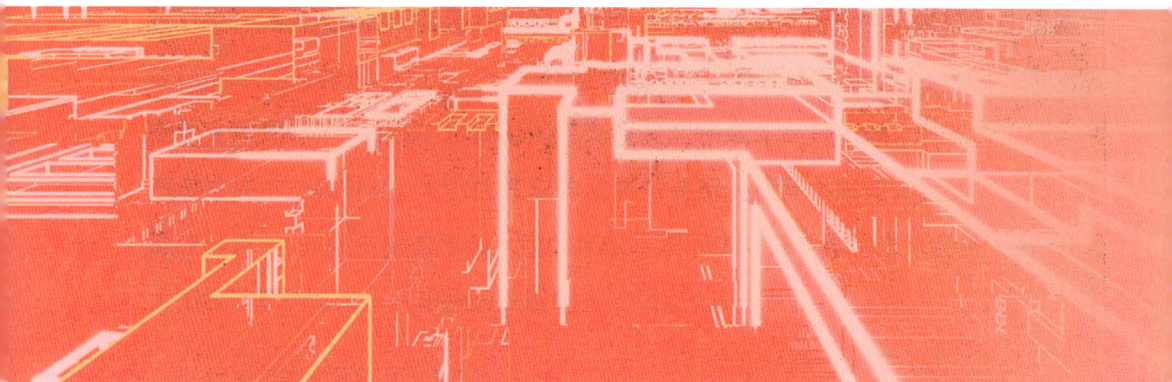

积极推动电动汽车的技术研发、示范和商业化，使其进入快速增长期。最后，燃料电池汽车是远期实现能源供应安全改善和温室气体减排的重要技术，也可以在一定程度上校正电动汽车大规模发展造成的柴油、汽油比例失衡。为此，中国将构建与之配套的氢气供应体系，实现大规模氢的制取、存储、运输、应用一体化，以及加氢站现场储氢、制氢模式的标准化和推广应用。

在未来车用能源供给方面，中国将在能源互联网下打造服务未来汽车产品等交通工具在内的交通能源互联网模式。杰里米·里夫金在著作《第三次工业革命》中提出了能源互联网的五大支柱：一是向可再生能源转型；二是建筑成为微型的发电厂；三是储能技术与建筑广泛融合；四是利用互联网技术的电网成为能源共享网络；五是电动汽车融入电网。里夫金所说的电动汽车包括了纯电动汽车和燃料电池汽车，他预测，到2030年，电动汽车充电站和燃料电池汽车加氢站会在全球普及，并成为主电网分散式输电、送电的基础设施。有预测表明，到2040年，75%的轻型汽车将由电动汽车占据，电动汽车将是激活电力市场的最活跃、最重要的增量因素。电动汽车的普及将在运输领域掀起淘汰传统燃油汽车的巨大变革，有力地推进能源革命。

能源革命的实质是可再生能源替代化石能源成为主体能源，最终目标则是淘汰化石能源。电动汽车能够实现电能对终端一次化石能源的高效替代，使交通体系逐渐电气化，实现交通体系与电力体系的耦合。随着电力系统转变为以可再生能源为主体，将逐步实现交通低碳化和零碳排放。电动汽车的普及也将推动能源互联网的发展，掀起能源领域的巨大变革。根据里夫金的构想，能源互联网以可再生能源为主要能量单元，基于通信技术、自动控制技术等新一代技术，实现双向信息数据的实时高速交互，形成涵盖多类型能源网络与交通运输网络的新型能源利用体系。由此可见，处于能源互联网中的各个参与主体既是"生产者"又是"消费者"。电动汽车作为一种移动分布式的储能设施，未来将与扁平化、分散式、合作化的能源交互网络连接在一起，体现能源互联网的关键特点，并成为能源互联网的重要支柱。

　　未来，中国将在交通能源互联网中引入可再生能源发电与储能电源，构建新型的"源—网—荷—储"交通供电系统。"源"包括光伏发电、风力发电、水力发电、火力发电等多元能源发电系统；"网"为灵活柔性的新型供电网络，并且考虑投入直流牵引供电系统；"荷"为主动交通负荷，不仅能够消耗电能，而且可以通过再生制动以及电动汽车放电输出电能；"储"为能源资源的多种储存设施及储存方法。根据能源互联网与交通系统的主要特征，充分发挥交通系统的优势，改变当前交通系统的能源供应模式，由单一电源供电结构发展为多元电源互补模式，由单向电能流动消耗发展为双向电能互动模式，由被动负荷消纳发展为主动负荷协调模式，以此构建交通能源互联网，实现交通系统的安全、高效、环保、可持续的能源利用（图5-10）。

车载电池

8000万辆电动汽车

退役电池

2030年，储能容量7亿千瓦时/55亿千瓦时，是抽水蓄能装机量27倍，可满足97%波动性可再生能源发电存储

每年减少3.2亿千瓦时额外调控容量

图 5-10　电动汽车及退役电池调节可再生能源间歇性

其中，包含新能源汽车在内的能源互联网将主要体现 3 个特征：①移动式分布式储能的独特功能。电动汽车既是交通工具，也是用电终端，同时也是储能设施。以特斯拉为例，作为交通工具，其续驶里程可达 480 千米；作为用电终端，特斯拉可连接普遍的家用交流充电桩，其用电容量为 8.8 千瓦；作为储能设施，特斯拉可以存储 85 千瓦时的电量。电动汽车在与电网的交互过程中，既可以在电价低时充电，起到电网低谷负荷的作用，又可以在电价高企时，向电网送电，参与电网调峰。有研究表明，一般电动汽车处于非行驶状态的时间大约是 96%，在这些时间里它都可以发挥储能设施的作用（图 5-11）。按里夫金的估计，电动汽车提供的电能将达到美国全国电网电能存量的 4 倍，在电力价格高企时，只需把 25% 的电回输到电网就可以代替全国所有的常规发电厂。②实现通信设施全覆盖。能源与通信的深度融合是能源互联网的核心特征。由于电动汽车和充电桩未来必须实现通信设施全覆盖，确保精确计量和实时通信，从而使电动汽车超越其他用电终端率先实现能源网与物联网、互联网的深度融合，同时实现车辆的位置信息、初始电量、充电需求等信息实时接入互联网。电动汽车作为一种用电终端以及作为储能设施，与其他电力供应者和其他电力需求者之间能够实现实时通信，从而构筑了能源互联网的坚实基础。③有利于可再生能源消纳。电动汽车充电桩所用的电既可以从电网获取，也

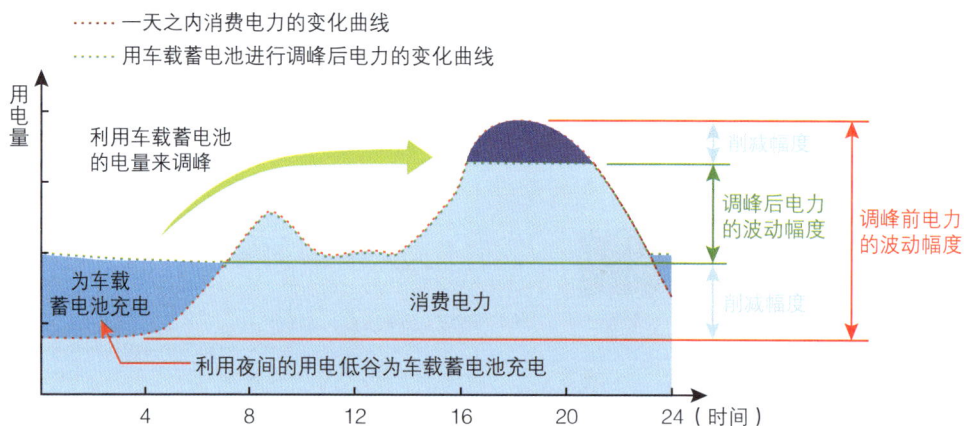

图 5-11　用电动车车载蓄电池调峰概念图

可以直接取自太阳能光伏发电。光伏发电与充电桩结合形成光伏充电站，是电动汽车促进可再生能源消纳的最直接的物理形态。未来，城市里的停车场与屋顶分布式光伏相联通，可以成为光伏充电站的电源。在高速公路上，服务区及公路旁边的光伏电站都可以成为光伏充电站的电源。此外，还可以通过绿电直购，实现电动汽车对再生能源的消纳。

五、城市规划与格局将发生重大调整

> 未来，由于以完全自动驾驶汽车为主的未来汽车产品的大规模使用，以及相应智能化道路设施的完善，智能交通体系逐步形成，将对城市道路、城市生活社区和城市空间布局产生较大影响。

（一）城市道路变化

1 车道变窄，数量减少

由于人工智能实现的完全自动驾驶比人工驾驶更安全，机动车道路将变窄。目前，国内的机动车道一般采用 3.5 米宽度，部分货运车道甚至采用 4 米宽度。在无人驾驶时代，无人驾驶能够减少行车安全距离的情况下，如果能够实现 3 米宽度行车道，甚至更小宽度的前提下，现有双向 4 车道 14 米宽的道路，可以转变为双向 6 车道，从而提高道路通行能力。同时，机动车通行路面宽度的减小，能够给人行道留下更多的空间。如果能够对占城市建设用地 1/5 ~ 1/4 的城市道路进行重新设计，道路提升的通行能力将是十分显著的。

无人驾驶汽车的使用提高了交通效率，机动车数量大幅减少，道路车道数量也相应减少，路面宽度相应缩减，这将使城市道路变得"易于穿行"；人行道宽度增加，提高了步行的安全性、便利性和舒适度。用于暂时停放无人驾驶汽车的"弹性区域"可以在一天的不同时间里切换给不同的服务和车辆使用。高峰时段可能会有更多的车道向车辆开放。在送货时间较长时，可能会有专门针对送货车（或无人送货机）的限制空间。

2 街道绿化增加

无人驾驶车辆的大规模使用，意味着城市主要道路上会有更多的空间供市民步行、骑自行车、甚至是闲逛。因为不需要停放公司的无人驾驶车辆，也不用停放个人驾驶车辆，曾经用作停车场的地方，可能会用来建造小型公园。并且，汽车可能根本不需要自己的专用空间。街道绿化包括行道树和街道绿地，是营造宜人街道环境的重要元素。加宽的人行道为街道绿化提供了充足的空间：行道树分隔并限定了机动车、非机动车与行人的通行空间，提高了空间品质；街道绿地可以丰富行人的步行体验，结合灵活的设计形式，满足人们日常休闲健身、娱乐观赏等需求，并有利于降低交通噪声和污染。到了晚上，酒吧旁边的街道空间可以用来接送搭乘无人驾驶出租车来光顾酒吧的市民。

3 步行空间层次丰富

在步行空间中，市民的活动是多样的，包括通行、逛街、观赏和休闲等活动。加宽的人行道为多样的活动提供了场所，如公共绿地承载了观赏和休闲活动，临近车道的部分为市民的快速通行提供空间，临近建筑沿街面的部分则为市民的逛街、购物等活动提供了空间。这使得街道空间承载了市民丰富多彩的活动，提升了生活水平和街道活力。

4 路口人行便捷性提高

随着路幅宽度的降低，道路转弯半径缩小，市民在路口的通行距离也随之缩短，保障了步行者在较短时间内快捷、安全地通行，因此路口的通行效率和安全性得到了提高，避免了因道路过宽，行人过街需绕行数百米，或借助天桥、地道等而造成的不便。路面环境将会以行人为主，或者说，其他诸如人行道、自行车道和可选择交通方式通道的面积将大大拓宽。

（二）城市社区变化

1 社区安全度增加

车辆及车道数量的减少、道路宽度的降低，将提高市民居住社区的安全度。交通方面，车辆减少了，无人驾驶的汽车更遵守交通规则，也更礼让行人，城市道路变得更为安全。环境方面，噪声和污染减少了，营造的沿街开放空间和绿化空间等公共空间将吸引更多人聚集，从而提高社区街道的安全性和社区中市民的安全感。

2 社区生活便利性提高

由于城市主干道变窄、道路安全度提高和公共开放空间增加，街道空间变得越来越有吸引力，提高了市民使用城市公共空间的频率。社区能以此为契机面向道路直接开出入口，市民出行不必再通过指定的小区出入口即可直接到达最近的街道，提高了出行效率。同时，智能交通模式下的无人驾驶汽车停车库可以在很小的用地范围内存停放更多汽车，因此可以利用社区中较为边缘的位置布置，在市民需要使用时可以快速抵达出发地点。

在自动驾驶共享出行的设想下，私家车数量锐减，社区停放车辆的数量大大减少，因而停车库需求量减少，居民住房设计将会改变，原有车库将变成工作室、短期住宿等。私家车道将变成私家花园、孩子玩耍的空间等。

3 社区活力增强

社区直接向城市道路开出入口带来的另一个积极结果是使大街区逐渐转变为小街区，小街区转变为开放街区，化解目前国内存在的"超级小区"或"超大楼盘"给市民出行带来的不便，由此又会产生更多的小型交叉路口，交叉路口越多，城市的活力越强，也将带来更多的商业机会，进一步增加了街区的活力和吸引力，形成城市活力的良性循环。

4 低速社区建设

在社区环境中，对于街道级公共服务设施，往往需要低速的点到点的交通方式。在交通空间有限的前提下，可设置单行循环道路，或者两条较窄的细条路面，经常性地供无人驾驶汽车使用，提高社区内部交通循环效率。

（三）城市格局变化

无人驾驶汽车还有可能重塑城市。在一个无人驾驶汽车普遍存在的世界里，共享车辆将会成为一种常态。以美国为例，目前汽车平均使用时间大约为 5%，有约 95% 的时间都处于停驶状态。汽车共享已经导致停车场需求的下降，预计，每辆共享汽车能够取代 10 ~ 30 辆营运车辆，无人驾驶汽车还将加剧这一趋势。这将对城市生活产生重大的影响，因为它会使得私人和公共交通方式之间的界限模糊化。以可预见的无人驾驶汽车运营能力估计，其广泛使用将可以减少 400% 的车辆交通压力，即使达到 200%，也将可以节省大量的城市公共空间，这些可利用的空间将会成为人们想象力、创造力得以实现的资源。城市格局将发生重大转变，如果考虑城市单位居住人口密度，楼房等高层建筑将减少，或恢复到传统的平房等行列式房屋。

1 更少的停车设施

国内的停车场设施，根据规范要求，需要达到人均 1 ~ 1.2 平方米，反映在城市用地构成上，将占城市建设用地的 1%。无人驾驶汽车对未来最大的影响或将体现在停车上。由于无人驾驶技术减少了对停车设施的需求，剩余的较少私家车需要较少的停车设施，社会停车场可以根据更低的标准进行配置，特别是市中心地区。但是配建停车场的标准，至少在短期内应该保持，以满足部分市民的驾驶需求。无人驾驶汽车无须停车，当市民完成出行，无人驾驶汽车将自动前往别处作其他用途，同时为城市腾出大量的城市公共空间。理想状态下，城市不再需要固定的停车场地或设施。无人驾驶实现后，城市建成区，特别是老城区，大量车辆沿非机动车道、人行道停放影响城市交通，影响城市景观的现象将不复存在。现在被停车场和道路占用的大量城市土地可以重新发挥一个全新的社会功能，如被改造为休闲场所、街头绿地等。

这也有可能改变城市的核心，这些空间可以改造为公园、休闲场所、街头绿地或廉价住房等。同时，可以预期这些空间的改变将带来商业价值的提升。这些被新开发的混合用途区域和以交通为导向的空间相结合，将加快人们向城内转移，因为两者的结合为人们提供了更宜居的环境。

2 加油站的新用途

无人驾驶汽车在很大程度上被设想为电动汽车，一般在夜间停车的地方充电，电动车将不再需要加油站。当无人驾驶成为交通的主力军，原本规模庞大的加油站将被释放。加油站有便利性高、数量多、交通位置优越等特征，其占用的土地将被重新规划用途，也许建更多的便利店、在线购物的提货点等。

3 | 强化的公共交通

无人驾驶更多应用于通勤交通，但是偏向生活、休闲的绿色出行方式将会强化。机动车道的减少，将多出来的道路交通空间让位给自行车、步行、公交等绿色交通方式。城市规划过程中，需要进一步强化对于公共交通的规划，减少市民对私家车的依赖。为了解决无人驾驶车辆和有人驾驶车辆之间的相互影响和可能事故责任争议，在无人驾驶全面应用之前，应当考虑将无人驾驶局限于专用车道之内，特别是在拥挤的城市中心区域。

4 | 全新的道路形态

无人驾驶汽车对城市道路形态也会带来重大影响。为了适应大规模的交通，城市道路一般为双向4车道，有些拥挤路段为双向6车道，主干道甚至建设成双向8车道。这样为了城市交通的通畅，宝贵的城市土地被大量用于道路建设。但即便如此，大城市在高峰期的交通拥堵状况仍然十分严重。无人驾驶汽车的普及可以使这种状况得到极大改善，这是因为传统车辆通行完全依靠驾驶者自己判断，变道、超车、遇到信号灯加速减速，即使现在有卫星导航系统可以指导避开拥挤路段，也低于完全无人驾驶而通过车联网统一安排实现的交通效率，尤其是不遵守交通规则的驾驶人更是如此。此外，交通的高度秩序化可以减少行车道数量，一般的主干道双向 4 车道就足以满足要求，节约的大量土地可以改为商用、居住或绿化、休闲等。

5 全新节能环保的城市生活

无人驾驶汽车将节省出司机的座位，一般类型的轿车可以比较舒适地乘坐 4 人，且能够在车体内采取隔断方式形成各自的独立空间，这将极大促进汽车共享的发展。汽车共享的发展和无人驾驶汽车的普及降低了市民私人保有汽车的必要性，从而降低汽车保有量，自然也就从总体上节约了能源，保护了环境。不仅是在车内的乘坐体验，车外环境也会有较大改善。无人驾驶汽车的全面普及，将有效减少特大恶性乃至常规性交通事故的发生。低密度的城市空间形态，将是获得良好生活体验的重要因素。随着无人驾驶汽车的普及，绿色田园城市将有可能实现。

6 城市扩张、规划控制和土地供应

在自动驾驶的环境下，人们出行更便捷性、成本更低，因而会重新考虑居住于城市中心或工作单位附近的成本，原本对城市中心房产的偏好会逐步转向郊区。在这种情况下，城市郊区的住房成本低是城市扩张的主要动力。

城市化加速对城市规划控制和土地供应提出了新的要求，需要考虑房地产开发与绿色环境之间的平衡，从而使社会和经济效益得到最大限度的提高。

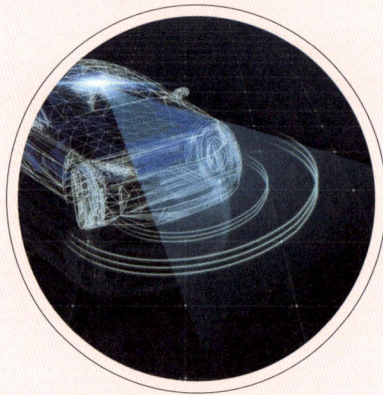

第六章
实现美好愿景的策略

一、鼓励科技企业进军汽车产业，推动跨界融合

随着互联网技术、通信技术、人工智能、计算机技术的快速发展，汽车产业智能化的趋势将势不可当，汽车产业的"电动化""网联化""智能化""共享化"开始成为汽车行业公认的未来趋势，也是未来企业转型发展的方向。

在多个产业和技术融合的基础下，未来汽车将高度集成，呈现出"车辆+"的特征，比如车辆与智能交通系统融合使交通更加有序高效，人们出行更加便利；车辆与云端大数据技术融合使车辆更加安全、舒适、节能；车辆与虚拟现实技术融合极大地延伸车辆的功能范围，比如车载办公、娱乐、购物等。另外，V2X技术的丰富，车辆应用共享化、行驶智能化、能源补给自主化等成为现实。为此，需要科技企业与传统汽车行业合作，为未来汽车发展注入更多新的动力。互联网、IT企业在技术上占据优势，专门进行核心技术突破，为汽车创造新的功能与价值；传统车企在生产销售环节有经验，且与汽车的上下游产业有更多的联系，双方可以进行优势互补、价值共创，而这种跨领域的相互深入合作会成为汽车行业向智能互联化发展的一种新模式。

阿里巴巴与汽车直接相关的高德软件有限公司、千寻位置网络有限公司、斑马网络技术有限公司合作，创建阿里云、蚂蚁金服等，其业务涉及新零售、新金融、云计算、人工智能等多领域，让阿里巴巴得以深入汽车的全产业链。其斥资千亿元打造阿里巴巴达摩院，将涵盖量子计算、机器学习、基础算法、网络安全、视觉计算、人机自然交互、芯片技术、传感器技术等，这些皆与智能互联、

自动驾驶息息相关。深圳市腾讯计算机系统有限公司（简称腾讯）也从车辆网切入对自动驾驶的研发，在车联网领域搭建车联开放平台，研发了三种产品体系，包括车联 ROM、车联 App 以及通过微信、QQ 连接汽车的"我的车/MyCar"服务。随后，腾讯成立了自动驾驶实验室，并开启了与广汽集团等汽车企业的合作。滴滴出行（北京小桔科技有限公司）等出行服务供应商也在加紧布局，迎接未来出行模式的全面转型。以国内科技企业为例，百度开发产品 CarLife，用户不用在意自己的智能手机是什么操作系统，只需要通过数据线或者 Wi-Fi 将手机连接到车载系统上。CarLife 是一个产品平台，不仅汇集了百度导航、百度音乐、百度糯米、百度外卖等各种各样的产品，并接入了更多开发者的产品。此外，百度开发了自动驾驶汽车平台"Apollo"，希望融合各个车企的数据，快速实现汽车无人驾驶。

5G 是下一代的通信的核心，华为技术有限公司、中兴通讯股份有限公司等通信企业的进入，是推动汽车产业智能化的重要动力。智能汽车最重要的车联网以成熟的通信技术为基础，使汽车单体与外界环境产生智能互动，从而实现强大的功能。

未来会有越来越多的非传统汽车企业进入汽车行业，互联网、IT 等科技企业将与传统车企联手，共同成为出行服务的提供者。这种跨领域的相互深入合作会成为汽车行业向未来进军的主要途径之一。

二、引导汽车制造商与供应商加速转型

继汽车发明和福特汽车公司流水线以来，汽车行业正在进入最大的产业变革期。汽车行业将产生一次大洗牌，汽车也不再是单一的产品，未来传统汽车制造商将向提供"产品 + 服务 + 充电 + 运营"的一体化城市绿色智能出行解决方案的服务商转变。根据《新能源汽车产业发展规划（2021—2035 年）》（征求意见稿），到2025 年，中国智能网联汽车新车销量占比达到 30%，高度自动驾驶智能网联汽车实现限定区域和特定场景商业化应用。

汽车制造厂家将主导研发，预计 2035 年前后即可实现汽车的全自动驾驶，开发出无交通事故的汽车；汽车服务部门实现对汽车的智能监控和自动维护保养等。汽车产业将以满足消费者的多样化出行需求、维持人类社会的可持续发展为己任，着重开展以下领域的工作：营造方便共享的汽车经济，利用大数据、互联网、智能汽车为消费者提供安全、便捷的出行服务；针对消费者不断变化的需求，不断推出、更新绿色智能的汽车产品。汽车产业还需提供符合未来城市发展的道路运输服务规划解决方案。随着汽车产品智能化水平的提高，必将在保证安全的前提下，提供集成娱乐、办公、商务、生活等智能互联一体化的解决方案，并提供高定制化的生产、销售、运行、共享服务模式。

基于现在的发展状况和对未来市场的预估，不少整车企业正在提前布局。宝马提出要成为一个高科技公司，未来方向是自动化、互联化、电动化、共享化。自动驾驶是宝马这次转型的核心，宝马正在加紧布局自动驾驶，全力打造高度自动驾驶汽车，与当地的互联网公司进行部署，并在 2016 年就推出了"云端互联"App，在全球范围内加紧布局充电装备，并通过加紧对电动化的实现，在技术和系统设计上加快推进自动化，推出 Now 系列共享汽车服务。福特汽车公司也为自己规划了三大新的战略方向：电气化、自动驾驶、智能出行，成立了智能移动技术有限责任公司，负责监管其汽车及移动项目。福特汽车公司围绕自动驾驶技术密集投资了一大批相关技术企业，包括全球最大的车规级激光雷达厂 Velodyne、机器学习公司（SAIPS）、机器视觉公司（Nirenberg Neuroscience）和高精度地图公司（Civil Maps）等，旨在加速自动驾驶车上路。

此外，奥迪、沃尔沃、奔驰、雷诺（雷诺汽车公司简称雷诺）日产联盟等全球巨头，与国内吉利汽车集团、北汽集团、长安（重庆长安汽车股份有限公司简称长安）等几乎所有整车企业都在未来汽车产业升级方向积极布局，加快转型，避免被科技公司夺走核心利益增长点，沦为高科技巨头的硬件工厂。

不仅是整车企业，零部件供应商也在形势的发展下推进转型升级。德尔福公司进行了一场大变革，在 2017 年德尔福将动力总成系统部门分拆成为两家公司，分别是安波福和德尔福科技。分拆后的两家公司将聚焦不同领域，以加强自动驾驶技术的研发，同时专注于自动驾驶、数据、车载娱乐信息服务和汽车互联。德尔福还通过收购或投资固态激光雷达公司、车辆数据公司和数据高速传输技术公司等公司积极在自动驾驶方向上布局。博世集团在保持硬件优势的基础上，着眼于更多的软件和服务业务，其愿景是变成不可替代的、既做硬件又做软件及服务的科技巨头。

未来的零部件企业不再是传统意义上的单纯零部件供应商，而是能够为整车厂提供系统解决方案的供应商，特别对供应商系统的集成能力、创新能力有非常高的要求，这就需要传统零部件企业在先进技术开发的早期，抓住智能汽车、动力电池、电机、氢燃料电池汽车等发展带来的重大机遇，积极与整车企业、科技企业等相关企业进行合作与研发，加快企业转型，积极开拓有关新能源和智能网联汽车核心技术的研发和布局，或者逐步进入整车领域。

三、以电动化、智能化变革为突破口加快建设世界汽车强国步伐

加快发展成为世界汽车强国对中国有重大意义，是中国实现供给侧结构性改革，寻找新经济增长点的重要一环。根据预测，2030年中国汽车产业将全面进入电动化，2049年约80%以上的汽车都是新能源汽车。中国汽车保有量在2049年将达到顶峰，到2049年实现大部分全自动驾驶汽车的更新，汽车年销量预测稳定在2500～3000万辆。

2049年中国汽车产业发展的愿景是具备完全自主知识产权和核心竞争力的智能网联技术，具备量产自动驾驶汽车的智能制造能力，实现全国范围的高精度车载地图采集、应用和实时更新闭环，发展材料技术逐步实现汽车轻量化，能源逐步从燃油过渡到新能源，掌握汽车新能源各项关键技术。同时将出现一批世界级的汽车主机厂和世界级的零部件供应商，完全掌握关键核心零部件的设计、开发、制造、

测试能力，并对外输出核心技术和产品。

各大汽车生产企业将积极转型为出行方案服务商，中国的汽车产业已实现在新能源及智能网联方面的超越，能够引领世界汽车产业的发展，并且中国将持续发展成为汽车生产及销售大国，中国的汽车企业实现全球布局，汽车进出口总量基本稳定。在汽车零部件方面，中国能够出现至少5家世界顶级企业。无人驾驶技术世界领先，中国汽车行业能够实现更多的技术输出，而不仅仅是产品输出。中国也将是全球智能化汽车共享应用的市场。

2049年，汽车产业将完成产业结构、产品形态、技术水平与商业模式的全面升级，成为世界领先的汽车、交通、互联网技术高地与最大的产业应用市场，主导世界技术、标准发展走向。从而支撑汽车强国和可持续汽车社会两大战略目标圆满实现，为中华民族的伟大复兴和广大国民的便捷生活提供助力。

四、加强产业政策、技术路线图以及科研资助的引领与扶持

未来汽车产业的发展会成为一个国家经济社会工业经济的重点，无论是经济总量和产品形态都是带动工业发展的重要引擎，更是工业产品的重要发展载体。为了打造安全、绿色、智能、共享的出行便捷工具，掌控汽车核心产品技术和制造技术，构建可持续、均衡、创新的产业政策，实现智能、网联、新能源汽车的全球领先，需要政府制定相关的政策来支持，并且进行大力宣传。

自 2015 年国务院发布《中国制造 2025》，明确将发展智能网联汽车提升至国家战略高度，在过去几年里，产学研各界及政府纷纷围绕这项新技术，从各个角度谋求突破，包括研发新技术、完善智能网联技术的顶层设计、制定相关的相关法规标准，在政府推动产业发展的道路上迈出了重要的一步。然而，这些还远远不够，政府还需要对诸如管理权限划分调整、法律责任认定、信息安全等一系列新问题进行把控，这就要求中国尽快出台相关战略规划和顶层设计，为各利益群体提供一个行动指南。

在进行顶层设计的过程中，要明确促进产业发展的基本原则，产业政策重点要体现产业发展实现的既定经济社会目标，政府不仅充分发挥指导作用，还要充分发挥市场在资源配置中的决定性作用，综合运用需求侧创新政策和供给侧创新政策，提出政策改革的新思路。

（一）加强基础设施建设

要积极发展不同的技术，包括 AI 在汽车领域的发展。无人驾驶，在法律与伦理方面，人们会达成共识；技术方面，低成本传感技术是无人驾驶汽车普及的关键。然而智能汽车最终想要落地，除了具备成熟的技术，还需获得政策方面的许可，包括有人驾驶对无人驾驶路权的侵占问题、前期的路试权问题，以及像当前的燃油车一样获得路权，如何上路运行等相关问题。需要政府综合考虑了道路交通管理、产业发展需要及国际经验做法，制定相关规定，促进新时代的出行工具和谐共生。

在通信方面，加快 5G 通信技术的部署和应用，智能化出行需要车联网，而5G 是车联网的最佳载体。因此，相关部门应加快 5G 通信技术的部署和应用，以引导相关企业向同一方向发力：一是加快 5G 通信技术标准在车联网领域的落地；二是在局部示范区域，乃至示范城市先展开试点，验证不同技术的无人驾驶汽车的可行性，并积极推动车联网通信网络的构建；三是在网络安全方面，相关部门要做好引领作用，推动并开发使用多元化的安全防护手段。

发展共享汽车,涉及公共交通领域的管理与规划,需要政府的顶层设计,合理确定分时租赁在城市综合交通运输体系中的定位,在以公共交通为主要交通工具的前提下,大力宣传并推进共享汽车的使用,使其充分发挥非集约化出行的作用,与城市公共交通、出租汽车等出行方式协调发展,形成多层次、差异化的城市交通出行体系。

汽车相关设施应该真正成为社会基础设施的一部分,政府应加快道路、充电和网络相关基础设施的建设,进行道路基础设施信息化的升级改造,建设智能交通系统;推进发电、充电等基础设施(包括行驶中无线充电的配套设施)建设,构建良好的充电环境,促进能量与信息间的双向互动,最终实现无拥堵、低碳的智能化城市交通。对基础设施建设方面有以下建议:①基础设施建设和互联互通相关的管理职能分散在各个职能部门之中,需加强相关部门之间的协同;②需支持地方政府或企业开展与基础设施建设相关的试点工作;③通过政府和社会资本合作(PPP)方式推动基础设施建设,通过适当方式引入各类型社会资金共同参与建设运维。

(二)车辆技术与基础设施协同发展

首先,从国家层面启动未来交通体系的顶层规划设计,提前部署智能道路、智能交通信号设施、物联网通信设备和信息安全等方面的研究,以及交通体系与智慧城市/智慧小镇的衔接工作。未来出行和交通系统涉及社会体系中的各个方面,需要从国家层面协同各部门管理,否则工作推进不聚焦、研究工作片面,将会造成新一代路网的设计不符合未来出行需求甚至造成矛盾;交通信号设施如果不能与云端、车端、手机端以及分布式能源建设和智能电网连接,未来充电基础设施的布局、改造将很艰难。

其次,加强车、路、分布式能源等全系统的协同研究。未来车辆无论如何变化也终究离不开道路和基础设施,因而,车辆的智能化、电动化和网联化应该充分与智能道路/交通体系的研究联合起来,车辆和智能交通信号端通信协议和标准,

V2G 中车辆和电网,以及未来车辆与分布式能源的技术对接等问题应该联合研究,形成系统的统一标准,推动未来出行系统的协调发展。另外,对于道路端的优化和改造建设等计划,应结合车辆技术发展,充分与产业、行业界人士沟通,做好协同发展规划,否则将会造成巨额资产的浪费且阻碍未来技术的发展和产业布局。

最后,未来大数据智能化交通管理平台还将伴随着无人驾驶技术、道路基础设施的网联化而融入更多的数据,这对于平台对大数据的分析和计算功能,以及网络传输的实时性提出挑战。因此,在政府层面上,一要积极推动数据共享,打通掌握在不同管理部门,乃至企业之间的数据壁垒;二是要制定人、车、路协同的国家通信标准和设施接口规范,进行车辆与信号控制机、可变指标值、限速标志等交通管控设施互通标准的制定;三是要推进城市交通信号控制的智能化、交通标志设置的规范化、汽车身份和管控设施的电子化等。

(三)加大政策扶持力度

政府制定相关措施,如精简税种、降低税率等方式,鼓励汽车相关产业如零部件材料厂商的转型升级,通过提高自主创新能力,优化所提供产品、制造模式的市场化和智能制造技术,从而满足定制化市场的需求。主要建议有:一是政府与行业有关部门应尽快组织专题研究,提供扶植自主零部件产业的策略,但要避免保护落后、限制市场发挥优胜劣汰功能的政策措施;二是加大对核心零部件与材料的研发支持力度,提倡产学研合作,引进关键人才;三是制定优惠政策,引导社会资本投入新能源汽车零部件产业。

要坚定不移地支持能源多样化的技术开发,中国作为如此大的国家,已经一跃成为世界第二能源消耗国。而能源的单一化,会给进行经济转型的中国造成巨大的问题;积极探索可持续能源的开发,能为中国各项工业的发展提供保障。同时,要确立促进循环经济发展的立法理念,将汽车的循环使用加入社会立法,以此解决可循环资源进行循环和处置的问题。

对于科研,要加大相关科研项目的扶持力度,同时,促使企业对研发加大投资,使企业有更多的资金支持研发,增大科研规模,保证科研项目能够有足够的资金和资源支持,政策应该引导研发方向,在相应方向上给予更多的补贴资金,并以奖励模式刺激科研成果产出,实现产学研一体化。

制定政策推动电动汽车与分布式能源、智能电网、智慧城市协同发展。①要研究制定反映系统价值的充放电价格政策。充放电价格决定了可再生能源发电与电动汽车各利益相关方的成本效益。建议相关部门在进一步推广现行峰谷电价政策的同时,实施电动汽车分时电价政策,特别是在可再生能源消纳压力较大的地区,增设日间低谷电价时段,一方面加强电动汽车与可再生能源发电之间的协同,另一方面提高电动汽车及储能用户粉丝电价充放电套利频次,提升协同经济性。对于V2G 及退役电池储能等具有放电能力的并网方式,建议参考电动汽车及储能并网点分时用电 / 放电价格,通过不同时段电价差异激励有序放电。②引导充电服务商直接深度参与电力市场。在竞争性电力市场环境下,波动的现货市场价格一定反映了系统灵活性的稀缺程度,售电商可根据批发市场价格制定价格策略。因此,建议在市场环境下引导充电服务商主体,鼓励充电服务商通过商业模式创新将分散的电动汽车资源优化组合,参与电力市场,从而充分发挥电动汽车充放电灵活调节能力。③加快 V2G 及退役动力电池储能技术研发与示范。加快退役电池回收、检测、重组等梯次利用相关环节的研发和商业示范,此外,电动汽车动力电池的充放电循环寿命直接决定了电动汽车储能经济性,因此建议在提升动力电池能量密度、充电功率的同时,加大长循环寿命动力电池的研发力度,促进 V2G 及退役电池储能早日实现商业化。④开展可再生能源发电与电动汽车协同项目示范。在技术研发与示范的基础上,在高比例可再生能源示范城市、电动汽车集中推广城市等重点区域,组织实施可再生能源发电与电动汽车协同示范,对多网融合信息平台、标准体系、价格机制等予以验证,为未来大规模系统发展积累政策机制及运行模式经验。⑤建立可再生能源与电动汽车产业协同发展对话合作平台。众多利益相关方通过平台积极对话合作,对提升用户和企业参与度、设计激励机制、创新商业模式至关重要。

五、加快建立成熟完善、跨界融合、矩阵互联的汽车产业创新体系

未来汽车产业具有巨大的科技创新前景，将被能源革命、互联网革命和智能革命这三个革命重新定义，这需要加快汽车行业创新体系的构建。汽车行业体系的改革涉及多个方面，面对目前的行业现状，可以从以下几个方面着手。

①在互联网、大数据、人工智能和智能制造等领域积极布局，推动各产业与汽车产业的跨界融合，构建汽车产业、零部件企业与互联网企业、人工智能、通信行业、先进材料和智能交通间的整合研发机构。成立国家智能网络汽车产业研究院，推动汽车行业全方位、跨领域的创新协调和高效配合。

②优先加快新能源汽车和智能汽车创新体系的构建，努力推动在新一代电池技术、电驱动系统技术和自动驾驶技术上早日实现技术突破。

③加快自主品牌企业的技术创新能力与创新体系的构建，特别是重视前瞻性技术研发中心的投入，在世界各地构建全球研发协同中心，通过强大的技术研发实力引领自主品牌汽车在全球实现领先。

④在自贸区放开新能源汽车合资股比。为实现汽车产业与其他领域的跨界融合，完善产业发展环境，需要发挥市场化机制的作用，这就需要放开合资股比。毕竟，我们的产业总是在政策的保护下是无法真正强大起来的。2017年4月25日，工业和信息化部、国家发展和改革委员会、科学技术部联合出台的《汽车产业中长期发展规划》指出将继续深化汽车产业管理体制，并有序放开合资企业股比限制。可以预见，外资力量的进入，将给中国新能源汽车产业带来更为剧烈的竞争，这将迫使自主品牌车企不断提升产品技术、质量及自身的综合实力，以"抵御"来自外企的竞争压力，充分发挥市场的驱动力，促进产业的健康发展。

⑤进一步密切整车零部件技术合作。汽车产业的深度变革，对传统汽车零部件企业也带来了重大挑战，尤其是以动力电池、电机、电控等各类传感器为核心零部件的新能源汽车体系，将颠覆以发动机、变速箱为核心零部件的传统内燃机体

系，电动化、智能化使传统零部件企业需要进行战略转型以适应产业变革，相关企业要做到以下几个方面：第一，认清产业发展趋势，把握变革的机遇；第二，积极谋取转型，提前做好战略转型；第三，通过介入新业务或者剥离传统业务实现新能源汽车领域的业务战略布局。

从整个行业的变革方向来看，未来的生产方式也不再是集中式，而是依靠互联网整合在一起，开展有序的分散式生产。未来的汽车制造是智能制造，核心就是实现个性化按需定制的能力。整车与零部件关系将不再是从属状态，而是协同共创关系。

六、加快建设新型汽车教育与人才培养模式

未来汽车与出行场景的实现需要创造力与执行力，离不开创新型人才的培育。为此，要转变汽车教育与人才培养模式。例如，在人工智能重点领域，国家应该加快技术部署和人才培养。目前，虽然中国已经出台了相关的人工智能发展规划，但

是在具体实施方面需要加快落地，可以鼓励成立国家级的人工智能技术攻关小组，集合优秀人才力量和全国优势技术进行人工智能等前沿科技的研发，尤其是落后于其他国家的芯片、半导体领域等。人才是技术发展的支撑，所以汽车产业的变革急需要建设一支高水平的人才队伍。具体可以从以下几个方面入手。

一是加快培育适应未来技术发展的人才。在节能和新能源汽车核心关键领域、智能汽车和智能制造领域培养一批国际知名的领军人才；鼓励高校在人才培养方面以解决产业面临的实际问题为首要目标，以产业发展拉动教育培养，以人才的定向输出促进产业的创新和升级。

二是打破电化学、新材料、汽车电子、车辆工程、机电、智能交通等相关学科间的壁垒，围绕未来产业发展需求，强化复合型、交叉型、创造型人才的培养。汽车产业的变革涉及跨界融合，传统单一的专业化人才已经不能够满足未来产业的发展要求，只有掌握多学科知识的汽车人才才可以适应变革潮流，为汽车产业的转型和升级贡献力量。

三是推动教育和产业的有效结合，发挥高校的基础研究优势，构建面向应用的基础技术研发机构，开展产学研合作，加快新技术的转换速度和效率。高校和科研院所一直走在科学发展的前列，是推动社会进步和技术变革的关键力量，相比传统企业人员按部就班的研发模式，高校和科研院所对于前沿技术的判断较为准确，对产业发展趋势的观察也较为清晰，在驱动技术变革和快速迭代的时候，能够提供不同以往的支持，更能够推动新一代汽车技术变革。所以应该鼓励越来越多的技术人才从实验室走出来，用他们的优势强化技术变革的推动力。

四是出台相关政策促进人才的培养计划落地。人才的培养是随着产业的发展而推进的，仅靠市场驱动的人才培养，其前进的脚步可能跟不上产业变革的需求，或者所需要的人才数量远远不能满足市场需求，国家应该从产业发展的迫切性出发，建立相关的人才培养政策，督促高校和科研院所有目的、有针对性地落实人才计划。

五是重视优秀人才的引进、使用与培养。虽然培养自己的人才队伍才是产业变革的核心力量，但是人才的培养是需要一定时间的，产业的发展是迫切的。所以应该适当地吸收海外人才，鼓励他们在国内创新创业，借助他们的先进知识和技能为汽车产业升级持续注入前进的动力。

七、引导公众积极参与迎接美好汽车社会

美好汽车愿景的实现离不开普通的消费者，离不开全社会的共同参与。应加强对社会公众的引导，加快新理念、新技术与新生活方式的传播。

在新能源汽车逐渐替代燃油车的过程中，应大力倡导绿色出行，营造能源保护和节能发展的社会文化氛围，鼓励消费者购买和使用新能源汽车。例如，加大消费激励。目前，国家新能源汽车补贴政策主要作用于生产端，并不能够有效地拉动新能源汽车的市场发展，相比之下，在消费端加大政策激励可以让消费者在购车、用车过程中减少后顾之忧，直接感受新能源汽车带来的经济性和便利性，更有利于新能源汽车从政策驱动向市场驱动转变。

政府、企业与社会媒体加强公共交通和共享理念的倡导和宣传，减弱公众对购买私家车的执念；发展共享汽车，减少城市拥堵，节约停车资源，推动共享汽车

的发展。随着共享经济在汽车市场的持续渗透，共享汽车的出行体验更加优化，与新能源汽车产业政策的有效结合使共享汽车拥有巨大的潜在市场空间。目前，中国共享汽车尚处于萌芽和快速发展阶段，而共享汽车面临的一大困难就是寻找合适的商业模式。一方面政府应该给予共享汽车企业适当的扶持措施，引导大众接受这一出行方式；另一方面企业尽快探索出有效的商业运营模式，促进共享汽车的快速发展。

增强自主品牌的认同感。自主品牌企业技术与产品质量与国外企业技术以及产品质量的差距越来越少，在新能源、智能化、未来出行等一些前沿技术与应用领域正在赶超国外品牌。各类社会媒体应与政府、企业一道努力，在自主品牌产品与企业宣传与传播中注入更多正能量，让消费者更愿意消费和使用自主品牌车辆和服务，推动中国汽车从大国走向强国，让中国品牌汽车尽早开拓国际市场，让中国品牌汽车、中国出行服务企业服务于世界人民。

主要参考文献

[1] 中国科学院能源领域战略研究组. 创新 2050：中国至 2050 年能源科技发展路线图 [M].
北京：科学出版社，2009.

[2] 中国科学院生态与环境领域战略研究组. 创新 2050：中国至 2050 年生态与环境科技发展
路线图 [M]. 北京：科学出版社，2015.

[3] 中国科学院先进制造领域战略研究组. 创新 2050：中国至 2050 年先进制造科技发展路线
图 [M]. 北京：科学出版社，2015.

[4] 中国科学院先进材料领域战略研究组. 创新 2050：中国至 2050 年先进材料科技发展路线
图 [M]. 北京：科学出版社，2009.

[5] 中国科学院信息领域战略研究组. 创新 2050：中国至 2050 年信息科技发展路线图 [M].
北京：科学出版社，2015.

[6] 中国城市科学研究会. 2049 年中国科技与社会愿景：城市科学与未来城市 [M]. 北京：中
国科学技术出版社，2016.

[7] 中国机械工程学会. 2049 年中国科技与社会愿景：制造技术与未来工厂 [M]. 北京：中国
科学技术出版社，2016.

[8] 中国可再生能源学会. 2049 年中国科技与社会愿景：可再生能源与低碳社会 [M]. 北京：
中国科学技术出版社，2014.

[9] 节能与新能源汽车技术路线图战略咨询委员会，中国汽车工程学会. 中国制造 2025：节能
与新能源汽车技术路线图 [M]. 北京：机械工业出版社，2016.

[10] 王广春. 增材制造技术及应用实例 [M]. 北京：机械工业出版社，2014.

[11] 付于武, 毛海. 重新定义汽车——改变未来汽车的创新技术[M]. 北京: 机械工业出版社, 2017.

[12] 周全法, 贝绍铁. 报废汽车与循环经济[M]. 北京: 科学出版社, 2017.

[13] 贝绍轶, 周全法, 龙少海. 报废汽车绿色拆解与零部件在制造[M]. 北京: 化学工业出版社, 2016.

[14] 王文伟, 张丽莉. 电动汽车跑起来[M]. 北京: 机械工业出版社, 2015.

[15] 崔胜民. 智能网联汽车新技术[M]. 北京: 化学工业出版社, 2016.

[16] 胡迪·利普森, 梅尔芭·库曼. 无人驾驶[M]. 林露茵, 金阳, 译. 上海: 文汇出版社, 2017.

[17] 陈慧岩, 熊光明, 龚建伟, 等. 无人驾驶汽车概论[M]. 北京: 北京理工大学出版社, 2014.

[18] 赵长茂. 关于城市公共交通发展的几点思考[M]. 北京: 中共中央党校出版社, 2017.

[19] 郭卫东. 技术预见理论方法及关键按技术创新模式选择研究[M]. 北京: 北京大学出版社, 2013.

[20] 美国卓越制造协会. 绿色制造[M]. 赵道致, 纪方, 译. 北京: 人民邮电出版社, 2010.

[21] 巴兴强, 马振江, 田淑梅. 汽车文化[M]. 哈尔滨: 东北林业大学出版社, 2016.

[22] 阿奇姆·伊斯坎达里安. 智能车辆手册 (卷 I)[M]. 北京: 机械工业出版社, 2017.

[23] 克里斯托夫·佐默, 法尔科·德雷斯勒. 车辆网联技术[M]. 胡红星, 郭建华, 严如强, 译. 北京: 机械工业出版社, 2017.

[24] 史文库. 汽车新技术[M]. 北京: 人民交通出版社, 2017.

[25] 吴兴敏. 新能源汽车[M]. 北京: 化学工业出版社, 2017.

[26] 瞭望智库. 汽车强国之路[M]. 北京: 新华出版社, 2017.

[27] 孙旭. 新能源汽车技术概论[M]. 北京: 国防工业出版社, 2017.

[28] 黄勇. 交通运输[M]. 南宁: 广西美术出版社, 2013.

[29] 刘功臣, 赵芳敏. 低碳交通[M]. 北京: 中国环境出版社, 2015.

[30] 熊光明, 高利, 吴绍斌, 等. 无人驾驶智能车辆行为及其测试与评价[M]. 北京: 北京理工

大学出版社，2015.

[31] 李兆荣. 跨界生长·车联网在进化[M]. 北京：中信工业出版社，2017.

[32] 马克·马其尔. 促进绿色出行[M]. 北京：中国环境出版社，2016.

[33] 龚为佳，沈卫东，刘训标，等. 世界各国汽车排放法规的发展历程[J]. 重型汽车，2009
(3)：41-42.

[34] 黄体鸿，胡树华. 汽车产业的关联性分析[J]. 科技进步与对策，2008(5)：98-100.

[35] 李秋萍，韦丽珍，孙东山. 浅析汽车节能减排现状[J]. 环境与发展，2013(12)：149-151.

[36] 王聪. 增强现实与虚拟现实技术的区别和联系[J]. 信息技术与标准化，2013(5)：57-
61.

[37] 孙嘉燕，孙炳孝，王述洋. 汽车替代燃料的现状分析与展望[J]. 能源研究与信息，2014
(3)：125-128.

[38] 吴兵，王艳丽，董治. 高度城镇化背景下城市群交通特征研究[J]. 城市交通，2011(2)：
67-72.

[39] 于启强. 汽车进入家庭对我国城市发展的影响[J]. 天津经济，2005(2)：43-46.

[40] 殷媛媛. 国内外智能网联汽车发展趋势研究[J]. 竞争情报，2017(10)：51-52.

[41] 朱学杰. 国内汽车共享行业发展现状及趋势探讨[J]. 科技创新与应用，2016(29).

[42] 许晓齐. 车联网[M]. 北京：化学工业出版社，2015.

[43] 陈虹，郭露露，边宁. 对汽车智能化进程及其关键技术的思考[J]. 科技导报，2017，35
(11)：52-59.

[44] 2050中国能源和碳排放研究课题组. 2050中国能源和碳排放报告[M]. 北京：科学出
版社，2009.

[45] 刘易斯·芒福德. 城市发展史[M]. 倪文彦，宋俊岭，译. 北京：中国建筑工业出版社，
1989.

[46] 王旭、黄柯可. 城市社会的变迁[M]. 北京：中国社会科学出版社，1998.

[47] 戴海龙. 低碳产业及我国高碳产低碳化途径[J]. 农业科技与信息，2011(8)：62-64.

[48] 雷霆生. 汽车轻量化历程 [J]. 经营者, 2010 (21): 44-45.

[49] 汽车蓝皮书课题组. 中国汽车产业发展报告 (2017 年) [M]. 北京: 社会科学文献出版社, 2017.

[50] 杨虎. 城市交通缓堵治理及对策 [M]. 北京: 光明日报出版社, 2016.

[51] 吉林、尹力卉、左晨旭. 新能源汽车的分类、发展历程及前景 [J]. 汽车维修与保养, 2015 (10): 97.

[52] 杨建校, 李轩科, 刘金水, 等. 低成本高性能碳纤维的研究进展 [J]. 高科技纤维与应用, 2016 (6): 6-11.

[53] 薛飞, 雷宪章, 张野飚, 等. 电动汽车与智能电网从 V2G 到 B2G 的全新结合模式 [J]. 电网技术, 2012 (2): 29-34.

[54] 陶永, 王田苗, 李秋实, 等. 基于 "互联网+" 的制造业全生命周期设计、制造、服务一体化 [J]. 科技导报, 2016 (2): 45-49.

[55] 李显君. 基于汽车全生命周期的分析框架研究 [J]. 上海汽车, 2005 (10): 4-6.

[56] 赵福全, 刘宗巍, 史天泽. 基于网络的汽车产品设计/制造/服务一体化研究 [J]. 科技管理研究, 2017 (6): 97-102.

[57] 张倩齐, 德昱. 面向服务的云制造协同设计平台 [J]. 华南理工大学学报 (自然科学版), 2011 (12): 75-81.

[58] 李晓娜, 史占国, 张国方. 汽车产品生命周期评价 (LCA) 研究 [J]. 北京汽车, 2007 (2): 1-4.

[59] 朱亚群, 李金峰. 汽车工业中的绿色技术——全生命周期设计 [J]. 世界汽车, 2000 (7): 1-4.

[60] 刘万双, 魏毅, 余木火. 汽车轻量化用碳纤维复合材料国内外应用现状 [J]. 纺织导报, 2016 (5): 48-52.

[61] 刘海红. 汽车用先进复合材料的低成本技术研究 [J]. 黑河学院学报, 2017 (3): 44-45.

[62] 郭旭. 人工智能视角下的无人驾驶技术分析与展望 [J]. 电子世界, 2017 (10): 64-65.

[63] 赵世佳. 我国应加快布局 V2G 技术[J]. 电器工业, 2017(12)：30-31.

[64] 张峰, 张建华. 智能电网中电动汽车与可再生能源综合应用模式研究[J]. 科技风, 2013
(8)：97.

[65] 鲁行云. 无人驾驶汽车普及下的城市景象……[J]. 驾驶园, 2016(6)：46-48.

[66] 沈旺荣. 浅谈无人驾驶对城市规划的影响[J]. 建材与装饰, 2017(3)：112-113.

[67] 于淼. 浅谈"无人驾驶"电动汽车对未来节约型城市的影响[J]. 资源节约与环保, 2017
(2)：26-27.

[68] 张望. 智能交通对城市空间的影响[J]. 规划师, 2017（增刊 1）：78-82.

[69] 节能与新能源汽车技术路线图战略咨询委员会, 中国汽车工程学会. 节能与新能源汽车技
术路线图[M]. 北京：机械工业出版社, 2016.

[70] 胡海涛, 郑政, 何正友, 等. 交通能源互联网体系架构及关键技术[J]. 中国电机工程学报,
2018(1)：12-24.

[71] 国务院发展研究中心产业经济研究部. 中国汽车产业发展报告(2016 年)[M]. 北京：社会
科学文献出版社, 2016.

[72] 张希良, 欧训民, 张茜. 中国车用能源系统的可持续转型[J]. 环境保护, 2012(12)：21-
24.

[73] 王晓明. 新时代新格局——汽车产业的解构和重构[N]. 中国汽车报, 2018-01-05(1).

[74] 何继江. 电动汽车是能源互联网的重要支柱[J]. 中国电力企业管理, 2016(3)：18-21.

[75] 李克强, 陈涛, 罗禹贡. 智能环境友好型车辆——概念、体系结构及工程实现[J]. 汽车工
程, 2010(9)：743-748.

[76] 柴占祥, 聂天心, 杨·贝克. 自动驾驶改变未来[M]. 北京：机械工业出版社, 2017.

[77] 曹芳宁、李易. 互联网+汽车——人类终极的移动终端[M]. 北京：电子工业出版社,
2016.